经济新常态

转型发展的大逻辑

权 衡·著

上海人民出版社

目　录

总论
以新常态的大逻辑引领经济转型发展

■ 理解中国经济新常态的关键在于,把中国经济进入新的发展阶段以后出现的新特点与中国经济长期发展的内在规律、内在趋势区分开来,换句话说,在观察新常态经济发展出现的新阶段、新特点的同时,也要密切关注长期的趋势性规律性的东西是否发生变化,尤其要观察长期内中国经济发展规律可能会继续发生作用,只是因为环境、条件发生了变化,造成这些趋势性和基本经济规律发生作用的表现形式发生新变化。

■ 中国经济新常态的核心并非不要高增长,而是过去的数量型增长遭遇前所未有的高成本重创和环境约束,不得不寻找新的增长动力,通过实施创新驱动新增长,进一步提高劳动生产率和加快技术创新和进步,进而确保中国经济实现有效率和高质量的增长,通过质量和效益

　　提升弥补增速减缓的空间，实现有质量有效益的赶超型增长。

■　要适应经济发展新常态的大逻辑，构建新常态下经济发展新动力，全面落实发展新理念，以创新为首，引领协调发展、绿色发展、开放发展和共享发展，形成新常态下创新驱动发展的新动力和新赶超型增长。这就是以经济新常态引领中国转型发展的根本要求和根本方向。

　　习近平总书记多次提出，要从当前中国经济发展的阶段性特征出发，适应经济新常态，保持战略上的平常心态，强调指出新常态下需要正确认识增长速度、经济结构和增长动力问题。在 2017 年的中央经济工作会议上，中央再次指出，党的十八大以来，我国初步确立了适应经济发展新常态的政策框架。根据中央有关精神，这个政策框架应该包括如下三个方面：一是作出经济发展进入新常态的重大判断，把认识、把握、引领新常态作为当前和今后一个时期做好经济工作的大逻辑。二是形成以新发展理念为指导、以供给侧结构性改革为主线的政策体系，引导经济朝着更高质量、更有效率、更加公平、更可持续的方向发展，提出引领我国经济持续健康发展的一套政策框架。三是贯彻稳中求进工作总基调，强调要保持战略定力，坚持问题导向、底线思维，发扬钉钉子精神，一步一个脚印向前迈进。

理解中国经济新常态的关键在于，把中国经济进入新的发展阶段以后出现的新特点与中国经济长期发展的内在规律、内在趋势区分开来，换句话说，在观察新常态经济发展出现的新阶段、新特点的同时，也要密切关注长期的趋势性规律性的东西是否发生变化，尤其要观察长期内中国经济发展规律可能会继续发生作用，只是因为环境、条件发生了变化，造成这些趋势性和基本经济规律发生作用的表现形式发生新变化。再进一步说，理解中国经济新常态，需要深入思考新常态下的中国经济，哪些方面已经发生改变或者要发生改变？而哪些方面其实并未发生改变至少未来还会继续发生作用？这样的思维方法对于科学理解和把握新常态，引领新常态具有十分重要的现实意义。据此，所谓中国经济新常态，至少应当有如下几个方面的特点和内涵需要重点关注和把握。

1 新常态需要新思维：赶超经济增长的新阶段

新常态下中国经济增长减速已经成事实。问题在于如何解释连续几年来的"经济减速"问题。在这个讨论过程中，先后出现所谓的"危机影响说"、"政策调控说"、"结构困境说"、"全要素生产率（TFP）下降说"、"经济增长收敛说"，等等。理解中国经济增长既离不开经济增长理论和一般规律，也离不开中国经济赶超型增长的特点和长期趋势。第一，从长期看，中国经济增长要遵循经济增长的所谓"收敛性假说"和规律，特别是由于生产要素将遵循报酬趋于递减的增长机制和作用，经济增长都会出现增长速度的收敛，长期增长出现趋缓，达到所谓增长的"均值"状态。这一点不仅是因为新古典经济学增长理论有科学逻辑和分析结果，也可以从观察发达国家的增长经验、亚洲四小龙的经验中得到证明，只是每个国家增长收敛的时间不一样。中国目前人均收入水平仍然很低，总体经济发展阶段仍旧处在赶超发达经济体和高收入水平的阶段，经济增长速度远未进入收敛阶段，也远未达到所谓的"增长均值"阶段，从这一点说，中国经济仍然处在经济赶超式增长的阶段。因此，即使在新常态下，中国经济赶超型增长的性质和态势并未发生改变，潜在 GDP 增长应当有很大的空间。第二，中国经济增长速度下降的实质是赶超型增长进入了一个新的阶段，并非经济进入减速轨道或者像发达国家那样长期低速增长的阶段。从理论上来说，作为一个长期赶超型的经济增长体，其自身的赶超也离不开经济周期和增长波动规律的作用，赶超型经济增长也不是线性的"永久高速度赶超"，它应当有赶超经济发展的阶段性特点，特别是随着赶超型增长的投入要素、结构以及体制机制决定的资源配置方式的改变，其自身会出现从高速度赶超走向中高速的赶超，因此不会一直沿着超高速度的轨迹赶超。 这一点特别对中国经济来说非常重要，中国经济过去超常态、非常态的高速增长和赶超已经创造了人类经济增长史上的奇迹，但是目前能够继续维持高速度赶超型经济增长的市场供求条件、结构条件、体制条件以及国内外环境都发生了深刻变化，中国赶超型经济的自身发展也已经进入一个新的历史阶段，从三十多年来保持超高速的赶超开始进入新的中高速度赶超阶段，这个阶段最大的本质和特征就是中国经济本质上仍然处在向高收入水平经济体赶超的增长阶段，但不会是过去那种超常态的超高速赶超阶段，也并非像发达经济体那样进入增长收敛或者所谓增长均值阶段。这是理解中国经济新常态下经济增长速度的关键。

2 新常态需要新动力：创新驱动新增长

经济增长的过程是一个在生产函数条件下的一系列生产要素投入和产出的过程，因此经济增长动力如何首先由投入的生产要素的数量和质量以及结构决定。 从增长的动力来看，理解中国经济新常态，一个重要的含义就是，短期内中国经济增长基本的生产函数和基本条件并未发生改变，只是在原有的生产函数下要素投入的结构和源泉发生了变化。这主要是说，尽管经济增长仍然维持原有生产函数条件和框架，但是，支持赶超和高增长的劳动力投入结构、资本投入结构以及资源、能源条件发生了变化，突出表现在，支持原来高增长的人口红利、FDI红利、土地红利、资源依赖等传统比较优势开始衰减，由此出现劳动力成本上升等要素成本约束、资源环境约束、资本报酬递减等约束，导致原有的高投资驱动高增长的效率递减，因此传统增长的动力机制亟待转换，需要从要素驱动增长转向效率驱动和创新驱动的新增长动力和源泉，通过转换增长动力，逆转递减型增长趋势。中国经济新常态的核心并非不要高增长，而是过去的数量型增长遭遇前所未有的高成本重创和环境约束，不得不寻找新的增长动力，通过实施创新驱动新增长，进一步提高劳动生产率和加快技术创新和进步，进而确保中国经济实现有效率和高质量的增长，通过质量和效益提升弥补增速减缓的空间，实现有质量有效益的赶超型增长。

3　新常态需要新结构：结构调整新转型

总量意义上的经济稳定增长需要依赖合理的经济结构。

持续的赶超型增长同样需要合理的经济结构的支撑。从理论上说，具备平衡与协调的经济结构体系，是凯恩斯主义逆向调节的宏观经济政策范式得以有效的基础。新常态下的中高速增长需要新结构的支撑，因此需要加快结构调整和转型。但这种调结构并非说中国经济已经进入后工业化时代，并非说中国经济要"去工业化"，甚至"去城市化"，显然，中国经济新常态并未改变中国需要继续快速推动工业化和城市化这个基本趋势，未来经济发展仍然处在一个亟待完成工业化和城市化的关键阶段。问题在于传统工业化模式和城市化模式难以为继，老的发展模式亟待转型升级，尤其是随着全球产业链重构、全球价值链重构不断加快的背景下，中国制造业需要提升价值链的地位和附加值，需要加快加工贸易转型升级，提升在中国全球产业链的分工地位和附加值；从城镇化模式转型升级来说，需要改变传统的"要地不要人"的"虚假城市化"或者"半城市化"，坚持走以人为本的新型城镇化道路，提高城市化的质量。为此，中国经济新常态呼吁加快制造业升级、加快淘汰过剩产能、加快城市化模式转型、加快城乡一体化发展，改善产业结构、呈现结构、分配结构以及投资消费结构，通过优化结构，奠定中高速赶超型增长的结构基础和条件。

4　新常态需要防范新风险：经济风险新释放

　　经济增长往往存在周期性波动。在一个快速增长的上升周期阶段，往往会带来投资、消费等心理预期明显效应加快，物价出现上升趋势，投资回报不断增加，增长速度不断加快，但与此同时经济运行也会孕育投机、冒险和泡沫等风险上升甚至加剧情况；但是往往到了周期下行阶段，投资、消费预期减速，物价下跌，增速放慢，这个时候也往往出现市场风险和经济风险释放，甚至出现泡沫破灭等风险问题，这就是所谓的"明斯基现象"。如前所述，中国经济新常态尽管并未改变中国经济总体上升和赶超的通道，也并未从根本上动摇市场向上的积极预期的基本面；但是过去数十年尤其是近十多年的高速增长，房地产行业快速增长、地方政府举债发展、高杠杆、影子银行以及实体经济出现的过剩产能等，极容易造成经济下行过程中的诸多风险碰头问题；而且由于这些方面的诸多风险相互交织，相互影响，往往会带来系统性风险的发生。这也是中国经济新常态下经济运行周期中需要防范的"中国版明斯基效应"。因此，新常态下中国经济也需要防范可能存在的经济风险问题。

5　新常态需要新体制：深化改革全方位

经济增长需要适宜的制度和体制机制的支撑。中国经济新常态并非意味着市场化改革的基本方向发生了改变，更不是说市场经济的基本经济制度以及与之相适应的其他体制机制都已经非常完善和发达，而是认为市场化改革仍然不到位，仍然需要坚持市场化改革的基本方向，正确处理好政府与市场关系，努力构建社会主义市场经济新体制；与以往不同的是，中国经济新常态下的中高速赶超增长，除了需要继续强调坚持以市场化经济体制改革为重点之外，仍然需要依赖全面深化政治体制、文化体制、社会体制、生态体制等各方面的体制机制改革创新，需要全面深化改革和创新支撑新常态下中国经济继续保持中高速的赶超型增长。这主要是因为中国经济到了赶超的新阶段以后，持续的赶超和增长所依赖的全方位的制度创新进入一个更为复杂、艰难的新阶段，具体表现为：改革创新面临深层次的利益调整，改革的压力、风险加大，改革牵涉的各种利益关系错综复杂，到了所谓"闯险滩"的新阶段；改革需要加强顶层设计，全面协同推进，争取改革的最大共识和利益；改革的目标并非为改革而改革，而是通过改革尤其是通过全面深化改革,提升国家治理体系和治理能力现代化;需要重塑改革的激励和动力,需要通过完善的激励机制推动改革自身发展。 因此,新常态下的改革意味着改革自身面临新风险、新目标和新动力的选择。

6　新常态下的新开放：构建开放经济新体系

新常态下的中国经济不是不要开放,也不是要有意去改变世界经济体系和规则。 中国经济新常态需要新的开放理念和新的开放观,亟待构建新型开放经济新体系。 这就要求必须加快从注重数量型粗放式的对外开放战略转向注重质量型集约式的对外开放新战略,从单一的"引进来"为主的开放思路转向积极适应"高水平引进来,大规模走出去"的新型对外开放的新常态;同时,新常态下的新开放,核心就是推动中国经济和中国企业走出去,但这并非刻意去改变世界经济和政治新规则甚至国际体系,而是首先要遵守并尽快适应世界经济新规则;根据国际经济和投资贸易新规则,倒逼自我改革和创新,倒逼旧体制和老机制的创新发展,在遵守和适应世界经济新规则的过程中,进一步提升中国的国际地位,更好地发挥中国对世界经济的积极影响和引领作用。

7　新常态需要新调控：政府职能新转型

新常态下的中国经济运行并非不要政府调控，而是强调发挥市场在资源配置中的决定性作用的同时，更好地发挥政府的作用。同时，对政府而言新常态也不是不要经济增长，因为经济增长毕竟是就业、税收、居民收入的来源和基础；问题是政府必须改变过去在超常规增长过程中直接干预经济，改革"政府主导市场经济"的宏观调控方式，改革"唯 GDP 论英雄"的政绩考核观。因此，新常态的一个重要任务就是需要重新定位政府的职能和作用，改革传统宏观调控体系，加快转变政府职能，减少政府直接对生产要素市场的干预，创新行政审批制度，进一步下放权力，摆脱发展主义和价值导向，最终建设服务型政府、法治政府、透明政府和责任政府。同时，为适应新常态下的中高速赶超型增长，宏观调控应当避免通过强刺激方式推动增长，尽可能去刺激化、去杠杆化，改变单纯为推动经济高增长而采取的盲目扩张的财政政策和货币政策的手段和方式，探索适应新常态下经济内生性增长的科学调控体系和政策手段。

8　新常态下的新目标：实现公平正义新福祉

经济增长既要处理好效率问题，也要处理好公平问题，真正实现公平型高增长，这才是真正的经济奇迹，也是我们进行不断赶超型增长的真正目的。三十多年来，中国经济高速增长的同时，城乡居民收入差距、地区和行业之间收入差距以及不平等问题等日益扩大，已经成为制约未来经济可持续增长，甚至危及社会和谐稳定发展的瓶颈。正因如此，中国经济新常态下的发展目标，并不是不要经济效率，也不是不要经济增长，而是需要能够充分体现社会公平正义的高效率的经济增长，实现人民福祉。新常态下经济社会发展必须努力实现机会公平、权利公平和规则公平的新目标，通过加快收入分配改革，创造公平竞争的发展机会，减少不平等，推动经济社会更加可持续的和谐发展。这就是新常态下中国经济社会发展的新目标和新内涵。

需要特别强调指出的是，经济新常态的核心问题是解决赶超型经济增长的新动力，这个新动力就是以创新发展引领并实施创新驱动新战略，实施这个战略的过程，就是实现中国经济从传统的要素驱动型的超高速的非均衡的"旧赶超"走向创新驱动型的中高速的均衡的"新赶超"增长。如果说中国经济新常态是发展的大逻辑，其实质就是如何转变并找到新常态下经济发展的新动力即创新驱动发展。 值得一提的是，目前全球经济持续低迷和不确定性增多、贸易增长下降、全球资本流动放缓乃至出现"逆全球化"现象，根本性原因也在于危机后世界经济发展缺乏新的增长动力，全球经济增长也同样需要走向创新驱动发展的新阶段。 从这一点说，创新驱动发展不仅顺应中国经济新常态的大逻辑和新要求，更是顺应全球经济走向创新发展的新周期的大趋势和大方向。 因此，中国的创新发展必然成为世界经济创新发展的重要的推动者和引领者。牢固树立创新发展新理念，实施创新驱动发展，培育新常态下的发展新动力，首要的是创新。 创新是一个系统的集成的全面创新的过程。 唯有全面的系统的集成式创新，才能真正落实创新发展新理念，培育经济发展新常态下的新动力。 以创新发展引领经济新常态，就要全面推动创新发展，实现理论创新、制度创新、技术创新、文化创新四位一体的集成式全面创新发展。 全面创新发展可以引领经济新常态沿着正确和科学的创新方向、创新手段、创新目标和创新路径前进。

总之，要适应经济发展新常态的大逻辑，构建新常态下经济发展新动力，全面落实发展新理念，以创新为首，引领协调发展、绿色发展、开放发展和共享发展，形成新常态下创新驱动发展的新动力和新赶超型增长。 这就是以经济新常态引领中国转型发展的根本要求和根本方向。

当前,国际形势继续发生深刻复杂变化,世界多极化、经济全球化深入发展,文化多样化、社会信息化持续推进,国际格局和国际秩序加速调整演变。世界各国正抓紧调整各自发展战略,推动变革创新,转变经济发展方式,调整经济结构,开拓新的发展空间。同时,世界经济仍处于深度调整期,低增长、低通胀、低需求同高失业、高债务、高泡沫等风险交织,主要经济体走势和政策取向继续分化,经济环境的不确定性依然突出;地缘政治因素更加突出,局部动荡此起彼伏;恐怖主义、网络安全、能源安全、粮食安全、气候变化、重大传染性疾病等非传统安全和全球性挑战不断增多,南北发展差距依然很大。推进人类和平与发展的崇高事业依然任重而道远。

——2015 年 3 月 28 日,习近平在博鳌亚洲论坛
2015 年年会的主旨演讲

第一部分
世界经济深度调整与新发展周期

■ 从经济发展周期规律来看,后危机时期的世界经济不是简单的再平衡危机修复的问题,而是面临新的发展周期重塑和深度的结构性调整的大变革问题。显然,世界经济已经告别上一个周期性的高增长阶段,将进入新的周期性发展阶段,目前正处在新周期的孕育期和调整期。

■ 世界经济的真正复苏和持续发展,已不是无法在旧的发展周期和框架下纠正失衡和实现再平衡的问题,而是需要根据新的发展周期和需要,寻求新的增长动力、构建新的增长结构,实现具有创新、活力、包容和协调发展的世界经济新目标和新常态。

■ 从中国经济与世界经济发展的长期趋势来看,中国经济与世界经济已经形成一个紧密的整体,市场化、全球化、信息化已经成为中国经济与世界经济互动的加速器。中国与世界的市场体系已经彼此融合,工业化、城市化、信息化与全球化互动发展,中国经济离不开世界经济,世界经济同样也离不开中国经济。中国经济与世界经济需要相互包容,相互促进,在良性互动中共同提高,共同发展。

2008 年经济危机至今,世界经济仍然处在脆弱复苏、不确定性增加和分化增长的"新平庸"阶段。从经济发展周期规律来看,后危机时期的世界经济不是简单的再平衡危机修复的问题,而是面临新的发展周期重塑和深度的结构性调整的大变革问题。显然,世界经济已经告别上一个周期性的高增长阶段,将进入新的周期性发展阶段,目前正处在新周期的孕育期和调整期。决定这个阶段的世界经济增长的内部因素和外部环境已经发生深刻变化:一方面,全球人口结构发生变化并由此决定了劳动生产率出现下降,全球经济增长面临新的动力转型;另一方面,上一轮科技革命和全球化资源配置机制带来的劳动生产率提高、以及全球性产能过剩,使得世界范围内产业结构面临重大调整;同时,长期以来全球范围内收入分配和和不平等问题加剧,造成了全球消费需求不足,世界范围内面临供需结构失衡和结构性改革的重大任务。我们不能简单地用传统思维方式认识世界经济,而需要新的发展理念,重新思考世界经济的增长模式转换、增长动力转型、增长结构调整以及宏观管理政策的设计。

1 世界经济面临新发展周期的转换

危机发生以后，尽管各国采取了量宽货币政策，刺激全球经济增长。 但是，全球经济平均增速仍然维持较低水平，全球大宗商品价格复苏乏力、全球通缩压力犹存、世界制造业继续低位运行、全球贸易增速走低且连续四年低于世界经济增长、国际金融市场动荡和风险上扬以及新的地缘政治因素和地区冲突加剧、英国脱欧以及区域性投资贸易规则调整等许多新变量等，更为世界经济增添了新的不确定性因素，进一步加剧了全球经济"低利率、低通胀、低增长、高负债"的"三低一高"的基本态势。

事实证明，一味强调量宽政策刺激世界经济增长，效果已经式微。 世界经济不是简单地刺激增长和复苏问题，而是面临重大结构性改革和深度调整的大变革、大创新的新阶段。 换句话说，世界经济正在面临新一轮发展周期的培育，面临从上一个发展周期的旧常态走向下一个发展周期的新常态。 因此，必须突破传统的简单的再平衡的思路，认识世界经济新周期下的新常态。 简单说来，世界经济新常态，指在 2008 年国际金融危机后，世界经济出现增长衰退，全球经济进入结构性调整和再平衡的过程，经济增长面临去杠杆化、再平衡以及新的动力转换，全球主要经济体的资产负债表重新修复、消除经济收入不平等、注重增长质量和人均收入水平提高等新常态下的一系列新选择，是相对于过去一个世界经济长周期发展中的旧常态而言的。 所谓旧常态下的世界经济，主要指过去一轮增长的长周期内世界经济增长的上升阶段，主要是依靠全球化资源配置、科技革命和创新、新兴经济崛起、全球生产效率提高、世界经济大发展大繁荣甚至全球性过剩等问题和特征。世界经济目前尚处在从旧常态向新常态过渡的进程中，需要经历一个较长时期的深层次结构性调整和修复，才能真正走向新常态，世界经济也才有迎来一个可持续、稳定且具有包容性增长的新周期。

(1) 世界经济的新周期与新常态

如前所述，世界经济正在由旧常态走向新常态。 世界经济已经告别上一轮增长周期，在旧有框架下达成全球经济再平衡几无可能。 同时经济全球化条件下贸易不平衡常态化，通过再平衡恢复到原有平衡状态，将很可能导致世界经济又一次危机周期的开始。 世界经济的真正复苏和持续发展，已不是无法在旧的发展周期和框架下纠正失衡和实现再平衡的问题，而是需要根据新的发展周期和需要，寻求新的增长动力、构建新的增长结构，实现具有创新、活力、包容和协调发展的世界经济新目标和新常态。

从未来发展看，世界经济新周期下的新常态，包含这样几方面的深刻内涵：一是世界经济结构面临深刻调整和重构，特别是全球化推动下的传统分工体系和经济结构面临深刻创新和改革。传统的生产型经济体（如中国、印度等）逐渐转向扩大内需并培育内生性增长动力；传统的消费型经济体（如欧美等）逐渐实行再工业化并扩大实体经济份额；传统的能源型经济体也会随着页岩气技术等新技术和新能源革命而发生结构性调整。二是世界经济地理板块和结构会随着新兴经济体的崛起而发生新的变化，原来主要由欧美日主导世界经济增长的格局正在发生改变，亚洲经济以及其他新兴市场经济体崛起将会在更深刻的层次上改变世界经济格局。三是世界经济增长动力发生新的转换，后危机时期新科技革命和新能源革命将掀起新一轮经济增长上升周期，全球范围的创新驱动发展的动力机制将会逐步形成。四是全球经贸规则面临重大调整和重构，特别是随着 TTP、TTIP 以及 TISA、RECP 等谈判和建设不断加快，全球贸易自由化、投资便利化程度进一步提高，新一轮全球产业链和价值链的重构基本完成。五是中美经济新常态成为世界经济新常态的重要组成部分。 中美经济新常态和再平衡正在整合形成过程中，表现为美国在强调消费拉动的同时，也在扩大工业化和再工业化；中国开始积极扩大内需。 如果中美之间通过各自努力达到战略平衡，达到一个更高层次再平衡，形成中美经济新常态，将会对世界经济产生十分重要的影响。[①]

(2) 世界经济发展新周期：重塑新动力和新规则

决定世界经济能否顺利走向新一轮发展周期和所谓的世界经济新常态，最为核心和关键的是能否找到新一轮世界经济发展的新动力。 从 21 世纪初开始，世界经济在上一轮经济增长的周期中的动力已经几乎消耗殆尽，金融危机实际上也破坏了原有增长动力；因此即使在危机后采用各种常规货币政策甚至非常规货币政策，也无法有效刺激世界经济增长。 在未来的发展周期中，关键问题则是世界经济能否发生引领全球增长的新一轮科技革命。

当前，对于正处在新旧常态转化中的世界经济而言，新旧功能衔接不力，新一轮科技革命和能源革命正在孕育中，新技术、新产业等尚未形成新一轮发展的引擎，世界经济增长缺乏新动力。 但是，一些发达国家已经开启新一轮科技革

---

① 权衡：《从"两个新常态"看上海经济再定位》，《解放日报》2015 年 3 月 19 日。

命的序幕：例如，美国全力打造的制造业创新网络，日本提出聚焦机器人、再生医疗等"制造业白皮书计划"，德国"工业4.0"、印度全力打造的"数字印度"、"技能印度"，中国制造2025、互联网＋、大众创业和万众创新等，人工智能、数字制造和互联网等信息技术对传统技术的改造和融合正在重塑全球制造业生产，形成新的制造技术、制造模式和制造组织；优步、滴滴等引领的"共享经济"模式正引发新一轮消费革命，并催生出一大批新业态、新产业和新模式，等等。所有这些，可以看到，尽管全球经济新旧动力衔接不力，但是科技革命和新一轮发展周期的新动力、新动能正在孕育中，世界经济的科技创新和结构调整产生的新引擎和新动力，已经让我们看到了新一轮全球经济周期性发展的新的希望和信心。

2008年全球金融危机发生以后，世界经济面临深刻调整，其中最重要的调整方向之一，就是必须重新思考后危机时期全球投资和贸易发展的新规则。这也是世界经济进入新的发展周期后需要着重考虑的重大问题。一方面，危机发生以来全球经济增长复苏乏力，贸易保护主义势力抬头，全球经济急需通过推动更高水平和更大范围的贸易自由化及其规则和体系带动经济稳定复苏和增长。金融危机充分暴露出原有的国际贸易体系、国际货币体系存在的不平衡性、不平等性及其脆弱等问题，不仅使得该贸易框架体系无法适应世界经济结构调整的新趋势，而且也由于建立在多边贸易体系基础上的贸易谈判陷入僵局及其利益平衡机制失去作用。

另一方面，经济全球化正在从商品全球流动走向各类生产要素全球流动的新阶段，国与国之间从原来的关税减免式的价格竞争正在走向全球投资便利化、金融开放化、监管透明化等制度规则竞争的新阶段。这就要求原来的老的发展周期内，基于 WTO 框架下的全球经贸规则"升级换代"，从而使其适应全球产业链一体化、创新链一体化和价值链一体化发展的新趋势。①

值得关注的是，以 TPP 为代表的全新的全球贸易投资框架除了对于货物贸易零关税、跨境资本自由流动、服务贸易开放等达成协定之外，更为核心的是对知识产权保护、国有企业私有化、劳工权益保障、环境保护、政府采购与反腐败等领域形成具体的规定，这些制度性规定也意味着新一轮全球性投资贸易规则正在从"边境上"贸易投资行为走向"边境内"高标准合作机制。无论 TPP 未来发展道路如何，TPP 代表的全球性投资贸易规则的新变化和世界经济新一轮发展周期的新规则和新方向，是不能被忽视的。

---

① 权衡：《TPP：中国的新挑战与新机遇》，《文汇报》2015 年 10 月 8 日。

专栏 1 世界主要国家经济复苏情况

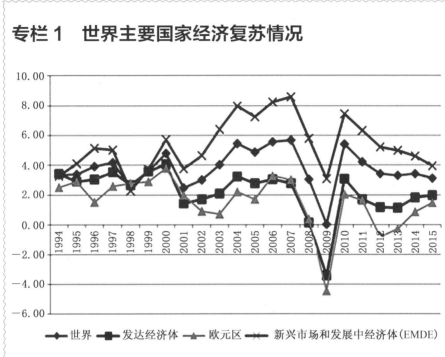

图 1-1 世界主要经济体的 GDP 增长率

2015 年,世界经济从增长格局和特点来看,全球恢复性增长呈现分化:一是发达国家与新兴市场和发展中经济体(EMDE)之间分化加剧,前者出现了回暖兆头,后者则连续放缓。如图 1-1 所示,近几年来发达经济体和欧元区的经济增速呈持续增长之势,但新兴市场和发展中经济体已连续五年下滑,其与发达经济体的增速差距正不断缩小。二是发达经济体与新兴市场和发展中经济体内部均出现了不同程度的分化。发达经济体内,美国、英国、德国等国家的经济增速保持稳健,而加拿大、法国、意大利等依旧低迷且有所反复。新兴市场和发展中经济体内部也表现出一定的分化趋势:全球主要新兴经济体整体出现增速下滑,其中,印度、中国和印度尼西亚稳中有降,面临下行压力;俄罗斯、巴西不仅增速大幅下滑,而且进入了负增长。从宏观经济政策来说,各国货币政策也出现分化,美国已经宣布退出量化宽松政策并日益形成加息的市场预期,日本、欧洲则会实施新一轮宽松政策。从全球结构调整来看,美国、欧洲国家继续实施再工业化、德国工业4.0以及着力启动科技创新和新能源革命,部分新兴经济体面临结构性产能过剩的化解和调整。短期内,不可能出现全球性大规模同步快速的复苏和增长。目前世界经济增长缓慢、分化复苏甚至面临陷入全球性通货紧缩的背后,则反映了后危机时期世界经济实现再平衡过程的艰巨性、长期性和复杂性,世界经济正在走向一个新的周期性的发展新常态。

资料来源:权衡:《从"两个新常态"看上海经济再定位》,《解放日报》2015年3月19日。

2 亚洲经济新世纪重塑世界经济新格局

亚洲经济正在崛起，必将深刻影响和改变世界经济体系。未来 10—20 年，随着亚洲经济的进一步发展，世界产业结构、世界市场体系、全球分工体系、国际贸易结构、国际金融体系以及国际资本流动和投资发展格局等，都会由此发生深刻变化。 亚洲经济和"亚洲世纪"也必将对全球经济治理和国际体系产生深刻影响。

(1) 亚洲经济崛起正在改造和重塑世界经济新体系

随着亚洲经济崛起，欧、美、亚"三足鼎立"的世界经济体系新格局正在形成。 自工业革命以来，发达国家一直扮演着世界经济增长的火车头和增长引擎作用。 但是，近几十年来，许多新兴经济体的不断发展正在使世界经济增长格局发生深刻变化，尤其是随着日本、亚洲四小龙、中国以及印度的崛起，亚洲经济发生了深刻变化。 随着亚洲经济的崛起，原有的欧美主导世界经济增长格局的体系正在发生深刻变革。 亚洲 GDP、 FDI 以及贸易占全球的份额均出现明显上升，2012 年分别占到全球的 34.15%、 39.65% 及 37.42%，在世界经济体系中的地位与作用越来越凸显,世界经济的"三足鼎立"格局正在形成。 金融危机以后,亚洲经济的崛起、调整、转型与欧美经济的深刻转型同步进行。 亚洲经济、欧洲经济和美国经济正在引领世界经济进行深度调整和转型,一个全新的多元化的增长引擎、多元化的创新驱动、多元化的合作共赢模式等主导的全球新的经济秩序与全球经济新格局正在形成。

与此同时,亚洲区域经济多元化发展、合作发展与模式创新进入了一个新阶段。 第二次世界大战后亚洲经济在世界范围迅速崛起,日本、韩国、"四小龙"及中国经济发展的实践与创新经验,充分体现了亚洲区域一体化合作趋势加速,双边及多边区域性合作共赢发展成为亚洲经济发展的显著特点。 后危机时期以来,亚洲经济再次进入一个多元合作与一体化发展的新阶段,多元化的发展模式与合作创新发展的战略选择充分彰显亚洲经济未来的新动力和新活力。 亚洲内部多元化发展与合作发展模式也在不断加快后危机时期区域一体化发展和亚洲一体化进程。 随着亚洲崛起,一个多元化发展与合作共赢的新亚洲经济发展格局正在形成:即中日韩以构建自贸区共同市场为基础的东亚区域经济一体化不断加快;以能源资源开发合作及地缘政治为核心的中亚地区经济一体化雏形正在形成;以产业经济结构差异性互补为主导的中印区域经济一体化不断深化;基于产业链垂直与水平分工合作的中国与东南亚区域经济一体化合作正在展开；基于新的比较优势的合作与创新的中国大陆与港澳台区域经济一体化新合作格局正在深化和升级。未来，在全球自贸区发展框架下，如"东盟2.0"等亚洲区域合作不但会进一步推动合作的机制创新，而且更加推动亚洲经济实现包容性发展目标。这必将为全人类的进步发展作出新的贡献。①

(2) 中印经济崛起、"一带一路"正在引领亚洲经济发展

中印经济崛起与合作发展正在引领亚洲经济走向新的历史阶段。中国和印度是亚洲的两个大国，都是金砖国家，中国和印度的人口占世界人口的比重接近百分之四十，也是亚洲面积最大的两个国家。中国和印度的崛起对亚洲经济区域合作有举足轻重的作用，中印合作，携手并进，抱团发力，会继续引领亚洲经济跨越性地走到世界舞台的中央。未来，中印两国将继续携手合作，共同引领和深化亚洲经济合作，进而大幅度地提高新兴大国和广大发展中国家的国际地位，实现亚洲与欧洲、美洲经历三百年巨大悬殊的力量再平衡，从根本上改变21世纪的世界大国格局及亚洲发展新前景。

中国"一带一路"倡议将进一步推动亚洲区域经济一体化

---

① 权衡：《全球化经济发展的新阶段：迈向亚洲世纪——评〈亚洲变革的全球影响：经济发展和未来趋势〉》，《新金融》2015年8月15日。

发展,为亚洲经济走向共同发展和繁荣昌盛提供重要契机。要迎接"亚洲世纪",最为迫切和重要的是加速实现亚洲经济一体化的发展。"一带一路"构想是消除亚洲区域经济碎片化、割裂化发展的重要契机。 尤其是通过亚洲区域内基础设施互联互通,有效推动亚洲区域内交通一体化、市场一体化、产业一体化发展,加速实现亚洲区域内政策沟通、设施联通、贸易畅通、资金融通、民心相通目标,这对进一步发挥亚洲区域内合作潜力,深化区域合作,拓展合作新空间都具有重要的战略意义和现实意义。 我们深信,"一带一路"建设必将加速"亚洲世纪"的到来,也必将促进世界经济全球化的发展。

3　金砖国家经济转型引领全球经济治理机制

全球经济进入新一轮发展周期,将进入世界经济新常态。全球经济进行结构性调整和创新转型时,发达国家需要对于自身经济进行结构调整,发展中国家尤其是金砖国家更需创新转型自身发展模式。 同时,全球经济新常态也需要全球经济秩序改革和完善、金融体制机制再造、国际货币制度体系重构,共同治理和应对全球性经济增长、环境和资源等问题。 在这个过程中,BRICS 的作用和地位尤为突出和重要。

(1) 金砖国家经济转型完善全球经济治理机制

金砖国家通过调整自身经济结构，实现转型升级发展，不仅可对全球经济新常态产生重大影响，而且通过自身模式创新转型重新塑造和完善全球经济共同治理机制，有着深刻而重大的意义。第一，金砖国家的产业结构升级与技术进步将有力推动全球第三次产业革命的发展。第二，金砖国家正在开展的金融货币合作机制一旦成功，对减少美元汇率贬值以及国际金融危机所带来的市场风险都将起到积极作用，也有助于推动全球金融机制和货币制度的创新和发展。第三，优化和调整金砖国家等新兴发展中国家的经济结构，转变发展模式，提高发展质量和效益，必将有助于优化世界经济的结构，改善全球经济发展的质量，增强全球可持续发展能力。第四，金砖国家采行资源环境节约型增长方式，同样会为世界资源环境发展带来新的契机。例如，巴西将不再被自然资源和投资能力所累，俄罗斯金融体系与财政体系将不再为世界能源价格的波动所牵连，印度将摆脱对外部市场的依赖，而中国庞大的经济总量与低端的经济质量以及较大的收入差距和低下的人均 GDP 等不均衡状态都将得到缓解。①

---

① 权衡等：《金砖国家经济增长模式转型与全球经济治理新角色》，《国际展望》2013 年第 5 期。

(2) 金砖国家参与全球经济具有市场优势和要素禀赋

金砖国家具有的市场优势和要素禀赋决定其对世界经济的巨大贡献,将对世界经济格局产生深刻影响。首先,金砖国家拥有全球最大的新兴国内市场以及充沛的劳动力资源(巴西人口1.9亿、俄罗斯1.4亿、印度12亿、中国13亿),中印两国还拥有大量的剩余农业劳动力。其次,金砖国家的生产成本带来强大的竞争优势。例如,印度拥有12.3亿人口的巨大国内市场、更为低廉的土地和劳动力成本,制造业,如汽车零部件生产工人月薪仅60—70美元。第三,金砖国家普遍拥有较好的教育与人力资源。以中国和俄罗斯为例,国民素质较高,教育系统完善,接受教育年限较长,分别为8.8年和7.5年。印度的高等教育水平较高,科技研发水平很高,与国际接轨的能力较强,其发达的软件业就是一个最好的证明。金砖国家经济增长进程中人类发展指数不断提高,也为世界人类发展指数的提高作出了重大贡献。

金砖国家的经济成就,决定了其参与全球经济的必然性和紧迫性。一方面,随着经济崛起及其对世界经济的深刻影响,金砖国家必然需要与发达国家平等对话,争取更多国际话语权,努力调整对其发展不利的国际经济秩序、国际金融体制机制,并进一步规范国际市场和秩序。另一方面,金砖国家迫切需要在国际政治舞台上争取与其经济地位相适应的政治地位和话语权，争取更加平等的机会和权利；同时，金砖国家也面临与发达国家相同的全球性问题，如全球气候变化、国际安全等，需要与发达国家开展全球共同治理，促进全球经济复苏和稳定增长，实现世界和平与繁荣发展的共同目标。[①]

(3) 金砖国家参与全球经济的目标及其模式转型

全球经济治理的目标不是确保全球经济的超常规增长，也不是确保经济高速增长，而是在于能否通过全球共同治理提高世界经济增长的质量和效益，实现全球经济可持续增长。 同时，以金砖国家为代表的新兴经济体的经济转型发展，不仅意味着全球经济共同治理水平的提高，也意味着发展经济学的重大理论创新和发展。 为此，从实现全球经济共同治理的意义和目标来看，金砖国家的经济发展首先需要在以下几个方面实现创新和转型。

第一，工业化模式转型与创新升级。 金砖国家必须实现制造业结构转型、优化、升级，形成内外分工合理、资源配置最优的产业结构，这样才会解决生产效率问题，从而更好地融入以发达国家为代表的后工业浪潮之中。

第二，城市化模式转型与创新发展。 金砖国家快速的城市化进程、人口流动、城市工商业发展一方面加快了城市经济

---

① 权衡等：《金砖国家经济增长模式转型与全球经济治理新角色》，《国际展望》2013 年第 5 期。

社会的发展,另一方面也不断地加快土地城市化和空间城市化发展。 但金砖国家特别是中国、印度等的城市化并没有真正解决一般意义上的城市化进程中的人口城市化和城乡一体化发展的问题;其当前的城市化进程实质是半城市化,或为浅度城市化。 未来的城市化如何发展,能否真正解决人口意义上的城市化,特别是消除城市内部的新二元结构,推进城乡一体化发展,是金砖国家城市化模式转型的重要内容和方向之一。只有真正消除城乡二元经济结构,才能真正完成有质量的城市化进程,也才能为全球城市化发展作出新贡献。

第三,深度市场化转型与政府职能转变。 以金砖国家为代表的新兴经济体市场与全球市场化机制形成互动,国内外两个市场双重资源配置机制已经形成。 正是金砖国家市场化机制配置资源,才使得工业化、城市化高效发展。 但到目前为止,金砖国家普遍面临的问题之一是如何正确处理政府与市场的关系问题,政府与市场边界不清,政府干预过多,市场机制不健全。 这要求金砖国家进一步推进市场化改革和转型,同时积极推动政府职能转型,创造公平、高效的法治政府、透明政府和服务性政府。

第四,更加开放的全球化视野与开发模式转型。 金砖国家必须进一步推进全球化机制,通过内外合作与共赢发展,促进全球贸易更加自由化。 金砖国家需要转变各自的开放模式,从纯粹的外资外贸依赖型和单向引进来模式,转向注重提升外资外贸的质量和效益，提高外资外贸竞争力，重新塑造开放型经济新优势。 这本身就是有效参与全球经济共同治理的途径和方法。

第五，促进信息化转型与产业融合发展的新模式。 全球科技革命及其产业发展方式对金砖国家的产业发展提出了更高要求。 从传统速度型产业增长模式向高质量增长模式转型，应当成为金砖国家努力的方向和目标。 这里的重点是大力提升信息化水平，促进信息化和工业化，信息化与城市化相互融合，互动发展，大力提升传统产业发展的能力和水平，提升城市化的效益和质量。

第六，走向平衡发展的新模式。 金砖国家在长期发展过程中普遍存在城乡发展不平衡、地区发展不平衡、居民收入分配差距和分配不公等"发展失衡"问题。 以中国为代表的发展中国家，一部分已经进入中等收入发展阶段，未来发展正在面临"中等收入陷阱"的挑战，能否成功跨越"中等收入陷阱"实现可持续发展进而顺利进入高收入国家行列，对多数金砖国家是个巨大的挑战。 金砖国家必须调整发展模式，坚持平衡发展新战略，通过稳步推进城乡一体化发展，深化收入分配制度、社会保障制度改革，合理有序扩大中等收入群体，大力减贫，提高劳动者教育水平，实现全面协调发展。①

---

① 权衡等:《金砖国家经济增长模式转型与全球经济治理新角色》,《国际展望》2013 年第 5 期。

专栏2 金砖国家参与全球经济治理的物质基础: 经济发展与事实

从吉姆·奥尼尔于2001年提出"金砖国家"概念开始,中国、俄罗斯、印度、巴西和南非用过去十多年来经济高速增长的事实证明,当西方发达经济体面临更加严重的债务危机,世界经济形势低迷不振,人们对全球经济发展持悲观看法的时候,拥有世界42%的人口以及接近30%的世界经济份额的金砖国家让越来越多的人看到了世界经济发展的希望。

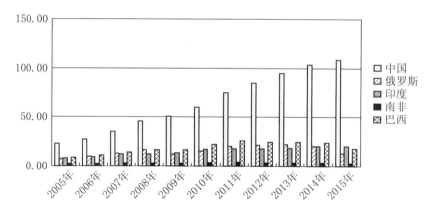

图1-2 金砖国家的GDP总额(单位:千亿美元)

数据来源:世界银行数据库。

金砖国家正在成为世界经济增长的新动力。受金融危机重创,美日欧经济和金融增速大幅度下降,而金砖国家却成为世界经济增长的新动力。首先,根据世界银行数据,2015 年,金砖国家的GDP 总额占世界GDP 总额的28%左右,尤其是中国作为全球第二大经济体,使得金砖国家在全球经济中占有举足轻重的作用。其次,根据国际货币基金组织于 2016 年 4 月发布的《世界经济展望》报告显示,2015 年世界经济增长 3.1%。而我们从图 1-3 可以看到,金砖国家中,最大两个经济体中国和印度都超过 5%,印度已经超过中国经济增长速度,达到 7%以上。

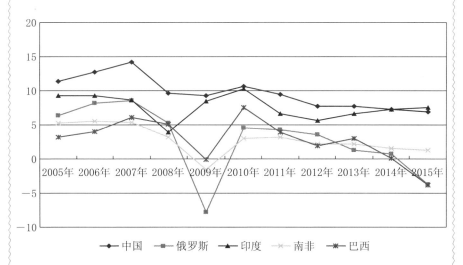

图 1-3　金砖国家的经济增长速度(%)

数据来源:世界银行数据库。

资料来源:权衡等:《金砖国家经济增长模式转型与全球经济治理新角色》,《国际展望》2013 年第 5 期。

4　中国经济与世界经济深度融合

经过三十多年的改革开放,目前中国经济体量位居世界第二,中国的发展离不开世界,世界的发展也离不开中国。一方面,通过国际投资和贸易,世界经济为中国发展提供广阔的市场、稀缺的资源(比如技术)和现金的制度等;另一方面,随着中国经济发展,中国经济成为世界经济主要消费市场,正在逐步成为国际体系和世界格局调整的引领者。中国正在进行供给侧结构性改革,通过经济的崛起来带动世界经济的复苏。

(1) 世界经济深刻影响中国经济发展

中国改革开放三十多年取得的巨大成就,一方面得益于市场化改革释放出的巨大生产力,资源配置效率改善,政府主导、高投资、快速工业化、城市化等,使中国经济增长一直高于世界经济平均增长水平。另一方面,中国的对外开放战略使中国在逐步融入世界经济的同时,也成为过去三十多年中全球化和世界经济深刻影响中国经济发展的最大引擎。

经济全球化是世界经济规律的体现,使企业生产的内部分工不断在纵、横两个方向扩展,成为全球性分工,使生产要素在全球范围优化组合和合理配置，促进各国经济的共同发展。毫不例外，对外开放也使中国得以融入全球化，在推动世界经济发展的同时，更好地分享世界经济增长和全球化红利。 在一定意义上说，过去三十多年中国实施的对外开放战略使世界经济对中国经济在以下方面作出了重要贡献。

首先是要素贡献。 世界经济和全球化为中国经济发展提供了重要的生产要素。 根据发展经济学原理，发展中国家经济发展初期阶段均会出现"两缺口模型"中揭示的"储蓄短缺、外汇短缺"问题。 中国实行对外开放以后，全球化和世界经济为中国经济发展提供了重要的资本、技术、管理等关键性生产要素，这些在全球流动和配置的生产要素与中国经济劳动力资源的比较优势相结合，共同推动中国制造业快速崛起。这应该是中国成功崛起的秘密所在。

其次是市场贡献。 世界经济和全球化为中国发展提供了重要的市场空间和国际贸易空间。 中国的产业结构与制造业发展模式基本上属于加工型贸易，因此对于国际市场的依赖性很高。 此外，由于受到收入分配等诸多体制机制因素的限制，中国发展中的"巨大内需"无法发挥其对经济增长的拉动作用，因此扩大外需，依靠外部市场就成为最优选择。 在这种情况下，中国对外开放战略和世界经济为中国经济高速发展提供了重要的市场空间。 特别是在对外贸易总量扩大过程中，中国的贸易结构由此也在发生深刻的变化，不仅包括商品贸易，还包括服务贸易、技术贸易、劳务贸易，其中服务贸易领域尤其得到迅速扩展。由此可见，世界经济为中国经济发展作出了重要的市场和需求贡献。

其三是制度贡献。世界经济和全球化为中国市场经济改革发展提供了重要的借鉴和经验，在经济体制、运行机制以及基本的国际经济规则、秩序等方面，为中国市场经济与国际接轨作出了积极贡献。尤其是在中国经济融入全球化的过程中，国际化和通行的市场公平竞争规则、法制化和透明度规则、政府规制、诚信规则等，深刻塑造和影响了中国经济运行秩序；其中，国际金融规则、国际贸易规则、国际投资规则、要素价格运行规则等更是特别直接影响着中国国内金融、投资和贸易发展。因此，中国经济融入全球化的过程，也是中国国内市场与国际市场接轨、中国经济与世界经济接轨的过程，更是中国传统经济体制改革创新和社会主义市场经济运行规则与全球化机制支配下的、国际通行的市场经济规则接轨的过程。在这个过程中，全球化和世界经济运行为中国经济运行提供了重要的体制机制和制度的借鉴和经验，可以说是一种制度性的贡献。

最后是理念贡献。世界经济和全球化为中国经济发展提供了先进的理念，在推动中国经济发展的同时，也助推了中国思想解放、思维变革和理念创新的进程。 中国经济对外开放的三十多年中，正是全球化向纵深发展的关键时期。 市场化与信息化的互动发展，有力地推动了发达国家现代化模式的转型和创新。 与此同时，科技革命带来的一系列生产方式和生活方式的变革，导致人们思想观念与思维方式等发生巨大变化。 在此过程中，全球化、市场化、信息化、法制化为中国的工业化、城市化注入许多新的理念和思维，使中国的国际化程度更高，市场化意识、城市化意识、现代化意识、法制化意识、公平竞争意识、开放透明度意识等进一步增强；尤其是随着生产要素跨国流动和国际化的管理理念、技术理念等进入中国，有力地推动了中国现代化进程和经济社会发展的现代思维方式和先进理念的传播，这几乎成为中国经济社会发展不竭的动力。 特别是 20 世纪 90 年代以来，全球信息产业的迅速发展改变了中国传统制造业、商业、金融业的生产组织方式和经营方式，这一切使中国经济增长的速度越来越快、规模越来越大。 随着现代电子技术和通信手段的飞速发展，经济信息资源在全球和中国互动发展中迅速、准确地传递，进而使中国在各个领域的思维方式与理念不断实现创新和发展。①

---

① 权衡：《开放的中国与世界经济——迈向一体化互动发展》，《国际展望》2014 年第 5 期。

(2) 中国经济是世界经济的新动力

中国经济已经崛起并正在进一步走向世界。从未来发展趋势来看，中国经济必然进一步深度融入世界经济；尤其是在其成为世界第二大甚至可能的第一大经济体后，不仅会对世界经济版图产生深刻影响，而且也会对世界政治新格局、新秩序产生重要影响。金融危机后，世界经济进入深度转型和调整期，欧洲、美国以及日本等发达经济体都对原有经济发展方式作出积极调整，中国等新兴经济体也相应作出了调整。在这样一个全球经济格局和发展方式大调整和大变动的历史时期，中国经济的持续崛起和发展，必将对世界经济的深度转型和调整产生重要影响，同时中国在世界经济中的影响力、竞争力、话语权也将得以提升，也必然成为影响世界经济增长的一个重要因素和新的力量。因此从长期来看，中国经济将从如下四个方面为世界经济发展作出新的贡献。

第一，世界经济增长的新动力。中国经济将继续保持较快的增长态势，未来仍将保持赶超态势和强劲的后发优势，也会继续成为世界经济增长的新动力，为世界经济稳定作出新的贡献。同时中国将与新兴市场国家一道，通过推动工业化模式、城市化模式创新，促进信息化和工业化深度融合，形成发展合力，继续引领世界经济增长并成为其新的动力。中国经济持续增长必将成为全球经济重心东移的巨大引擎，尤其是未来中国实施的创新驱动转型发展战略以及由此带来的开放战略升级，将带动整个发展中经济体的升级转型，进而成为世界经济增长的新动力和新中心。

第二，全球人力资源的新红利。未来中国将由劳动力资源优势国家逐渐转变为人力资源优势的创新型国家。教育模式创新和体制机制改革，将使中国从"人口红利"走向"人力资本红利"，而丰富的人力资源优势和人力资本红利可能会使中国部分地区特别是沿海开放城市逐渐成为全球科技创新中心。在后发优势战略引领下，全球科技创新中心会逐渐推动全球技术创新和产业革命，推动新兴产业的崛起和发展。中国的人口大国和人力资源优势必将在世界经济增长中提供丰富的人力资源新红利，形成全球人力资源高地。

第三，世界产业创新创造中心。为了促进中国制造业转型升级，真正实现从"中国制造"走向"中国创造"。过去三十多年，中国加工制造业的发展已经为全世界提供了物美价廉的产品，但是中国基本处于"加工厂"的地位。未来中国在推动制造业转型升级过程中，应该更加注重中国创新创造、科技创新和运用以及新技术、新业态和新模式在工业化和制造业中的运用，进而成为名副其实的世界制造中心和世界创造中心，力争成为世界科技创新的策源地。

第四,大国创新转型发展的成功范例。 中国经济未来发展所探索的创新驱动转型发展模式,必将对世界经济结构调整、发展中国家的升级转型提供重要的经验和借鉴。 未来三十年,既是中国经济深度融入世界经济一体化的过程,也是深刻影响全球经济发展方式的过程,更是自身实现转型升级的关键时期。 相信在三十年后,中国经济会探索出一条成功的创新驱动发展、经济转型升级的道路,由此带动世界经济转型升级和深度调整,为发展中国家实现经济成功转型提供重要经验和借鉴。[①]

(3) 中国经济与世界经济一体化互动发展

从中国经济与世界经济发展的长期趋势来看,中国经济与世界经济已经形成一个紧密的整体,市场化、全球化、信息化已经成为中国经济与世界经济互动的加速器。 中国与世界的市场体系已经彼此融合,工业化、城市化、信息化与全球化互动发展,中国经济离不开世界经济,世界经济同样也离不开中国经济。 中国经济与世界经济需要相互包容,相互促进,在良性互动中共同提高,共同发展。 中国经济要在更深、更高层次上影响世界经济,就需要进一步加强法制化、规范化建设;而世界经济要保持甚至强化其自中国实施改革开放以来对

---

① 权衡:《开放的中国与世界经济——迈向一体化互动发展》,《国际展望》2014 年第 5 期。

中国经济的影响力，就需要发展出有效的平衡机制和修复机制，从而维护好、建设好中国经济与世界经济的互动发展格局，争取更多的双赢和多赢。

第一，中国与世界经济互动机制：市场化、全球化与信息化融合发展。

无论是过去三十多年来世界经济对中国经济的深刻影响，还是未来中国经济对世界经济的深刻影响，中国经济与世界经济之所以能够互动发展，其背后的动力是市场化、全球化与信息化的深度融合。正是三者的融合机制在推动中国国内的工业化、城市化快速发展的同时，与世界实现互动发展。可以说，在过去三十多年中世界经济影响中国经济发展并互动发展的同时，也奠定了未来中国经济影响世界经济的基础，为中国经济与世界经济在更高层次上实现一体化互动发展准备了条件。

首先，中国的市场化机制为世界经济影响中国经济，进而实现互动发展提供了重要前提。三十多年来中国实施的市场化改革，推动中国经济融入全球化进程，也使世界市场和生产要素能够按照市场化资源配置机制促进中国的工业化和城市化发展。换句话说，世界经济之所以能够影响中国经济，世界范围的生产要素，包括国际资本、管理技术、人力资源等之所以能够有序进入中国，是因为中国启动了市场化改革，运用市场机制发展国民经济，这是一个非常重要的前提。

其次，全球化加速了中国市场化进程，也加速了中国经济与世界经济一体化的进程。全球化推动中国市场与国际市场的接轨，通过促进中国经济充分利用两个市场、两种资源，进而大幅提升中国经济的竞争力和影响力。因此，全球化和市场化共同推动中国经济与世界经济互动发展，共同推动世界经济影响中国经济发展。

最后，信息化与市场化和全球化互动，信息化与城市化和工业化深度融合发展，进一步加速了中国的市场化改革，同时也进一步提升了中国工业化、城市化的速度、规模和质量效益。尤其是近二十年来，世界科技革命和信息技术的快速发展大大缩小了中国经济与世界经济的发展差距，进一步加速中国的赶超型发展，提升了中国发展的比较优势。因此，信息化、市场化和全球化融合发展，共同打造了中国与世界经济的互动发展平台和机制。

第二，法制化、规范化：中国经济影响未来世界经济的前提条件。

未来，中国经济在继续强势崛起的过程中将逐步深度融入世界经济，逐渐对世界经济发挥深层次的影响作用。但是，中国在加速工业化、城市化、全球化和信息化的进程中，一个亟待解决的重大战略问题是必须选择法制化和规范化的发展战略和路径，通过法制化和规范化机制影响世界经济增长的内在动力和条件。 如果说过去三十多年市场化是世界经济影响中国经济的重要条件的话，那么未来的法制化、规范化则是中国经济影响世界经济的前提条件。 换言之，中国需要进一步加强法制化建设，提升市场经济的规范化和透明度，真正培育公平竞争的、国际化的营商环境和制度环境，使中国经济真正在体制机制和规则上与世界经济接轨，从而真正融入全球化，这样才能使中国经济影响甚至引领世界经济的未来发展格局。从这一点来说，未来中国经济发展的重中之重是推动法制化和规范化，确保市场规范、透明运行；确保工业化、城市化高质量、高效益发展；确保信息化与制造业、服务业以及农业现代化融合发展。①

第三，平衡机制与修复机制：中国与全球经济良性互动发展的保障。

中国经济与世界经济的一体化互动发展，对亟待实现经济社会全面发展的中国是好事，对一个期待和平稳定的世界也是好事。 这样的良性互动发展，有利于促进中国和世界的双赢甚至多赢。 这是中国经济对于世界经济的最大贡献，也是世界经济为中国经济提供的最大红利。 需要思考的问题是，如何才能保持和实现中国经济与世界经济的良性互动格局？ 对

---

① 权衡:《开放的中国与世界经济——迈向一体化互动发展》,《国际展望》2014 年第 5 期。

此需要建立平衡机制和修复机制，通过双边的平衡机制和各自的修复机制，不断平衡中国与世界经济的互动关系，同时也能够在出现非均衡的互动发展的状况时，充分运用修复机制，对双边互动关系进行及时修复，确保双方呈现良性互动的发展态势。

一方面，需要探索并建立中国经济与世界经济的平衡机制，创造积极的平衡手段和方式，包括中国经济的自我平衡机制、世界经济的自我平衡机制以及双方互动发展的平衡机制。其中的关键是要找到双边互动发展的共同利益点和均衡点，这是实现平衡的根本所在。 这个利益均衡点应当有这样几个方面：一是建设全球经济共同治理机制，共同促进世界经济的稳定增长，防止出现全球性通货膨胀，减少经济波动，如尝试创造或者搭建世界经济稳定增长的宏观经济政策交流平台和机制等；二是消除全球性经济不平等和贫困，在经济领域实现全球公平正义，为世界经济发展创造共同的正义价值观；三是共同维护全球金融稳定和秩序，防止金融风险及其扩散，应当吸取历次金融危机的教训，在全球金融创新、金融稳定和金融监管中找到平衡点；四是共同维护全球贸易自由和投资便利化，共同反对贸易保护主义，共同分享全球贸易自由化的红利。 五是共同构建多赢、合作、互动、平等的全球经济新秩序、新规则和新制度，探索建立适应全球一体化和更加相互依赖的世界经济发展规律的经济新秩序。 毫无疑问，这些方面都是中国与世界经济共同的利益和均衡点所在。

另一方面，需要探索并建立中国与世界经济的修复机制。实事求是地讲，中国经济与世界经济的互动发展不会一帆风顺，其间不可避免地出现各种摩擦、矛盾甚至冲突。 尤其是在金融危机后，全球化遭遇贸易保护主义冲击、全球贸易与投资体制机制改革创新等关键时刻，中国经济与世界经济难免出现不一致，甚至偏离良性互动的轨道。 因此需要创造双方的修复机制，使双边互动关系在偏离良性发展的轨道时，能够具备及时自我修复的机制和能力，包括自我修复的动力，自我修复的手段、方式等。 唯有如此，才能确保中国经济与世界经济良性互动发展具备坚实的体制机制基础和制度保障。

总之，在中国经济与世界经济互动发展的过程中，从中国方面来看，中国正在致力于通过推进经济体制改革、政治体制改革、文化体制改革、社会体制改革以及生态体制改革，努力建设一个富强、民主、文明、和谐的社会主义现代化国家。在此过程中，中国也努力致力于实现完善国家治理体系和治理能力现代化的发展目标，通过全面提升自身的治理能力，进而积极参与全球经济治理，努力实现中国与世界经济一体化良性互动发展。 中国在不断提高自身经济发展水平和能力的同时，也在积极参与世界经济发展，中国与世界在经济上不仅仅是简单的"搭便车"的逻辑,而是积极顺应全球经济一体化和相互依赖性的发展趋势和规律,共同为人类物质文明和精神文明作出积极的贡献。 在这一过程中,实现平等互动,共赢发展,才是人间正道。 在改革和完善世界经济新秩序、促进维护世界和平稳定发展的历史进程中,应当进一步发挥中国应有的积极的推动作用、引领作用和创新作用,从而不断适应经济新常态。

中国经济体量大、韧性好、潜力足、回旋空间大、政策工具多。中国将主动适应和引领经济发展新常态,坚持以提高经济发展质量和效益为中心,把转方式调结构放到更加重要位置,更加扎实地推进经济发展,更加坚定地深化改革开放,更加充分地激发创造活力,更加有效地维护公平正义,更加有力地保障和改善民生,促进经济社会平稳健康发展。

——2015 年 3 月 28 日,习近平在博鳌亚洲论坛
2015 年年会的主旨演讲

适应和把握我国经济发展进入新常态的趋势性特征,保持战略定力,增强发展自信,坚持变中求新、变中求进、变中突破,走出一条质量更高、效益更好、结构更优、优势充分释放的发展新路,推动我国经济向形态更高级、分工更优化、结构更合理的阶段演进。

——2015 年 7 月 16 日至 18 日,习近平在吉林考察时的讲话

第二部分
经济新常态与新赶超型增长

■ 中国作为发展中大国,经济赶超的丰富经验有别于立足于发达型经济体基础上的增长理论和一般分析框架。中国赶超型经济增长的实践经验及其面临的挑战、未来的创新转型等充分体现了大国赶超型经济增长的决定因素、一般规律和演变趋势,初步形成了独特的赶超型经济增长理论和框架。

■ 新常态下中国经济增长速度下降的实质,是赶超型增长进入一个新的阶段。作为一个长期赶超型的经济体,其赶超虽然离不开经济周期和增长波动的一般规律,但赶超型经济增长也不是线性的"永久高速度赶超",它应当有赶超型经济发展的阶段性特点,特别是随着赶超型增长的投入要素、结构及体制机制决定的资源配置方式的改变,会出现从高速度赶超走向中高速的赶超,这个阶段最大的特征,就是传统的超高速经济增长模式亟待转型,面临动力转化和结构调整双重任务。

■ 新常态下的中国经济实现赶超型增长的核心是摒弃单纯的速度型赶超方式,追求可持续的、有质量、有竞争力的赶超型增长。围绕经济新常态下中国实现高质量的持续的赶超型经济增长的新目标,中国未来的赶超型增长亟待新动力、新结构、新体制、新开放、新调控的创新发展。这将贯穿未来中国经济持续赶超和稳定增长的全过程,也必将贯穿未来中国全面深化改革和创新发展的全过程。

中国经济在实现三十多年赶超型增长之后,从 2010 年开始持续放缓。在国内外学术界围绕中国经济增速趋缓开展热烈讨论的时候,中国政府提出中国经济进入新常态,其核心要义就是指中国经济增长进入中高速度阶段、经济结构调整进入关键时期、经济增长动力亟待进入新的创新驱动发展的新阶段。面对中国经济增速放缓,目前显然尚未形成真正统一的认识和研判,一个值得深入研究的问题就是需要从经济增长理论分析框架出发,结合中国大国经济发展的经验、问题,对中国经济增长新常态进行理论分析和阐述,探索新常态下大国经济增长新趋势、新内涵和新路径。

1 中国三十多年赶超型增长的新经验和新理论

　　尽管中国经济已经进入新常态，但是其本质还是赶超型经济增长，只是进入一个新的赶超阶段，传统速度型赶超增长模式亟待转型和创新。我们需要总结我国过去三十多年赶超型增长的经验和理论基础。中国作为发展中大国，经济赶超的丰富经验有别于立足于发达型经济体基础上的增长理论和一般分析框架。中国赶超型经济增长的实践经验及其面临的挑战、未来的创新转型等充分体现了大国赶超型经济增长的决定因素、一般规律和演变趋势，初步形成了独特的赶超型经济增长理论和框架。

　　经济增长一直以来是令经济学家十分着迷的问题。近半个世纪以来，经济增长理论研究先后经历了四次发展和高潮：第一次发展高潮是哈罗德-多马增长模式，主要强调资本积累在经济增长中的决定作用，即投资决定经济长期增长；短期内假定资本—产出不变，因此经济增长唯一地取决于储蓄率即资本积累率。显然，这一分析框架背后的理论逻辑是凯恩斯短期均衡增长思想。从实践发展来说，投资决定增长、强调资本积累的决定作用，这也与当时工业化快速增长的历史实践在逻辑上是一致的。 经济增长理论发展的第二次高潮是索罗-斯旺增长模型，该增长理论充分强调市场机制和要素边际报酬递减规律和作用，认为不管经济初始条件如何，经济增长最后总会收敛于一条平衡增长的路径，这一增长理论除了强调劳动、资本等要素投入，也取决于外生的技术变化和技术进步。 经济增长理论的第三次高潮则是新剑桥学派的经济增长模型，该模型把劳动—资本的收入分配引入经济增长理论，强调工资与利润的合理分配对决定经济长期均衡增长具有重要作用。 经济增长理论研究的第四次高潮是新增长理论的诞生。 这个理论诞生的背景就是70年代末罗马俱乐部从工业化、城市化、生态危机、粮食危机等诸多挑战出发，认为经济增长由于环境、资源、人口等因素制约，总会出现零增长和停滞状态，即所谓的"世界末日模型"。 以罗默等人为代表的"内生性技术变化决定经济增长"的内生性增长理论，尤其强调增长的根本原因不是来自增长之外，而是来自经济体系内部技术内生、知识外溢、人力资本投资、研究开发、收益递增、劳动分工和专业化、边干边学、开放经济等因素的决定作用，这一理论也叫收益递增转型经济增长，或者叫知识型经济增长。 在这之前，其实也有许多经济学家如丹尼森从增长因素分解出发提出了"增长余值说"，强调技术进步对经济增长的贡献；舒尔茨也提出人力资本理论强调人力资本开放与经济增长的决定作用。 应该说，这些理论重新打开了经济增长理论尤其是现代科技时代知识型经济增长的趋势和内在规律。 显然，经济增长理论的这些演变也体现了经济实践过程和历史脉络的变化，即从农业经济到工业经济时代，再到强调创新推动的服务经济时代，正是经济增长的形态、结构和规律的变化，极大地推动经济增长理论研究的创新和发展。①

但是问题在于，从经济增长在不同国家的表现来看，各国经济增长的规律和轨迹其实都不一样。 从发展经济学分析来看，如果把经济体分为两类，一类是发达型经济体，如英国、美国以及包括德国在内的欧洲国家；另一类一般分为发展中经济体，如中国、印度、巴西等广大发展中国家和地区，这一类国家从经济增长来说面临赶超（Catching-Up），也叫赶超型经济体。 第一类发达型经济体的经济增长经验大致从上述经济增长理论演变逻辑中得到证明和论证；换句话说，今天比较成熟的经济增长理论分析框架由于是在发达型经济体经济增长经验基础上形成的分析范式，基本上可以较好地解释和分析发达型经济体经济增长的规律和趋势；但是第二类发展中经济体或者叫赶超型经济体的情况则十分复杂。 这里面除了赶超型经济体的国家大小不一样，有的是大国赶超，有的是中国赶超；也

---

① 徐玮、权衡：《经济新常态：大国经济赶超型增长的新经验与新理论》，《学术月刊》2015 年 9 月 20 日。

有许多赶超型经济体国家的历史文化传统差异更大,资源禀赋和赶超的初始条件不一样,赶超型增长的历史进程也不一样。因此立足于发达型经济体增长经验基础上而成立的发达型经济增长理论能否解释发展中国家和赶超型经济增长的实践? 也许更值得回答的一个问题是:是否能够找到一个统一的经济增长理论范式来分析和解决所有国家经济增长的经验问题?

其实,对于大多数发展中经济体来说,多少年来经济发展的任务就是不断实现赶超,基本上都属于赶超型经济增长类型。 但是,根据诺贝尔经济学奖得者麦克·斯宾塞所领导的世界银行增长委员会的研究,从第二次世界大战以来到现在,共有13个经济体取得了"维持15年或者更长时间年均7%或者更高增长率"的成绩。 这13个案例告诉人们,快速的赶超和持续的经济增长是有可能的,但同时也表明,毕竟也只有13个经济体做到了这一点。 人们把这些增长成功的案例称为"经济奇迹"。 但是问题在于能否用前述的发达型经济增长理论解释这些奇迹背后的机制和故事呢? 正如增长理论的代表人物、增长委员会工作小组成员保罗·罗默(Paul Romer)提醒我们:当年日本经济以这种速度增长(赶超)时,评论家也曾认为这只不过是战后复苏所催生的一个特殊案例;当东亚四小龙赶超上来时,怀疑者们将其成功的原因归结为"船小好掉头";而当中国超越它们的时候,人们又把这解释为"船大好扬帆"。 由此看来，很难运用上述发达型经济增长理论来分析和解释那些已经实现赶超或正在进行赶超的经济增长的国家是如何发生持续高速的经济增长的故事，尤其是要分析发达型经济体与发展中经济体的相互依赖性、技术内生化和全球化、赶超型经济的资源禀赋、国家规模和市场竞争，以及赶超型经济体的内部结构性改革和制度创新等对赶超经济增长产生的深刻影响，而这些恰恰是以新古典分析框架为基础的发达型经济增长理论所忽略的问题。

相比较而言，经济学家似乎更对中国三十多年持续赶超型高增长感兴趣。 因为中国作为一个大国能够在如此长时间内实现持续赶超和高增长，的确是上述 13 个国家长时期高增长奇迹中的奇迹。 毫无疑问，中国赶超型经济高增长为分析赶超型增长理论提供极佳的经验和范本。 从中国赶超型经济增长的经验来看，至少应当有如下几方面的理论内涵：

一是中国具有发展中经济体的明确的赶超目标。 中国是一个人均收入水平较低的国家，与发达型经济体的人均收入差距便成为经济赶超和增长的动力，中国经济增长以提高人均收入水平为其第一要务，具有明确的追赶目标；赶超的压力和动力成就中国经济非均衡地持续高增长，因此不可能在一个很短时期走向所谓的"收敛型增长"或者"回归均值"。

二是中国具有发展中经济的独特大国资源禀赋优势。 中国是一个拥有十三亿人口的发展中大国,这是其最大的需求和市场优势,也是其最大的劳动力资源禀赋;这个优势造就了中国制造业发展的速度和规模奇迹,而这恰恰是发展中经济体发展进程中无法逾越的强国战略,正是巨大的劳动力资源优势与市场优势加速了中国制造业的快速崛起和赶超,这应当视为中国经济实现赶超的重要部门因素和产业贡献。

三是中国具有大国发展中的结构性差异特征和不均衡特点。 中国作为一个发展中大国,巨大的城乡二元结构和空间不均衡特点,一方面造成了要素从劳动生产率低的部门向劳动生产率高的部门流动,这个巨大的流动过程引发了全球最大规模的城市化进程,城市化发展成为中国经济实现赶超增长的重要引擎之一;另一方面,大国地区经济发展的差异性、不平衡性也造就了区域经济发展模式的多元化,在第一个 10 年发展中珠三角地区崛起、第二个 10 年发展中长三角崛起以及第三个 10 年发展中环渤海地区崛起,三个不同时期,分别形成三个不同的区域经济增长极,对促进地区经济增长发挥带动和示范作用的同时,也使得中国大国经济赶超过程中形成巨大的"发展韧性"以及"区域多样化"的赶超型增长模式。

四是中国具有大国赶超过程中独特的规模经济优势和集聚经济特点。 中国作为最大的国家和最大的新兴市场,大国优势决定了经济赶超具有规模经济的巨大效应,甚至在赶超过程具有规模报酬递增优势以及资源要素集聚的核心优势，这也与一般小型赶超型经济增长不同。另一方面，中国经济巨大的规模也具有范围经济的特点，规模经济和范围经济成就中国经济的规模性赶超增长。

五是中国具有大国发展中经济体独特的双向开放和互利合作的特点。中国充分利用新一轮全球化带来的发展机会，主动实施对外开放战略，实施积极引进来战略的同时，中国发展具有的巨大规模和市场优势也为其他国家发展带来新的机会，作为一个新型经济赶超型大国，中国不仅依赖外商直接投资发展自身，也为别国经济发展创造有利机会，真正实现全球化发展中的合作、共赢的战略目标。这一点也与一般小型开放经济体不一样。"中国每年增量相当于贡献了一个中等发达国家的经济规模。未来5年，我们将进口超过10万亿美元商品，对外投资超过5 000亿美元。这些将为世界经济提供更多需求，创造更多市场机遇、投资机遇、增长机遇"。

六是中国具有发展中经济体特有的强烈的学习欲望、吸收和消化能力。中国赶超型增长最大的动力之一就是对外引进先进技术、管理经验和现代化理念。中国经济增长通过技术引进、技术学习、技术吸收和消化、技术模仿创新实现了快速的技术赶超，大大缩短了赶超过程中城市化和工业化的时间。这其中与中国人特有的勤劳勇敢、积极学习、不畏艰难的民族优秀品质有密切关系。 正是这样的技术学习、模仿创新，努力以技术赶超带动经济赶超型增长，使得中国在国内外激烈的市场竞争环境下提供的产品技术必然代表了或者接近世界先进技术水平，这一点在制造领域得到充分体现。

七是中国具有大国发展中动态的制度优化功能与资源配置改善优势。 中国经济赶超的另一个最大的机遇就是中国坚定走市场经济改革道路，尤其是清醒地认识到传统计划经济的劣势以后，迅速推动经济体制从计划转向市场配置资源，这样的改革进程极大调动了微观经济的活力和效率，为实现经济赶超找到了最佳的资源配置方式，资源配置效率的改进和提升与技术进步率结合，共同提升了全要素生产率(TFP)，为经济赶超型增长注入了内生的动力。 经济体制的动态优化和资源配置效率改善为实现经济赶超型增长创造了重要的条件。

八是中国大国发展中具有的强势政府为经济赶超提供了稳定的宏观经济优势和条件。 中国经济发展的一条重要经验就是各级政府在推动经济增长过程中的巨大作为。 这既与中国大国发展传统的计划经济具有千丝万缕的关系，也与财政分权体制机制导致的地方政府的"GDP 锦标赛竞争机制"有密切关系。 地方政府围绕 GDP 开展锦标赛竞争，借助地方政府融资公司，依靠发展房地产和土地溢价收益，"拼命"招商引资，确实为推动中国经济超高速增长发挥了重要作用。另一方面，中央通过实施强有力的宏观经济政策，为经济赶超型增长创造了稳定的政治和经济环境条件。当然，今日中国经济亟待转型，转型进程中面临的巨大困难和问题如环境污染、地方债务风险、产能过剩、影子银行等也与地方政府片面追求经济赶超和 GDP 超高增长密不可分。[①]

从以上分析可以看出，中国大国赶超型经济增长的若干经验和特征，实际上表明了像中国这样的发展中大国，经济增长要实现赶超，从一开始其赶超增长的轨迹可能不会像发达型经济体那样自然走向收敛型增长，也不会很快出现所谓的"增长均值"阶段。解释和回答中国经济增长需要运用赶超型增长框架来分析，这个框架至少应当包括经济赶超目标和任务（即迅速提高人均收入水平）、赶超经济的资源禀赋条件、结构性差异及其增长转换、规模经济和范围经济优势、互利合作的双向开放模式、技术引进和技术赶超战略、制度变革与资源配置方式转换、发展主义导向的精明政府与环境稳定环境等等，中国经济之所以能够实现持续的赶超型增长，正是这些具有赶超特点的增长因素、增长条件、运行机制及其轨迹决定了其赶超型增长道路。

---

① 徐琤、权衡：《经济新常态：大国经济赶超型增长的新经验与新理论》，《学术月刊》2015 年 9 月 20 日。

实际上，从中国经济的转型来看，核心任务就是其独特的赶超方式亟待转型。因为，从现代经济增长理论最新研究来看，纯粹依靠对于资源依赖和生产要素的高投入来维系赶超型高增长是不可能持续的，换句话会说，建立在高投入、高耗能和环境污染等代价基础上，这样的增长无论多高，说到底是没有可持续性和高质量可言的。一个追求长期、稳定并且极具活力和效益的经济体，最终是要依靠创新来提升竞争优势，依靠教育和人力资本以及技术进步，从而实现收益递增型的赶超经济增长，这才是中国经济增长的根本要求和真正意义，也才是中国赶超型经济增长的真正崛起和真正奇迹。

中国经济要实现赶超转型，核心问题是转换赶超增长的内在动力。从成功实现赶超型经济体的增长经验来看，实现经济持续赶超并持续增长的真正源泉来自全生产要素率和资源配置效率的提高。为此，有四个基本的因素和条件是决定能否实现持续赶超和持续增长的关键。一是创新，包括技术创新和全要素生产率提高，这是成功实现经济赶超的内在动力；二是相互依存和依赖性，强调全球化背景下各国经济增长的相互关系及其国际贸易、对外开放等对实现经济赶超的重要作用。三是制度变革和制度设计，强调稳定选择适宜的制度要素并保持稳定的政治环境、产权制度、法律制度等对促进经济赶超增长的积极作用。四是消除不平等，强调正确处理好经济增长与收入分配的内在关系，实现公平正义。哈佛大学教授赫尔普曼(Helpman)非常精辟地将决定现代经济增长的上述因素归纳为四个"I"，即 Innovation(创新，即推动技术创新和进步)；Independence(相互依赖性，主要是讲经济全球化和国际贸易对于经济增长的影响)；Institution(制度，即稳定的政治环境和制度架构对于经济增长也至关重要)；Inequality(不平等，主要是说要处理好经济增长与收入分配的关系)。四个"I"实际上分别指出了技术创新、贸易和全球化、制度变革、消除不平等和经济增长对于实现高质量的持续的赶超型经济增长的重要内涵，其中主要包括提高经济增长质量、扩大市场分工和份额、选择最优制度、实现经济社会协调等方面。从这一点说，笔者更倾向于认为，实现四个"I"是推动持续赶超型经济增长的基本条件。中国当下正在推动的转变经济发展方式，核心内容就是转变传统的赶超型增长模式，不断通过创造四个 I 即"全面深化改革、促进技术创新、实施对外开放、改善收入分配"，构建成有利于经济增长可持续赶超和发展所必须依赖的国际化法制化营商环境，更加重视经济赶超型增长的质量、效益及其国际竞争力，最终不断加快经济赶超型增长，早日提高人均收入水平，更好更快迈向发达型经济体和高收入国家行列。

专栏3 中国经济增长是新常态下新型赶超型增长

尽管我国GDP增速自2007年下降明显(见图2-1),经济进入新常态。1998—2007年平均增速高达10%;2008—2015年平均增速为8.6%,特别是2012年起首度低于8个百分点,2015年首次低于7个百分点。

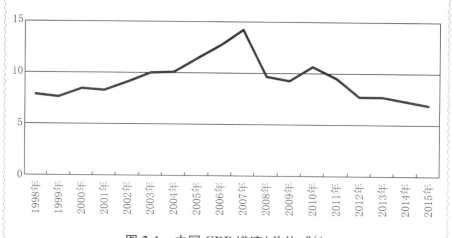

图2-1 中国GDP增速(单位:%)

数据来源:世界银行数据库。

但是我国赶超型发展没有变,只是赶超型经济发展进入一个新的阶段。我国在1990年超过俄罗斯,2006年超过德国,2009年超过日本,目前我国仍然保持接近7%的增长速度,向美国的经济总量靠近(见图2-2)。

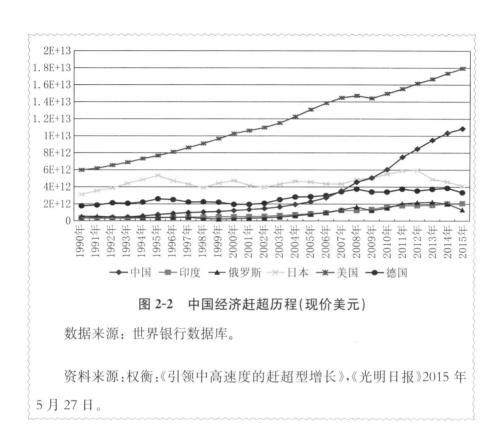

图 2-2　中国经济赶超历程(现价美元)

数据来源：世界银行数据库。

资料来源：权衡：《引领中高速度的赶超型增长》，《光明日报》2015 年
5 月 27 日。

2　经济新常态引领中高速的赶超型增长

中国经济已经进入新常态，理解中国经济新常态下赶超型增长的关键在于，把中国经济进入新的发展阶段以后出现的新特点与中国经济长期发展的内在规律、内在趋势区分开来，在观察新常态下经济增长出现的阶段性特点的同时，更要密切关

注和深入思考经济增长长期的趋势性、规律性是否会发生变化。换句话说，新常态下的中国经济，哪些方面已经发生改变或者要发生改变？而哪些方面其实并未发生改变，未来仍然会继续发生作用？

(1) 经济新常态下仍然具有大国赶超型增长的优势和潜力

中国经济尽管增速减缓，但仍具有赶超型增长的优势和潜力。所谓减速不减势，其中最大的"势"，就是赶超的优势和赶超型增长的大趋势。一是中国作为发展中经济体的赶超目标尚未完成，赶超的任务和压力仍然十分艰巨。作为一个人均收入水平较低的国家，中国经济增长以提高人均收入水平为第一要务，与发达经济体的人均收入差距成为经济赶超和增长的动力，并成就中国经济非均衡的持续高增长，因此不可能在一个很短时期走向所谓的"收敛型增长"或者"回归均值"。

二是中国经济的结构性差异特征和不均衡特点短时期不会改变，这意味着劳动生产率仍有改善和提高的空间。作为一个发展中大国，中国巨大的城乡二元结构和空间不均衡特点，一方面造成了要素从劳动生产率低的部门向劳动生产率高的部门流动，从而引发了全球最大规模的城市化进程，成为经济增长的重要引擎之一，这个趋势因为新型城镇化的巨大发展空间不会发生改变；另一方面，大国经济的差异性、不平衡性也造就了区域经济发展模式的多元化，各区域之间从不均衡到均衡就是不断改进和发展的过程。

三是中国将继续保持大国赶超过程中独特的规模经济优势和集聚经济特点，这意味着未来赶超型经济增长的规模优势和市场活力会不断扩大。大国优势决定了中国经济赶超具有规模经济的巨大效应，甚至在赶超过程中所具有的规模报酬递增优势以及资源要素集聚的核心优势，也与一般小型经济体的赶超型经济增长不同。中国经济巨大的规模也具有范围经济的特点，规模经济和范围经济将继续成就中国经济大规模的赶超增长势头。

四是中国具有发展中大国经济体独特的双向开放和互利合作的特点，这也意味着中国经济通过实施走出去战略，可以继续分享全球化发展的新红利。与一般小型开放经济体不同，中国作为一个新型的经济赶超型大国，不仅依赖全球外商直接投资（FDI）发展自身，也为别国经济发展创造了有利机会，能够真正实现全球化发展中的合作、共赢。

五是中国具有发展中大国动态的制度优化功能与资源配置改善优势，意味着未来市场化改革的空间和机遇仍然很大。走市场经济的改革道路，是中国经济赶超的另一个最大机遇。这极大地调动了微观经济的活力和效率，为实现经济赶超找到了最佳的资源配置方式，资源配置效率的改进和提升与技术进步率结合，能够提升全要素生产率(TFP)，为经济的赶超型增长注入内生动力。[1]

(2) 经济新常态:赶超型增长进入新的发展阶段

首先，新常态下的中国经济增长仍处在经济赶超式增长的历史阶段和轨道。从长期来看，中国经济要遵循经济增长的所谓"收敛性假说"规律，特别是由于生产要素的报酬递减作用，会出现增长速度的收敛，长期增长趋缓。发达国家及亚洲四小龙的经济增长经验也印证了这一点，只是每个国家增长收敛的时间不一样。但如前所述，中国人均收入水平还较低，总体经济仍处在赶超发达经济体和迈向高收入水平的阶段，经济增速远未进入收敛阶段。因此，新常态下中国经济的潜在 GDP 增长还有很大的空间。

其次，新常态下中国经济增长速度下降的实质，是赶超型增长进入一个新的阶段。作为一个长期赶超型的经济体，其赶超虽然离不开经济周期和增长波动的一般规律，但赶超型经济增长也不是线性的"永久高速度赶超"，它应当有赶超型经济发展的阶段性特点，特别是随着赶超型增长的投入要素、结构及体制机制决定的资源配置方式的改变，会出现从高速度赶超走向中高速的赶超，这个阶段最大的特征，就是传统的超高

---

[1]   权衡:《引领中高速度的赶超型增长》，《光明日报》2015 年 5 月 27 日。

速经济增长模式亟待转型，面临动力转化和结构调整双重任务。

3 经济新常态：中国经济需要 高质量的赶超型增长

新常态下的中国经济实现赶超型增长的核心是摒弃单纯的速度型赶超方式，追求可持续的、有质量、有竞争力的赶超型增长。围绕经济新常态下中国实现高质量的持续的赶超型经济增长的新目标，中国未来的赶超型增长亟待新动力、新结构、新体制、新开放、新调控的创新发展。这将贯穿未来中国经济持续赶超和稳定增长的全过程，也必将贯穿未来中国全面深化改革和创新发展的全过程。

未来的中国需要实实在在的、体现高质量、有效益的GDP 增长。我非常赞同周其仁教授的一个观点，就是中国经济增长只要把质量提高了，速度自然会降下来。例如，办公室的灯泡，如果都是节能高效并且产品质量很高，那就不需要经常换灯泡，也就无需这么多的灯泡生产和速度。如果质量不好，经常要换，那就必须加快生产，否则灯泡坏了赶不及换新的。因此，经济增长必须进行思维方式和生产方式转型，就是要以高质量的经济增长替代高速度的经济增长，也就是必须加快转变经济发展方式。从这个意义上说，今天我国的 GDP 内涵和条件已经发生了变化，我们需要的不是传统意义上的仅仅具有数字意义的 GDP，而是需要一个更具高质量、高效益的绿色 GDP，一个更能体现老百姓幸福指数的 GDP。这就意味着未来经济增长更具丰富的发展内涵，对未来经济增长也提出了更高的要求。

一是意味经济增长的质量（Quality）更高，要求投入—产出结构更趋合理，经济增长不再依靠传统的要素投入为主和数量驱动增长，以技术创新为主的创新驱动发展成为经济增长的新动力；二是意味经济增长的效率（Efficiency）更高，要求劳动生产率以及决定经济增长重要源泉的全要素生产率能够明显提升，同时也要求包括劳动力、资本、土地等稀缺性资源得到最佳配置，提高资源配置效率；三是意味着经济增长的效益（Benefit）更好，要求产能过剩得到缓解，产业结构更趋合理，转型升级不断加快，产业链和价值链走向中高端，经济效益和效果明显提升；四是意味并要求经济增长更加具有可持续性（Sustainability），要求收入分配更趋合理，社会发展更加和谐，文化教育更加满足人民群众的要求，生态环境更加优美，GDP 能耗以及雾霾等逐渐减少，最终实现绿色 GDP 的发展目标。[1]

---

[1] 权衡：《7%增长目标：更丰富的发展内涵》，《文汇报》2015 年 3 月 17 日。

因此，这就需要我们以前所未有的勇气和魄力，加快创新驱动发展，推动经济转型升级；需要我们全面深化改革，创造更具活力和效率的市场经济运行机制，形成更加积极有为和法制透明的政府管理体制。这就需要我们要按照"四个全面"的战略布局，积极推进各项工作，不断取得新进展新成绩，从而真正实现有效益有质量的 GDP 增长，一个绿色和幸福的 GDP 增长。

具体而言，要实现高质量的可持续的赶超型经济增长，需要从如下几方面加快赶超型增长模式转型。赶超型经济增长方式转型的现实路径选择如下：

第一，创新驱动新增长与赶超型经济增长动力转换。经济增长的过程是一个在生产函数条件下的一系列生产要素投入和产出的过程，因此经济增长动力如何首先由投入的生产要素数量和质量以及结构决定的。从增长的动力来看，理解中国经济新常态下的经济赶超模式转型，一个重要的含义就是，短期内中国经济增长基本的生产函数和基本条件并未发生改变，只是在原有的生产函数下要素投入的结构和源泉发生了变化。这主要是说，尽管目前的经济增长仍然维持原有生产函数条件和框架，但是，支持赶超和高增长的劳动力投入结构、资本投入结构以及资源、能源条件发生了变化，突出表现在，支持原来高增长的人口红利、FDI 红利、土地红利、资源依赖等传统比较优势开始衰减，由此出现劳动力成本上升等要素成本约束、资源环境约束、资本报酬递减约束等，导致原有的高投资驱动高增长的效率递减，因此传统增长的动力机制亟待转换，需要从要素驱动增长转向效率驱动和创新驱动，通过转换增长动力，逆转递减型增长趋势。因此，中国经济新常态的核心并非不要高增长，而是因为过去的数量型增长遭遇前所未有的高成本约束和环境约束，因此不得不寻找新的增长动力，通过实施创新驱动新增长，进一步提高劳动生产率和加快技术创新和进步，进而确保中国经济实现有效率和高质量的增长，通过质量和效益提升弥补增速减缓的空间，实现有质量有效益的赶超型增长。

第二，结构调整和升级与赶超型经济增长的结构转换。总量意义上的经济稳定增长需要依赖合理的经济结构。持续的赶超型增长同样需要合理的经济结构的支撑。从理论上说，具备平衡与协调的经济结构体系，是凯恩斯主义逆向调节的宏观经济政策范式得以有效的基础。新常态下的赶超型经济增长需要新结构的支撑，因此需要加快结构调整和转型。但这种调结构并非说中国经济已经进入后工业化时代，并非说中国经济要"去工业化"，甚至"去城市化"，显然，中国经济新常态并未改变中国需要继续快速推动工业化和城市化这个基本趋势，未来经济发展仍然处在一个亟待完成工业化和城市化的关键阶段。 问题在于传统工业化模式和城市化模式难以为继，老的发展模式亟待转型升级，尤其是随着全球产业链重构、全球价值链重构不断加快的背景下，中国制造业需要提升价值链的地位和附加值，需要加快加工贸易转型升级，提升在中国全球产业链的分工地位和附加值；从城镇化模式转型升级来说，需要改变传统的"要地不要人"的"虚假城市化"或者"半城市化"，坚持走以人为本的新型城镇化道路，提高城市化的质量。 为此，中国经济新常态呼吁加快制造业升级、加快淘汰过剩产能、加快城市化模式转型、加快城乡一体化发展，改善产业结构、呈现结构、分配结构以及投资消费结构，通过优化结构，奠定中高速赶超型增长的结构基础和条件。

第三，全面深化改革与赶超型经济增长的体制机制新要求。 新常态下赶超型经济增长需要适宜的制度和体制机制的支撑。 新常态的赶超型增长所需要的改革创新，并非意味着市场化改革的基本方向发生了改变，更不是说市场经济的基本经济制度以及与之相适应的其他体制机制都已经非常完善和发达，而是认为市场化改革仍然不到位，仍然需要坚持市场化改革的基本方向，正确处理好政府与市场关系，努力构建社会主义市场经济新体制；与以往不同的是，中国经济新常态下的中高速赶超增长，除了需要继续强调坚持以市场化经济体制改革为重点之外，仍然需要依赖全面深化政治体制、文化体制、社会体制、生态体制等各方面的体制机制改革创新，需要全面深化改革和创新以支撑新常态下中国经济继续保持中高速的赶超型增长。 这主要是因为中国经济到了赶超的新阶段以后，持续的赶超和增长所依赖的全方位的制度创新进入一个更为复杂、艰难的新阶段，具体表现为：改革创新面临深层次的利益调整，改革的压力、风险加大，改革牵涉的各种利益关系错综复杂，到了所谓"闯险滩"的新阶段；改革需要加强顶层设计，全面协同推进，争取改革的最大共识和利益；改革的目标并非为改革而改革，而是通过改革尤其是通过全面深化改革，提升国家治理体系和治理能力现代化；需要重塑改革的激励和动力，需要通过完善的激励机制推动改革自身发展。 因此，新常态下的改革意味着改革自身面临着新风险、新目标和新动力的选择。

第四，开放型经济新体系与赶超型经济增长的开放模式的升级转型。 新常态下的中国经济实现赶超并不是不要开放，当然也不是要有意去改变世界经济体系和规则。 新常态下的赶超型增长需要新的开放理念和新的开放观，亟待构建新型开放经济新体系。 这就要求必须加快从注重数量型粗放式的对外开放战略转向注重质量型集约式的对外开放新战略，从单一的"引进来"为主的开放思路转向积极适应"高水平引进来，大规模走出去"的新型对外开放的新常态；同时，新常态下的新开放，核心就是推动中国经济和中国企业走出去，但这并非刻意要去改变世界经济和政治新规则甚至国际体系，而是首先要遵守并尽快适应世界经济新规则；根据国际经济和投资贸易新规则，倒逼自我改革和创新，倒逼旧体制和老机制的创新发展，在遵守和适应世界经济新规则过程中，进一步提升中国的国际地位，更好地发挥中国对世界经济的积极影响和引领作用。

第五，政府职能新转型与赶超型经济增长的新调控。 新常态下赶超型经济增长和运行并非不要政府调控，而是强调发挥市场在资源配置中的决定性作用的同时，更好地发挥政府的作用。 同时，新常态对政府而言也不是完全不要经济增长，因为经济增长毕竟是就业、税收、居民收入的来源和基础；问题是政府必须改变过去在超常规增长过程中直接干预经济，改革"政府主导市场经济"的宏观调控方式，改革"唯 GDP 论英雄"的政绩考核观。 因此，新常态的一个重要任务就是需要重新定位政府的职能和作用，改革传统宏观调控体系，加快转变政府职能，减少政府直接对生产要素市场的干预，创新行政审批制度，进一步下放权力，建设服务型政府、法治政府、透明政府和责任政府。 同时，为适应新常态下的中高速赶超型增长，宏观调控应当避免通过强刺激方式推动增长，尽可能去刺激化、去杠杆化，改变单纯为推动经济高增长而采取的盲目扩张的财政政策和货币政策的手段和方式，探索适应新常态下经济内生性增长的科学调控体系和政策手段。

第六，收入分配制度改革创新与赶超型经济增长的公平正义新福祉。经济增长既要处理好效率问题，也要处理好公平问题，真正实现公平型高增长，这才是真正的经济奇迹，也是我们在新常态下进行不断赶超型增长的真正目的。三十多年来，中国经济高速度增长的同时，城乡居民收入差距、地区和行业之间收入差距以及不平等问题等扩大，已经成为制约未来经济可持续增长，甚至危及社会和谐稳定发展的瓶颈问题之一。正因如此，中国经济新常态下的赶超和发展目标，并不是不要经济效率，也不是不要经济增长，而是需要能够充分体现社会公平正义的高效率的经济增长，实现人民福祉。因此，新常态下经济社会发展必须努力实现机会公平、权利公平和规则公平的新目标，要通过加快收入分配改革，创造公平竞争的发展机会，减少不平等，推动经济社会更加可持续的和谐发展。这就是新常态下中国经济社会发展的新目标和新内涵。[1]

---

[1] 徐玠、权衡：《经济新常态：大国经济赶超型增长的新经验与新理论》，《学术月刊》2015年9月20日。

实施创新驱动发展战略决定着中华民族前途命运。全党全社会都要充分认识科技创新的巨大作用，敏锐把握世界科技创新发展趋势，紧紧抓住和用好新一轮科技革命和产业变革的机遇，把创新驱动发展作为面向未来的一项重大战略实施好。机会稍纵即逝，抓住了就是机遇，抓不住就是挑战。我们必须增强忧患意识，紧紧抓住和用好新一轮科技革命和产业变革的机遇，不能等待、不能观望、不能懈怠。实施创新驱动发展战略是一项系统工程，涉及方方面面的工作，需要做的事情很多。最为紧迫的是要进一步解放思想，加快科技体制改革步伐，破除一切束缚创新驱动发展的观念和体制机制障碍。

——2013 年 9 月 30 日，习近平主持中共中央政治局第九次集体学习时的讲话

第三部分
经济新常态与创新增长新动力

■ 成功跨越中等收入陷阱,核心与关键在于通过创新驱动转变经济增长模式,为经济增长探索新的源泉和动力机制。中国正在面临跨越中等收入陷阱的挑战,未来十年是中国经济能否成功跨越这个阶段的关键时期。问题的实质是中国经济发展方式问题。

■ 中国未来十年成功跨越中等收入陷阱的过程,就是实施创新驱动的新增长战略、市场化改革新战略、新型工业化和新型城市化战略、收入分配的新战略和对外开放的新战略,这是我国成功跨越中等收入陷阱的重要方向和现实路径。

■ 中国经济正处于爬坡过坎的关键时期,经济增长速度放慢,结构调整任务加剧,增长动力亟待转换,因此迫切需要通过实施大众创业、万众创新,培育经济增长的内在动力,积极推动经济升级转型,成功迈向高收入经济体。

中国经济正走向新常态,经济增长速度由高速增长阶段逐渐步入中高增长阶段;人口转移的刘易斯拐点业已到来,土地、环境等商务成本不断攀高,人均 GDP 正处于世界银行对中等收入界定阶段,为 8 200 美元,属于中等偏上阶段。 中国是否会正面临中等收入陷阱呢? 是否会像马来西亚等国家,经济十几年都停滞不前呢? 中国现在应该如何顺利跨越中等收入陷阱? 新常态下中国经济增长的新动力在哪里? 最近几年围绕这些话题的讨论呈升温之势。

1 跨越中等收入陷阱的关键是培育创新发展新动力

"中等收入陷阱"没有形成系统的增长经济学与发展经济学理论依据。 经济发展既是从低收入到中等收入和高收入阶段的过程,也是不断克服和跨越系列"发展陷阱"的过程。中等收入陷阱的本质是经济增长方式及其动力转换问题;基本特点是增速长期放慢,收入差距扩大,社会矛盾与危机不断;

根本原因在于体制机制和结构性瓶颈。 成功跨越中等收入陷阱，核心与关键在于通过创新驱动转变经济增长模式，为经济增长探索新的源泉和动力机制。 中国正在面临跨越中等收入陷阱的挑战，未来十年是中国经济能否成功跨越这个阶段的关键时期。 问题的实质是中国经济发展方式问题。 中国跨越中等收入陷阱的唯一出路就是推动真正意义上的"创新驱动、转型发展"，通过实施技术创新战略、制度创新战略和商业模式创新战略，加快创新驱动新发展，这是中国未来成功跨越中等收入陷阱的重要方向和路径。

(1) 中等收入陷阱的本质是经济增长及其动力问题

学界普遍认同"中等收入陷阱"概念最早由世界银行在《东亚经济发展报告（2006）》中提出。 这个概念的基本含义为："一个经济体从中等收入向高等收入迈进的过程中，既不能重复又难以摆脱以往由低收入进入中等收入的发展模式，很容易出现经济增长的停滞和徘徊，人均国民收入难以突破1万美元。"（王一鸣，2011）世界银行又在《东亚复兴：关于经济增长的观点》中进一步阐述为"中等收入国家受到低收入国家低工资竞争者在制造业和高收入国家创新在快速技术变革行业的双重挤压"而出现的经济增长放慢并由此出现的一些社会矛盾和问题。 （Gill & Kharas，2007）大野健一（Ohno，2009）从产业升级的角度给出了中等收入陷阱的概念。他根据亚洲和拉美经济体发展的历史经验，认为经济体可以通过外资引进、规模扩张、技术吸收和技术创新的方式完成五个阶段的产业赶超。但是很多经济体由于无法提升其人力资本，无法完成技术吸收进入第三个阶段。他认为这种"玻璃天花板"现象就是"中等收入陷阱"。

亚洲发展银行在《亚洲2050：实现亚洲世纪》（Asian Development Bank，2011）报告中对这一概念的定义为"无法与低收入、低工资经济体在出口制造端竞争，并与发达国家在高技术创新端竞争，这些国家无法及时从廉价的劳动力和资本的资源驱动型增长转变为生产力驱动型增长"。布鲁金斯研究院专家霍米·卡拉斯（Homi Kharas）和世行专家哈林德·科利（Harinder Kohli）将中等收入陷阱定义为"难以在出口制造业与低收入经济体竞争，也难以在高技术创新与发达经济体竞争"，并指出该问题的本质在于无法及时从低成本劳动力和低成本资本的资源驱动型增长向生产率驱动型增长转型（Kharas & Kohli，2011）。安娜·扬科夫斯卡（Anna Jankowska，2012）等国际经济合作组织（OECD）专家将中等收入陷阱描述为："达到（中等）收入水平，（一些）国家从历史上在发展中出现一系列新挑战，导致低增长和陷入所谓的'中等收入陷阱'。"谢克哈尔·艾亚尔（Shekhar Aiyar，2013）等国际货币基金组织（IMF）专家认为"中等收入陷阱"的定义为"高速增长经济体停滞在中等收入水平，并无法跨入高收入国家行列的现象"，同时他们也指出其本质是"增长放缓的一种特殊情况，即突然性巨大且持续的波动背离于条件收敛下预期的增长路径"。

(2) 未成功跨越中等收入陷阱经济体的特征

樊钢和张晓晶（2008）通过文献总结和数据分析，认为发展中国家容易因过渡城市化、财政货币政策失调等宏观调控失误导致经济发展的停滞，譬如80年代拉美国家为实现"福利赶超"而导致财政赤字过大，引发高额通货膨胀、债务危机、金融危机、经济危机。政治不稳定性以及"民粹主义"的福利赶超政策在相当大程度上扭曲了政府的宏观决策，影响了投资率与投资者的信心，使拉美陷入中等收入陷阱。其特征可概括为对发展阶段的经济赶超、财政限制的福利赶超和市场机制的政府主导三方面的忽视。胡鞍钢（2010）将受困于中等收入陷阱经济体的经济表现归纳出经济增长回落或停滞、民主乱象、贫富分化、腐败多发、过度城市化、社会公共服务短缺、就业困难、社会动荡、信仰缺失和金融体系脆弱等十个关键词，引发了许多国内外学者对这种"中等收入陷阱"的现象和特征进行了深入的研究。曾铮（2010）认为，马来西亚经济发展中面临四个有关中等收入陷阱的问题，一是"亚洲金融危机"后，经济长期缺乏增长动力；二是随着经济总量的长期扩张，国内贫富差距不断扩大；三是增长逐步停滞，难以进入"高收入"国家的行列；四是国内经济和社会问题重重，实施改革的难度逐步加大。 王青（2012）对学界对墨西哥陷入中等收入陷阱问题的文献进行了梳理，认为墨西哥虽然保持经济快速增长，但在经济发展过程中未能逐步完善制度框架和解决不平等和收入差距等问题；经济政策存在短期化和过度关注内部均衡倾向，缺乏对长期问题和整体利益的关注，导致出现巨大贸易赤字和外部严重失衡。 赫苏斯·费利佩（2013）认为菲律宾未能完成工业化，导致本国生产率长期无法提高。 此外，菲律宾政治动荡（中央政府不稳定和兵变）、国内腐败以及投资不足（财政赤字、低储蓄率和投资环境恶化）等原因，也导致三四十年始终维持在中低收入水平。①

（3）成功跨越中等收入陷阱经济体的特征

曾峥（2011）对日本、韩国、新加坡、中国台湾等典型亚洲国家和地区经济发展方式转变经验进行总结，概括为：日本主要培育自主创新能力、提高农业生产率和工人工资、构建节能

---

① 权衡、罗海荣：《"中等收入陷阱"命题与争论：一个文献研究的视角》，《学术月刊》2013 年第 11 期。

环保型经济；韩国推进产业结构优化升级至知识密集型产业、财税体制和社会保障体制缩小收入差距、提升整体人力资本质量；新加坡加快产业结构向技术密集型方向转变，加快人力资本积累和扩大经济对外开放，形成经济转型的良性循环机制；中国台湾通过发展农业和服务业加快产业发展转型、提升科技水平和人才素质、推进市场化和民营化改革进程。世界银行增长和发展委员会(Commission on Growth and Development, 2008)根据日本、巴西、中国等13个经济体的表现，概括出利用全球经济、宏观经济稳定、高储蓄高投资、市场配置资源和政府良好领导治理能力等五大条件作为高速增长经济体的共同特点。史晋川和郎金焕(2012)在此基础上，结合东亚成功经济体的发展经验，认为这个五大共同特点也是中等收入经济体跨越"中等收入陷阱"的五个必要条件。通过深入分析韩国和中国台湾的现代化过程，他们认为通过人才储备和缩小贫富差距等培育良好的社会基础，能够合理地调节投资消费比例，并保障产业政策免受利益集团干扰，进而促进新兴产业发展，顺利完成外向型经济转型，并实现汇率货币政策的独立和宏观经济的稳定。此外，钱运春(2012)以英、法、德三国历史数据考察西欧发展过程，认为中等收入陷阱是经济发展的必经阶段和社会保护机制滞后于工业化生产方式的结果。而西欧的实践也表明，跨越中等收入陷阱的首要对策是重建社会保护机制，通过稳定、扩大、深化内需来实现经济增长机制的转型。因此，他认为在通过投资驱动跨越贫困陷阱阶段后，应该在中等收入阶段转变为消费驱动的经济增长模式。

(4)"中等收入陷阱"问题的几点结论与启示

第一，尽管中等收入陷阱没有系统的增长经济学与发展经济学的理论依据，但是学术界的研究和分析表明，这是一个具有重大意义的实践课题。无论命题真伪，确实在一部分发展中国家经济发展过程中，出现了中等收入陷阱的事实和现象。这一点从经验上证明了经济发展不仅是突破所谓的初始阶段的"贫困陷阱"和"人口陷阱"的问题，同样到了中等收入阶段以后也会面临中等收入陷阱的挑战和问题。今天，我们审视欧美国家债务危机的时候，似乎即使发达国家进入高收入阶段，同样也无法回避高收入发展阶段的"福利陷阱"问题。从这一点来说，经济发展的过程其实即是一个从低收入到中等收入和高收入阶段的过程，同时也是一个不断克服和跨越系列"发展陷阱"的过程。认识到这一点不仅对于重新认识发展中国家经济发展具有重要意义，也对发展经济学理论创新具有重要启示。

第二，中等收入陷阱问题本质上是经济增长及其动力转换的问题，就是指在经济增长保持一定快速发展阶段以后出现的增长放缓，原有增长动力不足问题。 增长速度放缓既可以通过经济增长全要素生产率下降来解释，但是就发展中国家经济增长而言，基本上可以归结为原有的发展方式出现问题从而无法继续维持，无法找到新的经济增长动力。 这是中等收入陷阱问题的本质所在。

第三，从中等收入陷阱的共性和特点来看，大致可以归纳为如下几个方面：一是经济增长波动性很大，高增长到低速增长甚至负增长；二是产业结构升级缓慢，经济增长缺乏新的动力；三是研发、技术进步和创新不明显，特别是教育、研发与人力资本开发缓慢等是关键；四是收入分配差距扩大，反映收入分配的基尼系数都很高；五是经济增长对外依赖性程度高，国际收支不平衡；六是传统体制机制瓶颈制约问题：微观机制扭曲和宏观体制不完善；资源配置效率不高。

第四，从跨越中等收入陷阱的经验和路径选择来看，核心与关键就是通过创新驱动转变经济增长模式，为经济增长探索新的源泉和动力机制。 其中的教育与研发创新、体制机制创新以及重大商业模式创新是实现成功跨越中等收入陷阱的基本动力。 从具体的路径来看，产业结构优化、需求结构升级、收入分配改革和政治结构调整等方面对于跨越中等收入陷阱至关重要，例如完成产业结构向服务业主导及知识和技术密集型产业的升级转变、通过培育扩大中产阶级社会向消费型社会转变和城市化进程、政治结构转型与经济发展阶段相适应等都是较为成功的经验和借鉴。

第五，中国正在面临跨越中等收入陷阱的巨大挑战，未来十年是中国经济能否成功跨越这个阶段的关键时期。基本原因在于，支持过去高增长的生产函数和条件正在发生变化，人口红利逐步消失导致劳动力成本上升，微观投资预期收益下降；人口结构变化与老龄化问题导致原有的储蓄红利开始减少，因此长期内经济增长缺乏内生的动力。此外，中国经济增长模式正在面临系列挑战，其中最大的问题就是以加工贸易和代工企业生产为主要特征的传统制造业和工业化方式难以为继；"只要地、不要人"的浅度城市化模式带来社会不和谐与冲突，市民化、城乡融合和一体化发展与深度城市化正在使原有增长方式难以为继，从而面临巨大挑战。

第六，中国跨越中等收入陷阱的唯一出路就是推动真正意义上的"创新驱动转型发展"，加快经济发展方式转变。中国面临中等收入陷阱问题的实质是中国经济发展方式的问题，解决这个问题必须改变传统的要素驱动的经济增长模式，探索创新驱动增长的新模式，需要实施技术创新、制度创新和商业模式创新战略，加快推动产业结构升级、优化城乡结构并实现一体化发展、改革收入分配制度、加快城乡经济与社会发展平衡发展等，实现中国经济走高质量、有效益的新型发展模式。从这一点来说，中国未来十年成功跨越中等收入陷阱的过程，就是实施创新驱动的新增长战略、市场化改革新战略、新型工业化和新型城市化战略、收入分配的新战略和对外开放的新战略，这是我国成功跨越中等收入陷阱的重要方向和现实路径。[①]

专栏4　中国人均收入所处阶段

根据世界银行的划分（如图 3-1）：人均收入 1 035 美元以下，是低收入国家；人均收入 1 036 美元到 4 085 美元是下中等收入国家；人均收入 4 086 美元到 12 615 美元是上中等收入国家；人均收入 12 615 美元以上是高收入国家。

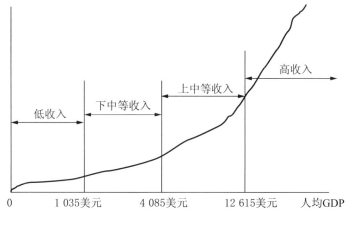

图 3-1　世界银行对收入水平的划分

---

① 权衡、罗海蓉：《"中等收入陷阱"命题与争论：一个文献研究的视角》，《学术月刊》2013 年第 11 期。

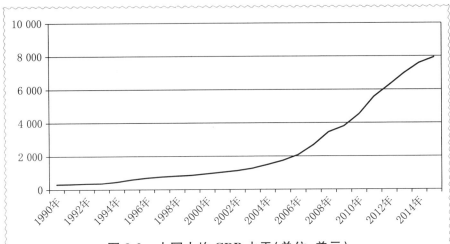

图3-2 中国人均 GDP 水平(单位:美元)

数据来源: 世界银行数据库。

根据图 3-2:我国在 2001 年进入下中等收入国家(此时人均 GDP 为 1 047 美元);2010 年进入上中等收入国家(此时人均 GDP 为 4 514 美元)。到 2015 年,我国人均 GDP 为 7 924 美元,目前还是中上等收入国家。据此,我们处于跨越中等收入的关键时间段,唯有创新驱动才是唯一出路。

资料来源:根据世界银行数据整理。

2 创新驱动发展引领中国跨越中等收入陷阱

新常态下的中国经济要长期保持中高速的赶超型增长趋

势，成功跨越中等收入阶段，走向高收入经济体，其在未来发展的重中之重在于加快调整经济结构，促进产业升级转型，实施创新驱动发展战略。 中共十八大也明确提出要实施创新驱动发展战略，强调科技创新是提高社会生产力和综合国力的战略支撑，必须摆在国家发展全局的核心位置。

中国经济虽然处于新常态，但是并未改变中国需要继续快速推动工业化和城镇化这个基本趋势，未来经济发展仍然处在一个亟待完成工业化和城镇化的关键阶段。 问题在于传统工业化模式和城镇化模式难以为继，老的发展模式亟待转型升级，尤其是随着全球产业链重构、全球价值链重构不断加快的背景下，中国制造业需要提升价值链的地位和附加值，需要加快加工贸易转型升级，提升在中国全球产业链的分工地位和附加值；从城镇化模式转型升级来说，需要改变传统的"要地不要人"的"虚假城镇化"或者"半城镇化"，坚持走以人为本的新型城镇化道路，提高城镇化的质量。 为此，中国经济新常态呼唤加快制造业升级、加快淘汰过剩产能、加快城镇化模式转型、加快城乡一体化发展，改善产业结构、分配结构以及投资消费结构，通过优化结构，奠定中高速赶超型增长的结构基础和条件。

为此，一个重大的战略抉择就是实施创新驱动发展新战略。 理解新常态下创新驱动发展战略，首先要从理解中国经济新常态的含义开始。 中国经济新常态就是短期内中国经济增长基本的生产函数和基本条件并未发生改变,只是在原有的生产函数下要素投入的结构和源泉发生了变化。 这主要是说,尽管经济增长仍然维持原有生产函数条件和框架,但是,支持赶超和高增长的劳动力投入结构,资本投入结构以及资源、能源条件发生了变化,突出表现在,支持原来高增长的人口红利、FDI 红利、土地红利、资源依赖等传统比较优势开始衰减,由此出现劳动力成本上升等要素成本约束、资源环境约束、资本报酬递减约束等,导致原有的高投资驱动高增长的效率递减,因此传统增长的动力机制亟待转换,需要从要素驱动增长转向效率驱动和创新驱动的新增长动力和源泉,通过转换增长动力,逆转递减型增长趋势。 中国经济新常态的核心并非不要高增长,而是因为过去的数量型增长遭遇前所未有的高成本约束和环境约束,因此不得不寻找新的增长动力,通过实施创新驱动新增长,进一步提高劳动生产率和加快技术创新和进步,进而确保中国经济实现有效率和高质量的增长,通过质量和效益提升弥补增速减缓的空间,实现有质量有效益的赶超型增长。 正如 2014 年 6 月 9 日,习近平在中国科学院第十七次院士大会、中国工程院第十二次院士大会上提到:"老路走不通,新路在哪里? 就在科技创新上,就在加快从要素驱动、投资规模驱动发展为主向以创新驱动发展为主的转变上。"

3 从数量扩张型赶超增长走向
创新驱动型赶超增长

新常态下中国经济继续保持赶超型增长的基本态势不会发生改变。 但是,中国经济持续赶超型增长的动力亟待转换,经济增长需要从要素驱动型、数量扩张型的赶超式增长走向创新驱动型、质量提高型的赶超式增长;需要通过加快推动科技创新、技术进步、促进科学研究以及技术专利发明等科技要素,紧紧依靠一系列的制度创新过程,转变成为巨大的产业化、市场化和商业化的创新发展和升级过程。 唯有这样的科技创新过程,才可以提升产业活动效率、劳动生产效率以及全要素生产率,进而提升经济增长的内在效率和质量、效益,真正推动中国经济转变发展模式。

非常关键的一点是,创新的核心要义不仅仅是科学、技术、研发投入等,而是要把科学研究、技术发明、专利成果等潜在的要素变成一系列的创新过程,包括技术创新、产品创新、要素创新、管理创新、市场创新等一系列新的生产函数的变革,这才是创新的真正含义。 中国并不缺少大学、科研机构、实验室及其研发投入等创新要素,相比较而言,最缺的则是把这些潜在的创新要素转变为创新活动和创新过程；在一定意义上说，"创新"中，最缺乏的是"创新"机制。创新的关键，是培育创新机制，即培育各种创新要素能够按照市场机制进行资源配置，促成内生性地发生一系列创新的过程。这个过程既是技术创新过程，也是制度创新过程，更是新的商业模式发生和创新过程。[1]

(1) 以市场机制激发创新创业主体的动力和活力

培育科技要素实现市场化的"创新"机制，关键是要确立微观的市场主体和创新创业的动力机制，向市场要创新资源、创新活力和动力。从创新机制本身来说，企业家是"科学"、"技术"、"发明"等各类创新要素的发现者、搜寻者，企业家会根据市场价格信号、供求机制等，并根据利润最大化原则，决定创新资源的合理配置。因此，企业家是沟通科技研发与产业化的重要媒介，也是产学研一体化发展的创新机制的重要的微观主体。我们常说，创新的主体是企业家，其实就是指企业家的精神与追求利润最大化的动力，本能地形成创新推动和冒险精神，成为市场机制下创新的重要动力和活力。早在20世纪50年代，经济学家熊彼特就指出，企业和企业家一定会根据市场机制原理推动一系列的创新活动和冒险活动；而这一

---

[1] 权衡:《向市场要创新资源创新活力和动力》,《文汇报》2015年5月27日。

点也与古典经济学家亚当·斯密所提及的"理性人"和"看不见的手"是市场经济的内在动力和发展活力的论述具有内在的一致性。 因此，培育创新机制，就是要发挥企业家精神，发挥企业家在创新中的主体地位。

首先需要大力培育企业家队伍和阶层，使之成为一系列创新活动的实际推动者和创新的主体。 其次，需要明确，企业家的创新活动往往要遵循成本—收益比较的原则，要注意成本—收益原则对企业家创新行为和活动的深刻影响。 整个创新主体和企业精神的培育是创新的基础和活力源泉。

(2) 减少管制与加强政策对创新支持并重

我们在强调创新机制和企业家在创新中的主体和动力作用时，并不是要求政府退出、不作为，而是政府和市场各就其位，减少管制与加强政策对创新的引导和支持并重。

首先，政府要以互联网思维创新管理和服务模式。 加快政府职能转变，简政放权。 全面清理取消非行政许可审批事项，放宽"互联网＋"等新兴行业市场准入管制，深入推进政务公共数据源开放应用。

其次，政府要在科学研究和创造的初始阶段加大各类投入，积极支持各类研发活动的开展。 这一点不仅由发达国家政府研发投入促进创新的成功经验加以证明，更为经济学"外部性"理论所证明。 深化科研院所分类改革，健全鼓励企业主体创新投入的制度，强化企业家在推进技术创新和科技成果产业化中的作用，完善科技成果转移转化机制。

第三，政府要营造良好的创新创业环境，促进科技中介服务集群化发展，推动科技与金融紧密结合，支持各类研发创新机构发展，搭建各类创新成果转化平台、创新企业融资平台、大众创新平台、创新风险保障平台，强化对科技创新中心建设的法治保障，进一步营造大众创业、万众创新的浓厚氛围。此外，要健全人才引进政策，建设创新创业人才高地；根据有所为有所不为的原则，优化重大科技创新布局。

4 大众创业、万众创新是实施创新驱动的新战略

2014 年 9 月，李克强总理在夏季达沃斯论坛上提出"大众创业、万众创新"。 从经济学意义上来说，大众创业、万众创新的核心思想和现实意义是探索经济增长发展的新动力和新模式，本质上符合新经济增长理论所揭示的基于知识创新和科技进步基础上的收益递增型经济增长的新方式，强调决定一国经济走向持续稳定增长的内在动力和源泉来自知识生产、知识运用、科技进步和全要素生产率。 因此，提出大众创业、万众

创新符合现代经济增长的理论和逻辑。

大众创业、万众创新作为引领中国经济新常态的内在动力，两者在相互影响、相互促进中共同发展。首先，万众创新引领大众创业。万众创新是推动传统产业结构调整、促进产业升级转型的重要动力，通过科技创新、制度创新和商业模式创新，为众多的劳动力、众多的创业者提供新的就业机会、创业新平台。其次，大众创业推动万众创新。创新尤其是科技成果转换和应用过程中，需要通过大众创业的实践探索和积极推动，大量的创新行为本质就是创业实践和经验积累基础上的一种"临界点爆发"。这个"临界点爆发"既是科研研究、技术发明以及企业家的风险精神等发挥作用的结果，更是成千上万创业者的实践和探索的结果。从这一点来说，大众创业是万众创新的实践者、探索者，也是一切创新的实践来源和思想基础。因此，我们需要万众创新，也需要大众创业；而归根结底，需要形成万众创新、大众创业相互推动、相互引领、协调发展的一系列体制机制条件，因此，大众创业、万众创新既是一种新的发展战略，更是一场深刻的改革，是中国经济新常态下实现中高速赶超增长的内在动力和重要战略。

首先，万众创新是创新驱动发展的源泉和手段。通过发挥全社会的力量，激发市场活力，动员企业、科学家、高校科研单位以及金融机构等，形成协同创新效应，促进知识研发科技化、应用化、市场化和商业化，形成各类充满市场竞争力的新技术、新产品、新商业模式等，进而促进中国经济增长的内在动力转换，真正走向创新驱动和依靠全要素生产率促进增长的道路。这一点正是中国经济新常态的核心动力所在，也是中国经济发展的魅力所在。其次，大众创业也是中国经济成功跨越中等收入陷阱的重要战略和选择。国际发展经验表明，中等收入阶段之所以沦入"中等收入陷阱"，核心问题就是缺乏在万众创新基础上的大众创业，导致经济结构升级困难，大量失业问题以及由此产生的社会贫富分化、社会矛盾加剧等现象。反观一些成功跨越中等收入陷阱的国家和经济体，经验之一就是通过万众创新引领大众创业，从而实现了经济的转型升级。中国经济正处于爬坡过坎的关键时期，经济增长速度放慢，结构调整任务加剧，增长动力亟待转换，因此迫切需要通过实施大众创业、万众创新，培育经济增长的内在动力，积极推动经济升级转型，成功迈向高收入经济体。①

---

① 权衡：《勇做时代的弄潮儿——推进大众创业万众创新系列评论之三》，《文汇报》2015 年 8 月。

专栏 5 资本化 R&D 的新统计与 GDP 增长新核算对我国科技创新的启示

2009 年,联合国统计委员会在第 40 次会议上通过了国民经济核算新的国际统计标准,即 SNA2008。统计委员会鼓励所有国家都尽可能按照 SNA2008 来编制其国民经济账户。国民账户体系(System of National Accounts,SNA)是一个统计框架,在不断地更新中逐渐发展成为较成熟的分析工具,具有一套综合的宏观经济账户,也提供了相关指标的界定和测度。SNA 是由联合国、欧盟委员会、经济合作与发展组织、国际货币基金组织、世界银行等权威机构主持下形成并发布的,目前最新的版本就是 SNA2008。这次修订沿用了 SNA1993 版本的基本框架,但在资产分类方面作了比较大的改变:"无形固定资产"更名为"知识产权产品",被放在"固定资本形成"下面;"研究与试验发展(R&D)支出"被设为"知识产权产品"下的一个子目录。这表明 R&D 支出将被作为一种长期的固定资本形成,需要计入 GDP,而不再是此前被界定的中间投入消耗。显然,资本化 R&D 支出更加强调和突出了技术与知识创新在现代经济增长和国民经济发展中的地位和积极作用。

随后,众多国家开始相继采用SNA2008的核算标准来进行GDP的统计与核算。美国2013年对资本化R&D支出以后的GDP进行了测算,按新标准统计的2012年GDP为16.2万亿美元,较调整前的15.7万亿增长了3.6%,其中资本化的R&D支出在调整后的GDP中占了2.44%。大多数欧盟国家将于2015年开始采用新标准,日本将于2016年实施此新标准。从我国目前的GDP统计核算报告来看,固定资产投资没有包括研发支出,即还没有资本化R&D支出,也没有将其纳入国民经济核算体系中。为了适应SNA2008新体系和新要求,确保GDP数据的准确性及其与国际的可比性,十分有必要探讨资本化R&D支出在我国国民经济核算中的地位及其应有的作用,同时也有助于通过国民经济核算体系变革引领科技创新、技术进步在我国经济社会发展的战略性地位和作用,推动创新驱动发展和中国经济升级转型。

为推动我国国民经济核算与国际接轨,加强研发与科技进步的战略地位和现实意义,应当采取如下几方面的政策建议和措施:第一,推动和加强SNA2008在中国的研究与实施力度,发挥科技进步在创新驱动发展中的主导作用;第二,加强R&D统计和国民经济核算体系,确保科技创新与国民经济统计真实有效;第三,借鉴国外经验并制定过渡方案,提早接轨 SNA2008 体系和国际化新标准。

资料来源:权衡、严婷:《R&D 统计模式创新及其现代经济增长的新含义》,《苏州大学学报》2016 年第 4 期。

供给侧结构性改革,重点是解放和发展社会生产力,用改革的办法推进结构调整,减少无效和低端供给,扩大有效和中高端供给,增强供给结构对需求变化的适应性和灵活性,提高全要素生产率。要通过一系列政策举措,特别是推动科技创新、发展实体经济、保障和改善人民生活的政策措施,来解决我国经济供给侧存在的问题。我们讲的供给侧结构性改革,既强调供给又关注需求,既突出发展社会生产力又注重完善生产关系,既发挥市场在资源配置中的决定性作用又更好发挥政府作用,既着眼当前又立足长远。要从生产端入手,重点是促进产能过剩有效化解,促进产业优化重组,降低企业成本,发展战略性新兴产业和现代服务业,增加公共产品和服务供给,提高供给结构对需求变化的适应性和灵活性。

　　——2016年1月18日,习近平在省部级主要领导干部专题研讨班上的讲话

第四部分
经济新常态与供给侧结构性改革

■ 中国推动供给侧结构性改革,积极化解产能过剩,既是顺应全球经济结构性调整的大趋势,也是适应并引领中国经济新常态的应有之义,在全球产能过剩背景下,无疑具有先行和引领的重大意义。

■ 中国经济新常态下要保持中高速增长,首先亟待解决的问题就是加快结构性改革和调整,促进产业结构升级转型,培育创新驱动发展的新动力。否则,结构性问题不解决,仅仅依靠总量的需求管理政策,最终只会加剧结构性过剩问题,无益于经济长期健康持续增长。

■ "供给侧结构性改革"重点还是在"改革"也即"全面深化改革"上,即通过构建统一有效竞争有序的要素市场体系,真正实现市场化配置资源;通过转变政府职能,进一步简政放权,为企业减负;通过进一步双向开放的战略,构建开放型经济新体系,以开放倒逼改革,最终构建公平竞争的国际化营商环境,形成有利于创新驱动发展的环境和内在动力。

■ 强调供给侧改革,就是必须高度重视传统三大要素即劳动生产率、资本生产率和土地要素生产率的提高;高度重视并培育企业家创新精神及其内生的创新动力机制;高度重视创新机制推动的一系列"创新活动",提升产品质量和环境质量,提高经济增长的效益。因此,中国特色的供给侧分析框架,需要解决的核心问题就是经济增长的效率、质量和效益问题。

中国经济进入新常态。 新常态需要新结构。 中国推动供给侧结构性改革旨在通过经济结构的调整,来提升新常态下经济增长的质量和数量。 其核心是经济结构的改革,短期是解决供给和需求不匹配的问题,中长期是解决经济增长动力问题等。 具体就需要从提高供给质量出发,用改革的办法推进结构调整,矫正要素配置扭曲,扩大有效供给,提高供给结构对需求变化的适应性和灵活性,提高全要素生产率,更好地满足人民群众的需要,促进经济社会持续健康发展。

1 供给侧结构性改革是引领经济新常态的重大创新

2015 年 11 月的中央经济工作会议指出，推动供给侧结构性改革，是适应和引领中国经济新常态的必然要求和重大创新，是适应国际金融危机发生以后综合国力竞争新形势的主动选择。这里指出了金融危机后全球经济复苏、中国经济新常态与供给侧结构性改革的内在关系和现实意义。此外，中国推动供给侧结构性改革，积极化解产能过剩，既是顺应全球经济结构性调整的大趋势，也是适应并引领中国经济新常态的应有之义，在全球产能过剩背景下，无疑具有先行和引领的重大意义。

如果说 2008 年金融危机本身就是全球产能过剩和结构失衡所致的话，那么后危机时期全球量化宽松和刺激的政策并未缓解全球产能过剩，而且由此还导致新的供需不平衡，造成全球性结构性产能过剩继续蔓延，大宗商品价格不断下降，全球通缩预期加剧，所谓世界经济复苏可能会由此变成遥遥无期的结构性失衡问题。因此，全球经济不是一个简单的后危机时期的复苏过程，而面临深度的结构性调整和新旧动力的持续转换。

在这样的全球化条件和内涵发生深刻变化的背景下，中国经济虽然保持中高速增长，继续引领世界经济增长，但是无论如何也不可能独善其身。首先，由于外部危机的冲击，进出口贸易增速下降，经济增速下滑；其次，由于全球产能过剩，全球大宗商品价格下跌传导到国内，使得原来的投资预期利润下降，国内投资需求减少；第三，危机发生以后，为应对危机的冲击而采取的投资刺激计划显然带来了巨大的产能过剩。因此，中国经济新常态下要保持中高速增长，首先亟待解决的问题就是加快结构性改革和调整，促进产业结构升级转型，培育创新驱动发展的新动力。否则，结构性问题不解决，仅仅依靠总量的需求管理政策，最终只会加剧结构性过剩问题，无益于经济长期健康持续增长。中国经济新常态也许会因为结构性改革滞后而变成增长速度的一路下滑。从这一点来说，中国推动供给侧结构性改革，积极化解产能过剩，既是国内经济发展的内在要求，也顺应全球经济结构性调整的大趋势，具有先行和引领意义。[①]

新常态下中国供给侧结构性改革具有鲜明的中国实践，具有不同于供给学派的内在要求和特征。首先，强调供给侧改革并不是"拥抱供给经济学"，也不是"放弃凯恩斯经济学"，更不是简单照搬 20 世纪 80 年代美国"里根经济学"。实际上，供给经济学当时要解决的问题是发达国家长期采用凯恩斯主义导致的"滞胀"问题以及供给不足问题，本质上解决的是增长的激励问题和增加供给的内在动力问题。中国今天强调供给侧结构性改革，与当年供给经济学派的背景有很大不同，

---

① 权衡：《供给侧结构性改革：新常态下的新动力》，《文汇报》2015 年 12 月 23 日。

我们要解决的是缓解结构性产能过剩，增加有效供给，提升有效需求的问题。 因此，核心问题是推动结构性调整，提升资源配置效率和全要素生产率。 因为，产能过剩的本质是资源错配和资源配置扭曲，因此，需要通过市场机制纠正和解决资源错配，进而提升经济增长的质量和效益。 要解决这些问题，短期内必须加快去无效产能、去无效库存、去高杠杆和防风险，缓解中小企业负担，降低生产经营成本；长期内则需要通过全面深化改革破除阻碍资源配置、导致资源错配的体制机制，包括政府职能转变、简政放权、发挥市场机制、加快人力资源配置、实施创新驱动发展等决定中长期增长的战略问题。

从目前以及今后一段时间来看，中国经济增长将受到三方面的因素影响：一是全球经济缓慢复苏的冲击将继续影响中国经济；二是短期需求不足尤其是投资不足和内需缓慢，将继续制约中国经济内生性增长的动力；三是供给侧结构性改革。供给侧结构性改革，无疑是中国经济新常态下的重大创新，对促进中国经济结构调整、增长动力转换以及质量效益提高等具有重大的战略和现实意义。 但是必须密切关注供给侧结构性改革在短期内对经济下行带来的影响和阵痛效应：如去产能意味着过剩行业的"关停并转"和"兼并重组"，意味着过剩的投资和无效投资进一步退出；无效低效产业和企业面临淘汰出局，由此带来部分失业等问题。 对此既要有一定的忍耐性，又要有积极稳妥的配套措施。 去库存意味着消化房地产库存，防范金融风险和地方债风险。这些改革和调整意味着局部实体经济做减法，更意味着经济增长过程中的退出机制。

因此，加快供给侧结构性改革，必须实施好五大政策支柱：即宏观政策要稳，产业政策要准，微观政策要活，改革政策要实，社会政策要托底，要打好各种有利于推进结构性改革的政策组合拳。除此之外，第一，要坚持需求管理政策，尤其是要通过有效需求拉动有效供给；发挥新型城镇化巨大的潜力和需求空间，实施好收入分配政策；特别是要实施更加积极的财政政策和灵活精准的货币政策。第二，积极加快供给侧结构性改革，短期内加快清理各种债务问题；积极减轻企业负担，降低生产经营成本；实施破产机制，解决僵尸企业，尤其是通过市场化方式形成化解产能过剩的退出机制。从长期发展来看，供给侧结构性改革则要实施创新驱动发展战略，加快技术进步，提高创新效率；加快全面深化改革，解决资源错配，提高资源配置效率；发展高质量的教育，提高人力资本和劳动生产率，提升全要素生产率；加快发展模式转型，提高经济增长质量和效益。①

总之，供给侧结构性改革的重点和目标是重塑新常态下中国经济的新结构，这既包括"三去一降一补"在内的产业结构调整和升级转型等，也包括中国城乡二元结构一体化发展、收入分配结构调整与公平正义收入分配制度改革；也包括依托丝

---

① 权衡：《供给侧结构性改革：新常态下的新动力》，《文汇报》2015 年 12 月 23 日。

绸之路经济带和长江经济带实现区域经济协调发展等，最终将
不断提升经济增长质量和增加国民财富，促进国民经济持续、
稳定、健康发展。

专栏6　三去一降一补

2015年12月中央经济工作会议提出，2016年经济社会
发展主要是抓好去产能、去库存、去杠杆、降成本、补短板五
大任务，简称"三去一降一补"。其中"去产能"主要是让市
场在资源配置中起决定性作用，同时也要发挥好政府的作
用。政府不能大包大揽，也不能一刀切，要更加注重运用市
场化的手段来化解过剩产能，尤其是一些低利润、高污染的
过剩产能；"去库存"主要是指房地产，特别是三四线城市；
"去杠杆"主要是降低长期性和系统性风险。

"降成本"主要是降低实体经济企业运营成本，包括减
少行政审批程序，让企业少"跑腿"；全年实施营改增，减轻
企业税收负担；注重货币政策是对市场主体预期的引导，降
低企业的融资成本是提高企业效率的基础。"补短板"不仅
仅是加强基础设施，更重要的是社会保障这块短板，包括养
老、失业、工伤等问题。

资料来源：新华网，http://news.xinhuanet.com/fortune/2015-12/22/
c_128554414.htm。

2　供给侧结构性改革的经济学含义

中国社会主义市场经济体制仍然不够完善，市场化改革尤其是要素市场化程度仍然十分滞后，许多市场化改革的任务尚未真正完成。"供给侧结构性改革"重点还是在"改革"也即"全面深化改革"上，即通过构建统一有效竞争有序的要素市场体系，真正实现市场化配置资源；通过转变政府职能，进一步简政放权，为企业减负；通过进一步双向开放的战略，构建开放型经济新体系，以开放倒逼改革，最终构建公平竞争的国际化营商环境，形成有利于创新驱动发展的环境和内在动力。

作为未来几年中国经济新常态的一个重大理论和实践创新，供给侧结构性改革无疑对中国经济尤其是长期经济增长，乃至世界经济会产生深刻影响。近一段时间以来，供给侧结构性改革成为诸多媒体、专家学者以及政策界讨论的热点问题，提出诸如"中国拥抱供给经济学"，"中国宏观经济政策管理放弃凯恩斯主义需求管理政策范式"，甚至说供给侧管理就是"回到计划经济时代"，说"资源配置由政府决定"，等等，可谓观点众说纷纭，各种解读说法不一。有些看法显然把经济学中的供给分析与需求分析截然对立起来了，有些则是不清

楚不同经济学流派中"供给分析"与"需求分析"背后的理论
支撑不一样；有些则认为同样强调供给侧改革，但是在不同背
景、发展阶段下的供给侧改革所要解决的问题和做法其实也不
一样。 我在此围绕"供给分析"与"需求分析"这一主线，从
经济学流派演变和思想史角度，对经济学的供给分析和需求分
析加以理论梳理；同时结合中国经济社会发展的实践，对中国
供给侧结构性改革作出符合中国特色的实践和理论分析。

(1)"供给分析"、"需求分析"的古典经济学传统

从经济学发展来看，供给和需求分析始终是经济学的重要
理论和分析方法。 从经济思想史演变来看，从封建社会晚期
开始强调"流通领域是财富的源泉"、"贸易平衡论"等的重商
主义财富观、增长观逐渐走向衰落以后，随着产业资本取代商
业资本，人们开始重新思考财富的源泉和经济增长问题。 这
个时候，以威廉·配第、亚当·斯密、大卫·李嘉图等为代表
的古典经济学登上历史舞台。 作为古典政治经济学奠基人的
配第创造性提出了价值由劳动决定的思想，进而形成了初步的
价值理论、分配理论、货币理论以及以此为基础的增长理论，
即从自己不完善的劳动价值论出发，认为财富增长来自生产领
域，来自供给侧。 在此基础上，古典经济学大师斯密、李嘉
图均坚持劳动价值论，正确地回答了社会财富的来源和经济增

长的源泉，这就形成了劳动创造价值、生产决定增长的分析传统。尤其是斯密在其著名的《国富论》中提出"劳动是供给国民一切生活用品的源泉，而一国消费品的供应情况的好坏则取决于年产品和与消费者的人数比例"。而决定这个比例的两个条件"一是国民劳动的素质，二是生产型劳动与非生产性劳动者的比例"，而这又取决于推动劳动的"资本量大小和资本用途"。李嘉图则是进一步坚持了斯密的劳动价值论，使得经济学研究财富增长的问题始终坚持劳动价值论的传统；与斯密不同的地方在于，李嘉图的古典经济学的分析除了强调财富来自劳动创造以外，他更加重视财富和收入分配问题，因此在李嘉图那里，"分配成为全部政治经济学的核心问题"。马克思则坚持了古典政治经济学的这个分析传统，并创造性提出了科学的劳动价值论，即活劳动创造价值的重大思想和理论判断，并以构建科学的劳动价值论为基础，形成了一系列科学的生产理论、分配理论、消费理论、扩大再生产理论、经济增长理论等著名学说，形成了马克思主义政治经济学。需要指出的是，以配第、斯密、李嘉图的政治经济学以及马克思政治经济学为代表的古典经济学都始终坚持劳动价值论为基础，从生产论出发，强调供给侧对经济增长的决定作用。

进入19世纪初期以后，随着"李嘉图体系的瓦解"，19世纪70年代形成了以奥地利学派为代表的数理经济学和边际经济学流派。 特别是戈森提出的"效用最大化"和"享乐总量最大"原理，并运用数学边际分析方法加以定量研究，开了数理经济学分析的先河。 后来的门格尔、庞巴维克等通过分析人类欲望、需要、消费等变化，进一步提出了效用价值论，即物品的客观价值大小不是取决于劳动价值，而是取决于消费者的主观效用大小，从而把古典经济学的劳动价值论分析转向了效用价值论分析，用价格分析代替价值分析，用生产分析取代了消费分析，用需求分析代替了供给分析，形成了消费者的效用理论、价格理论和需求理论，从而形成了强调需求侧的经济学分析框架。

可见，从古典经济学发展演变来看，强调供给分析、生产分析的古典政治经济学与强调需求分析、消费分析的边际经济学，两者背后的价值论基础不同，前者强调的是劳动价值论，更多使用的是供给分析和生产分析；后者则强调的是效用价值论，更多使用的是需求分析和消费分析。 认识这一点，应当对我们今天提出并分析中国供给侧结构性改革，在理论和实践上是有所启示的。

(2) 供需均衡分析的微观经济学传统

经济学进一步发展到了新古典经济学时期，即马歇尔经济学，分别形成了需求理论、供给理论以及由需求和供给决定的均衡价格理论，即所谓的"马歇尔供需交叉法"分析范式。该分析范式把古典经济学的供给分析与边际经济学的需求分析结合起来，形成供求论和均衡价格理论。这里，需求方以边际效用来说明，供给方则以生产费用论来说明，然后形成供求关系决定均衡价格，并以此为基础形成市场机制的原理，认定市场供给方与需求方相互作用，共同决定价格机制；价格机制引导资源配置，从而通过市场内在的均衡机制实现市场出清。因此，从这个意义上说，市场机制会自动实现供需均衡，不会出现供不应求的短缺或者供过于求的过剩，即使有短缺或者过剩，也只能是短暂的，市场供求会很快实现自动均衡，形成市场均衡价格和均衡产量，这也就是资源实现最优配置和市场出清的结果。

马歇尔的供需交叉分析方法为当代微观经济学的形成奠定了基本框架。微观经济学的核心问题就是要解决资源配置，回答稀缺性的经济资源如何实现最佳配置。长期以来，以均衡价格理论为核心，形成的需求原理、需求表、需求量，供给原理、供给表、供给量以及厂商均衡理论、消费者行为理论、生产理论、规模经济与边际报酬等为重要内容的微观经济学，与古典经济学分别从供给侧与需求侧的单边分析方法不同，微观经济学坚持供给与需求"双边机制"的分析逻辑和框架，把供给与需求分析有机结合起来，通过建立均衡价格理论说明市场出清机制。 因此，以供求均衡论为基础的微观经济学，强调市场机制和供求自动均衡的分析传统和政策主张，是一种典型的市场自动均衡学说。 需要指出的是，这种分析始终以单个商品市场的需求、供给和价格的相互作用为基础，因此属于微观均衡和局部均衡；强调通过供求机制实现市场出清，也是局部市场出清，而非总量均衡和总量出清；显然，这里也不涉及需求结构与供给结构的匹配与均衡问题。 这一点与今天强调供给侧与需求侧"双边结合"的宏观均衡及宏观的结构均衡的含义和政策有很大不同，需要格外注意。①

(3) 市场失灵与凯恩斯宏观经济学及其需求管理学派的兴起

20 世纪初期以后，西方资本主义多次发生严重的经济危机，尤其是 1933 年的大危机以后，从根本上动摇了以马歇尔均衡价格理论和市场自动均衡学为标志的所谓正统经济学的地位。 长期以来被人们坚信的"完全竞争、充分就业、市场出清和自动均衡"假说被一次次的经济危机打破，市场万能论的神话破灭。 正是在这样的时代背景下，凯恩斯发表《就业、利息和货币通论》一书，并鲜明指出所谓正统经济学全部假说隐含的错误所在，认为所谓的"市场自动出清"假说根本就是

---

① 权衡：《超越"供给经济学"的中国实践与理论创新》，《文汇报》2016 年 4 月 29 日。

不存在的,资本主义经济不会出现自动充分就业均衡的趋势,原因在于总需求往往小于总供给,因此现实中总会存在大量的非自愿失业,而要使经济达到充分就业,就必须由政府承担扩大总需求的责任。据此,凯恩斯通过提出著名的"消费倾向递减规律、资本边际效率递减规律和流动性偏好规律"进一步提出了有效需求不足的理论,并以此为基础提出了政府通过宏观财政政策与货币政策刺激有效需求,包括投资需求和消费需求,进而通过投资乘数原理,实现经济增长的一整套宏观需求管理的政策范式。

需要指出的是,凯恩斯主义的有效需求理论具有十分重要的"革命性意义"。凯恩斯否定了市场自动均衡假说的信奉,指出了市场竞争和市场机制失灵这一问题;同时,也通过引入货币理论分析框架,把经济增长和波动、就业、经济运行与国家调节、财政和货币政策等引入经济学分析范畴,从根本上否认了所谓的"供给自动创造需求"的萨伊定理;人们也把对自斯密以来信奉的"自由放任学说"行为的否认称为"凯恩斯革命"。"凯恩斯革命"的重大意义在于引入了政府干预的思想,主张通过加强需求管理政策,调节宏观经济运行,奠定了宏观经济学的理论基础;同时,凯恩斯主义宏观经济学突出强调短期的需求侧管理,主张短期内政府通过刺激投资需求,增加就业,促进经济增长。需要说明的是,第二次世界大战以后至今，许多发达国家采用凯恩斯主义需求管理政策对宏观经济进行逆周期调节，即使 2008 年国际金融危机发生以后，许多国家包括中国在内，使用了宽松财政和货币政策刺激经济，推动复苏，其背后就是凯恩斯主义的需求侧管理的政策理念和范式。

凯恩斯有效需求管理政策突出如下三个特点：一是强调宏观总量的管理，例如就业、物价、增长、需求等重大变量；二是强调政府干预的积极作用，主张政府干预弥补市场失灵；三是强调短期管理和政策调节，因为"从长期看，我们都会死的"。无疑，以凯恩斯主义有效需求管理为核心的宏观经济学，其理念就是强调短期的需求总量管理政策，属于典型的短期的需求侧的管理理念和政策。这一点对于我们今天分析中国在着力推动供给侧结构性改革的同时，适当加强需求侧管理也具有重要的理论启示和现实意义。[①]

(4) "滞涨"与新古典宏观经济学的兴起

二战以后到 70 年代这段时间，在凯恩斯理论的影响和指导下，发达国家对经济进行了全面政府干预和刺激计划，经济增长确实经历了黄金增长周期。但是从 70 年代后开始，西方普遍出现经济增长停滞和通货膨胀并存的所谓"滞涨"。"滞

---

① 权衡：《超越"供给经济学"的中国实践与理论创新》，《文汇报》2016 年 4 月 29 日。

涨"导致凯恩斯主义需求侧管理政策发生全面危机,很多经济学家指出,滞涨的出现就是因为凯恩斯宏观经济干预政策所致,因此主张放弃凯恩斯主义需求侧管理,一时间普遍出现"回到萨伊那里去",主张从供给侧加强经济管理的思路和政策。 正是在这种背景下,70年代后期在美国兴起了一个与凯恩斯主义相对独立的经济学流派,就是供给经济学派。 该学派认为面对滞涨局面,凯恩斯主义和随后出现的货币主义也很难解决,因此他们提出加强供给侧管理,注重刺激储蓄、鼓励投资,通过税(如著名的拉弗曲线)调动劳动的积极性,从理论上主张重建萨伊定理,恢复"供给自动创造需求"的供给分析的经济学传统。

作为与凯恩斯需求管理理论和政策理念相反的供给学派和供给经济学,实质是反对政府干预,主张经济自由主义,让市场机制自行调节经济。 因此,这一主张分别得到当时美国里根总统和英国撒切尔夫人的青睐,这就有了所谓的里根经济学和撒切尔主义经济实践。 前者在80年代采纳供给经济学的理念,在美国实行减少税收、刺激经济、创造就业;通过实行低税率,提振美国经济,增加国家税收和大众财富。 撒切尔主义同样借鉴供给学派思想,主张经济自由主义理念,通过推动国有企业私有化浪潮,打破当时的工会垄断,提升市场竞争和效率,着力通过改变供给侧的因素推动英国经济发展。

特别需要指出的是，第一，1970 年出现的供给学派和供给经济学是在当时凯恩斯主义面对"滞涨"一筹莫展的背景下提出的一种应对之策，其背后就是主张经济自由主义，反对政府干预，恢复强调供给侧的萨伊定理的分析传统。 第二，以供给经济学为基础的里根经济学和撒切尔主义，本质上也是西方新自由主义的政策理念和主张，这些国家先后通过实行私有化等，放松市场管制，刺激供给侧的经济活力和效率；第三，供给经济学在许多国家的实践结果表明，这个政策主张也会产生一定的负面影响，如里根时期注重减税，但是也增加军费，造成财政上的超分配和财力不堪重负，同时，短期内造成美国经济下滑，就业压力增加，经济出现新的不平衡。 今天，中国提出供给侧结构性改革问题时，应当对所谓的"供给经济学"、里根经济学等予以科学分析和思考，不可仅仅做简单对比和照搬。

3 供给侧结构性改革具有重大实践和战略意义

通过以上梳理，大致可以发现，供给分析、需求分析以及供需均衡分析及其相互之间的关系，不仅是经济学发展和经济思想史上最基本的一对概念，也是市场经济运行框架和宏观调控体系中最重要的一对关系。 中国在经济全面深化改革和创新转型发展的关键时期，提出供给侧结构性改革，同样具有很强的经济学发展的理论逻辑和中国特色的实践意义。

（1）核心是提高供给侧的资源配置效率

显然，如何正确理解中国供给侧结构性改革，作出一个既符合中国特色社会主义政治经济学的理论和逻辑解释，又能够符合中国特色市场经济发展的实践要求，显然是一个亟待解决和富有创新意义的任务。结合经济学供给分析、需求分析以及两者之间的内在关系的分析逻辑和中国发展的特色和实践，中国供给侧结构性改革至少应当有如下几点丰富的实践含义和发展要求：

从"供给侧分析"来看，提出了中国经济亟待解决的一个非常要害和实质的问题，即供给侧的生产效率和经济增长效率问题。众所周知，20 世纪 80 年代新增长理论与以往建立在边际报酬递减基础上的所谓新古典增长理论即"旧增长理论"不同，在于强调决定经济长期增长的生产函数投入的知识、技术等要素具有收益递增的特征，从而内生于劳动要素、资本要素和土地要素，提升这些要素的生产效率，改变长期增长中的边际报酬递减趋势，强调通过知识、技术等要素创新，实现边际报酬递增型的新增长模式。今天，中国经济从增长意义上来说，所谓的创新驱动增长，本质上就是要实现收益递增型的新增长。 因此，强调供给侧改革，就是必须高度重视传统三大要素即劳动生产率、资本生产率和土地要素生产率的提高；高度重视并培育企业家创新精神及其内生的创新动力机制；高度重视创新机制推动的一系列"创新活动"，提升产品质量和环境质量，提高经济增长的效益。 因此，中国特色的供给侧分析框架，需要解决的核心问题就是经济增长的效率、质量和效益问题。 毫无疑问，所谓"提高供给侧质量体系"，理所当然也就成为供给侧结构性改革的首要任务。

(2) 目标是提升有效供给能力和水平

从"结构性调整"分析来看，中国经济亟待解决结构性矛盾和问题。 中国经济正在经历"经济增速下滑、工业品价格下降，实体企业盈利下降、财政收入增幅下滑、经济风险上升"即"四降一升"的背景和问题。 之所以出现"四降一升"，根本原因在于结构性产能过剩、结构性供给过剩与结构性需求不足并存，总体上供过于求，导致价格下降，企业投资预期收益下降，因此即使在银行利率和准备金下调的情况下，企业投资意愿仍然不足，这就造成投资需求"断崖式下降"。所以，中国提出供给侧结构性改革，核心的问题就是加快结构调整，包括供需结构匹配、企业结构合理化、产业结构升级、全球价值链分工的提升等。 为此，必须通过完成"去产能、去库存、去杠杆、降成本、补短板"等任务，为经济"消肿"，为增长"减负"，从根本上解决中国经济供给侧的结构性问题，消除无效供给，提升有效供给，引致有效需求。当然，在去产能等一系列结构性调整过程中，必然出现企业"关停并转"等短期阵痛，市场出清过程中也必然出现经济下行和失业加剧等问题，这个时候加强适当的需求管理政策，包括运用积极的财政政策和灵活稳健的货币政策也是不可缺少的。正是从这个意义上说，中国供给侧的结构性调整的本质不是在"供给"或者"需求"之间进行简单的选择，而是需要从供需两端发力，在推进结构性调整过程中，保持经济稳定增长。

(3) 关键是加快全面深化改革

从"改革"分析来看，中国经济仍然面临一系列亟待全面深化改革的重大任务和现实紧迫性。所谓的供给侧和结构性问题，本质上是一个资源配置问题。从新古典经济学供求分析框架来说，结构问题是假定不会出现的，因为市场机制与微观企业会自动通过供求机制和价格机制引导资源配置，实现市场出清。但是，这个分析逻辑的前提条件是必须有一个完善的市场机制，包括完善的商品市场机制和要素市场体系。显然，中国社会主义市场经济体制仍然不够完善，市场化改革尤其是要素市场化程度仍然十分滞后，许多市场化改革的任务尚未真正完成。 也正因为如此，市场配置资源就无法形成市场出清机制，大量的领域和环节仍然存在资源错配的问题；所谓的"结构性过剩和结构性短缺并存"的结构性困境和问题，本质上就是资源错配的结果。 因此，从这一点来说，"供给侧结构性改革"重点还是在"改革"也即"全面深化改革"上，即通过构建统一有效、竞争有序的要素市场体系，真正实现市场化配置资源；通过转变政府职能，进一步简政放权，为企业减负；通过进一步双向开放的战略，构建开放型经济新体系，以开放倒逼改革，最终构建公平竞争的国际化营商环境，形成有利于创新驱动发展的环境和内在动力。

中国供给侧结构性改革本身包含了"供给侧管理"、"结构性调整"和"深化改革"三层含义，而且三者之间相互联系，互为一体，共同构成新常态下未来中国经济改革和发展的大逻辑。 在这个大逻辑中，供给侧是着力点，结构性调整是着重点，全面深化改革是关键。 只有通过全面深化改革，才能真正解决结构性问题，从而才能优化供给侧的体系和质量，最终也才能确保需求管理政策的有效性。 因此，供给侧结构性改革是短期调整与长期增长的有机统一，是体制改革与结构升级的有机统一，也是供给管理与需求管理的有机统一。

总之，中国今天倡导的供给侧结构性改革与"供给经济学"和"供给学派"不是一回事：当年供给经济学面对的是

"滞涨"，我们今天则是"滞而不涨"；当年供给经济学要解决的是供给不足，我们今天要解决的则是供给过剩；而且由于发展阶段和时代背景不同，这就注定了中国今天选择的供给侧结构性改革的内容也与当年里根经济学、撒切尔主义等有很大不同。中国提出供给侧结构性改革，也不是拥抱供给经济学，更不是复制里根经济学和撒切尔主义，而是根据经济思想史长期发展演变中形成的供给分析、需求分析方法以及中国特色社会主义市场经济的伟大实践，提出的一个重大战略创新、实践创新和理论创新，它不仅是中国经济新常态下的新动力，也是中国特色社会主义政治经济学的新探索，本身就构成中国特色社会主义政治经济学的重要内容和组成部分。[①]

专栏 7　需求侧和供给侧的经济分析

"供给侧"与"需求侧"相对应。需求侧有投资、消费、出口三驾马车，三驾马车决定短期经济增长率。而供给侧则有劳动力、土地、资本、创新四大要素，四大要素在充分配置条件下所实现的增长率即中长期潜在经济增长率。而结构性改革旨在调整经济结构，使要素实现最优配置，提升经济增长的质量和数量。

---

① 权衡：《超越"供给经济学"的中国实践与理论创新》，《文汇报》2016 年 4 月 29 日。

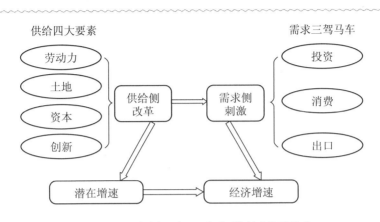

图 4-1 需求侧三驾马车与供给侧四要素

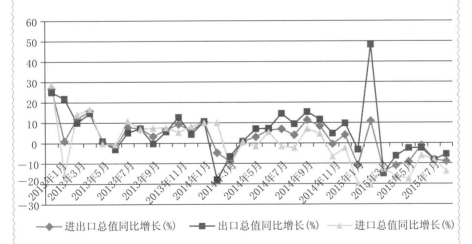

图 4-2 我国进出口同比增长速度(%)

资料来源:国家统计局。

我国经济在外需方面,近年来,出口同比增速为负,说明因为相对成本和环境优势已经不再,低端制造业向东南亚转移,加上世界经济不景气,整个出口在萎缩;同时在内需方面,因为养老和社保的不完善,广大农村的消费潜力没有得到很好释放。在供给侧,劳动力已经到了刘易斯拐点,有效供给不足,需要进行经济结构改革,优化资源配置,通过创新增加有效供给,激发经济活力。

资料来源:权衡:《超越"供给经济学"的中国实践与理论创新》,《文汇报》2016年4月29日。

要坚持城乡统筹发展，坚持新型工业化、信息化、城镇化、农业现代化同步推进，实现城乡发展一体化。

——2015年1月，习近平在云南考察工作时指出

提高城乡发展一体化水平，要把解放和发展农村社会生产力、改善和提高广大农民群众生活水平作为根本的政策取向，加快形成以工促农、以城带乡、工农互惠、城乡一体的工农城乡关系。

——2015年5月，习近平在浙江调研时表示

要采取有力措施促进区域协调发展、城乡协调发展，加快欠发达地区发展，积极推进城乡发展一体化和城乡基本公共服务均等化。

——2015年5月28日，习近平在华东七省市党委主要负责同志座谈会上的讲话

第五部分
经济新常态与城乡协调发展

■ 从理论研究脉络看,城乡协调发展的内涵融于城乡一体化、城乡融合发展、新型城镇化道路、化解"三农"问题,以及践行包容性发展理念等具体研究中。城乡协调、城乡一体化、城乡融合、新型城镇化、包容性城镇化战略等概念虽有本质的区别,又有密切的内在联系,即都指向协调城乡发展和城乡关系的核心议题,旨在通过包容性发展,改变城乡分割局面,建立新型城乡关系,改善城乡功能和结构,实现城乡生产要素的合理流动与配置,协调城乡利益,加快我国工业化、城镇化和现代化进程,逐步消除城乡二元结构,促进城乡协调发展。

■ 从本质上说,传统城镇化的一个根本性的症结是要素价格的扭曲,要素市场化价格机制不合理,城镇化进程中资源配置机制严重扭曲所致。换句话说,我们的城镇化、工业化在本质上来说，就是廉价的城镇化和廉价的工业化。

■ 包容性城镇化倡导城乡居民基本权益的均等化和促进人的全面发展，是实现城乡发展一体化和新型城镇化的最佳实践形式，是改革开放创新发展的新要求。城乡发展一体化与包容性城镇化是目标与手段的关系，实施包容性城镇化战略是实现中国城乡发展一体化的重要战略和现实选择，也是全面建成小康社会的重要标志。

中共十八届五中全会指出，坚持协调发展，着力形成平衡发展结构。协调发展包括区域协调、城乡协调、物质文明和精神文明协调、经济建设与国防建设融合发展等重大判断和结论。协调发展的重中之重就是推动城乡协调发展，健全城乡一体化体制机制，推进形成城乡要素平等交换、合理配置和基本服务均等化的协调发展新格局。这为全面建设小康社会，实现城乡一体化和包容性发展指明了实践方向和政策思路。

1　城乡协调发展的政策内涵

城乡协调发展的内涵源于我国典型的城乡二元结构。新中国成立以来的工业化建设以工业的最佳生长点——城市为基地来实施，并吸收大量农村人口流入城市。随着人口流动和各种破除城乡二元结构的努力，城乡协调发展程度逐步提高，但总体而言，城乡二元结构远未消除，由体制因素和发展阶段共同决定的城乡二元结构明显、城乡发展不协调的问题仍然十分突出。

十八届五中全会提出新发展理念，推进城乡协调发展，其内涵包括：坚持工业反哺农业、城市支持农村、健全城乡发展一体化体制机制，推进城乡要素平等交换、合理配置和基本公共服务均等化等内容。

从理论研究脉络看，城乡协调发展的内涵融于城乡一体化、城乡融合发展、新型城镇化道路、化解"三农"问题，以及践行包容性发展理念等具体研究中。城乡协调、城乡一体化、城乡融合、新型城镇化、包容性城镇化战略等概念虽有本质的区别，又有密切的内在联系，即都指向协调城乡发展和城乡关系的核心议题，旨在通过包容性发展，改变城乡分割局面，建立新型城乡关系，改善城乡功能和结构，实现城乡生产要素的合理流动与配置，协调城乡利益，加快我国工业化、城镇化和现代化进程，逐步消除城乡二元结构，促进城乡协调发展。

新型城镇化的关键是实现以人为核心的城镇化。通过深化户籍制度改革，促进有能力在城镇稳定就业和生活的农业转移人口进城落户，并与城镇居民享有同等权利和义务；通过加大实施居住证制度，努力实现基本公共服务常住人口全覆盖；通过健全财政转移支付同农业转移人口市民化挂钩机制，建立城镇建设用地增加规模同吸纳农业转移人口落户数量挂钩机制；通过维护进城落户农民土地承包权、宅基地使用权、集体收益分配权，支持引导其依法自愿有偿转让上述权益；同时包括深化住房制度改革，加大城镇棚户区和城乡危房改造力度等。

2　推动新型城镇化发展与缓解城乡收入差距

新型城镇化可以有效地缩小收入差距，实现城乡一体化发展。根据大量的研究表明，中国的收入分配差距主要是城乡差距，城乡差距对于总体收入差距的贡献达到 50%—60%，换句话说，要解决收入差距问题，核心是要设法解决城乡收入差距问题。从各省情况来看，城镇化率高于全国平均水平的省份，城乡之间的收入差距往往低于全国平均水平。另外，根据一些学者的计算和分析，以 2010 年数据为例，如果维持城乡收入之比不变，城镇化率从 49.95% 提高到 70%，城乡之间的收入差距可以减少 31%。由此可见，加快城镇化进程，可以有效地改善和缓解城乡收入差距。

城镇化在中国确实不是一个新东西，也不是一个陌生的新概念和新名词。新中国成立不久，就提出建设四个现代化的宏伟目标，而重要手段之一就是工业化和城镇化，尤其是通过城镇化进程，一方面推动城市工商业的发展繁荣，另一方面也有效吸收大量的农村剩余劳动力，解决城乡二元结构，实现城乡一体化发展。问题在于彼时中国实行高度集中的计划经济和严格的户籍制度管理，造成城镇化资源配置低效，城镇化所谓经济增长引擎作用也不明显，同时，严格的户籍管理体制不允许农村剩余劳动力自由流动和进城，因此，计划经济时期的中国城镇化进程，实际上仍然把中国经济社会分割成两种空间上的中国，一个是"农村的中国"，一个是"城市的中国"，其结果当然是，城市发展了，但并未出现真正意义上的城乡一体化发展局面。[①]

(1) 我国传统城镇化的症结和问题

改革开放以后，中国的工业化和城镇化进程迅速加快，尤其是在市场化和全球化资源配置机制作用下，城镇化进程出现了前所未有的快速发展，到 2011 年末，中国大陆总人口 134 735 万人，其中城镇人口 69 079 万人，人口占比首次超过 50%，达到 51%。这确实是一个了不起的成绩。但是，同样的一个

---

① 权衡：《以要素市场化改革推进新型城镇化建设》，《国家行政学院学报》2014 年第 3 期。

问题和事实却是:改革开放三十多年来,快速的城镇化不仅没有使城乡收入差距变小,反而使得城乡发展更加不平衡,城乡收入差距进一步扩大,甚至造成大城市内部的"新二元结构"的中国特色的城乡结构性问题和矛盾。这其中的原因耐人寻味。

新中国成立六十多年来特别是改革开放三十多年来,中国的城镇化发展从表面上看表现为大规模人口流动、城市房地产迅猛扩张、城市工商业繁荣发展、工业园区遍地开花、基础设施大规模投入等等;这些发展繁荣同时也推动了中国经济高速增长。

但是从背后来看,中国城镇化存在两个深层次的问题:一是偏离农业现代化目标并与农村发展差距不断扩大,城镇化进程单枪匹马,孤力奋战,脱离农业、农村和农民,不仅造成中国特色的现代化进程中的"三农"问题,而且也与世界上大多数国家城乡一体化发展的城镇化进程相背离;这样的城镇化显然无法实现现代化的中国梦想。

二是城镇化伴随大规模的人口流动进程,但并未发生城乡人口社会融合发展,大量农村剩余劳动力进入城市,但是并未真正融入城市,仍然是农民工,是流动人口,是常住人口,未能获得居住城市的户籍,因此也造成劳动力市场被分割,城乡公共服务体系不统一,产生城市内部的流动人口与户籍人口在养老、子女教育、医疗等方面的差异即所谓城市新二元结构。 这样的城镇化也被学界称为虚假城镇化，或者浅度城镇化。 真正城镇化的含义和实质是人的城镇化，标志就是一方面城镇化进程不断缩小城乡收入差距，另一方面农村剩余劳动力进入城市以后真正实现城乡权利均等、机会均等和规则均等，实现社会融合。 从这一点来说，中国过去的城镇化其实只是土地城镇化、产业城镇化，而并没有实现真正的人的城镇化。

因此，前述意义上的中国城镇化率的统计，其实也存在"虚高"现象，如果把已经进入城市长期务工但是却没有享受到与城镇居民同等的公共服务和社会保障的人口扣除，实际上中国城镇化率也就是 39.5%，如果严格按照城市户籍人口计算，中国的城镇化率也就只有 35%，而非前面提及的 51%。 从这一点大致可以解释中国过去六十多年，哪怕是发展最快的改革开放三十多年，中国城镇化为什么没有真正缩小城乡收入差距，反而扩大了城乡差距，这与过去的"只要地，不要人"的城镇化，以及片面追求"空间城市化"、"土地城市化"和"产业城市化"的发展模式有必然关系。 这样的城镇化，当然是一种城乡背离的、粗放型的低水平发展的城市化，也是一种片面的发展房地产的城市化。

因此，叫城市化也好，叫城镇化也好，本身不重要，重要的是我们需要什么样的城市化、城镇化？什么样的城市化、城镇化可以真正有效缩小城乡差距，实现城乡一体化发展。眼下城镇化之热，一浪高过一浪，但无论如何，如下几点应当铭记：

一是促进人的城镇化是关键。新型城镇化的核心是要解决人的城镇化，促进人的全面发展是区别于以往城镇化的重中之重，这既是城镇化的目标，也是促进经济发展和现代化的重要手段。

二是重视中小企业在新一轮城镇化进程中的积极作用。新一轮城镇化要避免对土地财政的依赖，但相应的问题就是谁来为城镇化融资。避免过去的单靠国资国企推动城镇化，而应当为中小企业提供更大空间和机遇，可以有效解决城镇化的"资金瓶颈"问题和担忧，同时也可以解决扩大就业、增加收入、解决城乡收入差距问题。

三是城镇化重在科学规划，实现城乡统筹和协调。新一轮城镇化要做到交通、产业、人口、居住等城乡空间一体化的规划和管理。做到规划先行，规划引领城乡一体化发展。

四是城镇化要与制度创新和深化改革开放紧密结合。新一轮城镇化不是单一的城镇化过程，同时必须伴随深刻的土地制度、户籍制度和公共服务均等化制度的改革和创新，把城镇化和制度创新有机结合起来。

五是城镇化需要借助市场化和全球化机制推力，走市场化推动和开放性的新型、有效率的集约式城市化道路。[①]

(2) 推动要素市场化进程中加快新型城镇化建设

加快建设新型城镇化，从体制和机制上来说，关键是要加快城镇化进程中各类要素价格的形成机制，推动要素市场化建设，以加大要素市场化推动新型城镇化。

第一，新一轮城镇化必须避免传统城镇化的发展路径和思路。如何理解城镇化？关键在于如何理解和把握城镇化的本质和规律。从经济学来理解，城镇化就是指资源的积聚效应，或者叫规模经济原理，即城镇化主要是生产要素的积聚过程，从而形成规模效应，这应当是解释城镇化规律的基本依据。从发展经济学来讲，城镇化或者城市化的核心问题就是强调人口城乡流动，强调城乡一体化的发展过程；而从社会学来说则是人口流动过程中如何实现人口城镇化，也即城乡人口社会融合问题；如果从空间经济学来说，现在强调最多的是城市空间结构问题，即城市空间资源如何实现均衡配置，从而选择是走单中心城镇化还是多中心城镇化，特别是强调如何形成大中小城市群的发展格局。从这些不同维度来看城镇化发展模式，我们可以说传统城镇化发展其实是一种不平衡、不公

---

① 权衡：《如何缓解城乡收入差距?》,《东方早报》2013 年 8 月 13 日。

平、不稳定、不可持续的模式。 具体来说, 传统城镇化模式其实存在如下五个方面的问题。 一是传统的城镇化伴随着城乡差距不断扩大, 而不是城乡一体化发展的过程。 我国城镇化速度很快, 但是快速城镇化的背后, 伴随城乡收入差距不断扩大, 目前已经达到 3.03 倍; 而且城乡差距已经成为我国整体收入差距扩大的最大贡献者, 大致在 50% 左右。 二是传统城镇化也是伴随中国城市内部新二元结构不断形成的过程, 是一个进城流动人口无法与户籍人口实现社会融合的过程。 由此我们的城镇化其实也产生了两个意义上的城镇化率, 即按照常住人口统计, 2012 年我国城镇化率达到 52%, 但是按照户籍人口统计, 城镇化率只有 35%, 两个城镇化率相差 17%。这个问题在北上广深等一线城市表现尤为突出。 三是传统城镇化是一个既不公平又没有效率的土地城镇化过程。 我们可以看到人口密度的变化, 可以看出土地城镇化远远高于人口城镇化。 这个问题背后的原因是土地资源利用率不高, 许多稀缺的资源并没有通过城镇化得到合适配置。 四是传统城镇化是一个产城分割而非产城一体化的发展过程, 突出的问题是制造业发展、工业化进程与城镇化的关系没有处理好, 产业园区是产业园区, 城镇化是城镇化, 产城分离, 导致城乡结构更加失衡, 城市内部通勤成本居高不下。 五是传统的城镇化也是一个空间资源配置失衡的过程, 突出问题就是大中小城市之间的体系包括空间资源配置失衡。

第二，传统城镇化的老路和问题产生的症结是什么呢？从本质上说，传统城镇化的一个根本性的症结是要素价格的扭曲，要素市场化价格机制不合理，城镇化进程中资源配置机制严重扭曲所致。换句话说，我们的城镇化、工业化在本质上来说，就是廉价的城镇化和廉价的工业化。一是劳动力资源受到户籍制度限制，城乡劳动力市场分割，造成劳动力价格难以反映真实供求关系，加上城镇化进程中公共服务体系不均等，造成工业化和城镇化进程中劳动力成本低廉。二是土地要素价格扭曲，导致获得土地价格低廉，形成激励性的土地盲目扩张，缺乏土地资源的合理配置和有效利用。三是包括资本、技术等其他要素价格也是严重扭曲，利率等未能够实现市场化，因此具有对投资补贴性质尤其是国有资本投资补贴性质的投资扩张机制，造成投资推动的高增长模式，难以形成高质量和高效益的增长模式和城镇化模式。因此，从本质说，传统城镇化的根本性症结，就是促成城镇化进程中的诸多生产要素价格严重扭曲，资源配置不合理所致。第三，未来城镇化的创新和发展，要从深化要素市场改革入手。未来城镇化发展，必须通过深化生产要素市场化改革，完善劳动力市场、资本市场、土地市场以及技术等要素价格形成机制，通过深化体制机制改革和创新，进一步推动户籍制度改革，公共服务均等化体系建设，土地要素市场化改革，利率市场化改革以及技术、管理等要素市场改革，在全面深化要素市场化改革进程中推动城镇化发展和创新。正是从这个意义上说，本轮城镇化首先是一场深刻的市场化改革过程，而不再是简单的投资扩张、大拆大建等。①

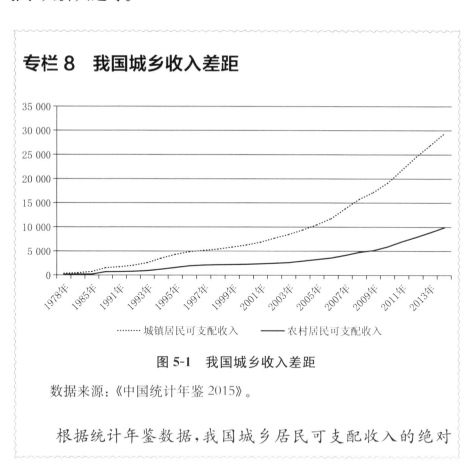

专栏 8　我国城乡收入差距

图 5-1　我国城乡收入差距

数据来源：《中国统计年鉴 2015》。

根据统计年鉴数据，我国城乡居民可支配收入的绝对

---

① 权衡：《以要素市场化改革推进新型城镇化建设》，《国家行政学院学报》2014 年第 3 期。

者的剪刀差成逐年加大之势。尽管城乡居民的收入都有所增加,但是城市的可支配收入增长幅度远远快于农村,其中2014年,城镇居民的可支配收入为2.9万元,农村居民的可支配收入为9 800元。

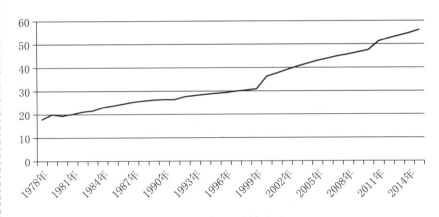

图 5-2　中国城镇化率

数据来源:国家统计局。

根据图5-2,我国城镇化率逐年提高,到2015年,已经高达56.1%。总之,图5-1、图5-2呈现了我国传统城镇化过程中的现象,尽管城镇化率在提高,但是城乡收入差距在拉大。因此,新常态下的城镇化需要新的思维和路径。

资料来源:根据国家统计局数据整理。

3 包容性城镇化是城乡协调发展的实现方式

中国城镇化发展取得了举世瞩目的成就。 城镇化也是 36 年来中国经济高速增长的重要推动力之一。 但是，传统城镇化的理念和路径导致城镇化过程中城乡关系严重失衡，出现了六大困境：一是"三农问题"和农村贫困化有固化趋势；二是城乡二元结构与发展差距持续扩大；三是社会排斥导致流动人口难以融入城市社会，造成城镇内部新二元结构；四是城乡资本和土地要素配置不合理，城市反哺农村的体制机制不健全；五是城镇空间分布和规模结构不合理，大城市病与城市群发展滞后并存；六是城乡建设缺乏特色与乡土文化流失。 因此，中国目前的城镇化过程还不是一个包容性发展的过程，现有的城镇化模式亟待转型，需要从中国走城乡发展一体化的新型城镇化道路的目标出发，通过实施包容性城镇化发展道路，破解中国城镇化困局。

(1) 包容性城镇化是中国特色的发展经济学

城乡协调发展、城乡一体化发展和新型城镇化战略所要解决的关键问题是如何解决上述困境。 其本质是探索协调发展理念的实践过程以及包容性发展理论的中国化，最终构建具有中国特色的城乡一体化和协调发展的新理论、新实践和新政策。

包容性发展既沿袭了国际社会对"广泛基础的增长"、"益贫式增长"和"包容性增长"的理论脉络，也是对中国倡导的协调发展新理念的理论深化，更是城乡协调发展的实现形式和最佳路径。从这个意义上说，包容性城镇化发展战略，本身是城乡协调发展与一体化的具体实现形式。包容性城镇化战略充分吸收新发展经济学和发展社会学的理论前沿成果，以及发展中国家尤其是中国城乡协调和统筹发展的实践经验、发展要求和政策内涵，具有丰富的中国特色社会主义政治经济学的新内涵，更具有丰富的中国特色社会主义发展经济学的新内涵。

从理论建构上说，包容性城镇化战略吸收了如下几个方面的前沿理论和思想内涵：一是充分吸收新古典经济学要素自由流动与资源配置优化理论，强调生产要素自由流动以及城乡资源配置效率提高与城乡发展一体化之间具有内在关系，因此实现劳动力、资本和土地等各类要素包容性发展，即自由流动及其在城乡之间的有效配置，是提高城乡资源效率，加快城乡一体化发展的基础。二是包容性城镇化新战略坚持从公平与效率统一的角度，强调城乡社会公平与包容性发展之间具有内在联系，通过创造与维护适宜的生产要素公平竞争的发展环境并确保在经济增长基础上的机会均等和共享参与，是包容性城镇化发展的目标，而社会融合与自由发展则是包容性城镇化的理论延伸与特有内涵。三是包容性城镇化新战略吸收新兴经济体和发展经济学的经济增长的涓滴效应理论，从增长的涓滴效应和缩小城市内部收入差距的角度，强调包容性城镇化发展对于城乡贫困人群的积极意义，旨在提升城乡居民的生活品质与促进社会和谐。四是包容性城镇化吸收社会融合与社会包容理论，强调包容性城镇化对于促进共享发展成果的积极意义。五是包容性城镇化新战略也突出强调城镇空间结构的优化发展，吸收空间经济学和空间结构理论，从空间结构和规模经济的角度，强调包容性城镇化的多中心空间结构特点及其城市群发展趋势在城乡一体化中的重要作用，有助于引导城乡科学规划与对外开放。六是包容性城镇化新战略高度关注并处理好城镇化过程中的政府与市场关系，突出包容性城镇化的制度结构特点以及包容性城镇化对于政府职能转型的具体要求，规范与提升政府行政效率。

(2) 中国特色城乡协调发展需要新的实践探索

包容性城镇化新战略通过包容性发展理念与中国城乡协调发展的实践要求，对于促进和实现中国城乡一体化发展具有丰富的实践内涵和现实意义。 包容性城镇化的实践内涵覆盖以工促农、以城带乡、工农互惠、城乡一体的新型工农城乡关系和城乡互动发展模式。 中国城乡经济社会发展中存在的诸多矛盾和问题，归根结底都是中国城镇化未能实现包容性发展的结果和具体表现。 包容性城镇化战略以城乡发展中存在的重大现实问题为导向，通过构建与形成城乡融合体制机制，有助于改变现实中城乡发展失衡引发的诸多矛盾与困境，有助于推动"协调发展新理念、新型城镇化与包容性发展"三者的内在一致和一体化互动。 包容性城镇化战略在实践内涵和现实指向上有两个基本方向和要求：一是以提高和创新城乡资源配置效率、活力与竞争力为导向，通过构建包容性的要素空间集聚机制和资源配置方式，实现城乡经济适度增长、机会均等、共享参与、社会融合与自由发展的包容性发展新目标。 这本身也是城乡协调发展的实践要求。 二是包容性城镇化新战略旨在构建城乡经济结构、社会结构、空间结构和制度结构等维度上的均衡发展体系和政策框架，因而比以往单纯强调效率导向的增长或发展模式更具有可持续性，包容性城镇化不仅关注城镇的发展过程，而且还同样重视城镇的发展是否能惠及农村，实现城乡协调发展，包括城乡居民权益与公共服务均等化、城乡居民收入与分配结构均衡化、城乡金融发展与资本配置合理化、城乡空间紧凑与土地利用集约化，以及城市反哺农业与产

业发展融合化的目标体系,因而包容性城镇化是中国城乡发展
一体化的过程描述,本质上也是一种促进人的全面发展的新型
城镇化道路。

　　总之,包容性城镇化倡导城乡居民基本权益的均等化和促
进人的全面发展,是实现城乡发展一体化和新型城镇化的最佳
实践形式,是改革开放创新发展的新要求。 城乡发展一体化
与包容性城镇化是目标与手段的关系,实施包容性城镇化战略
是实现中国城乡发展一体化的重要战略和现实选择,也是全面
建成小康社会的重要标志。[①]

(3) 长三角地区率先建设包容性城市群

　　长三角地区在率先实现现代化目标进程中,必须创新现有
的城镇化道路和模式,推动城镇化创新和转型,建设包容性城
市群。 包容性城市群就是以"城市包容性发展"为理念,将
包容性发展理论与长三角转变经济发展方式和城镇化模式转型
实践相结合,推动长三角地区实现从传统的注重产业城镇化、
土地城镇化和空间城镇化转向注重人的全面发展的人口城镇
化,进而摆脱"浅度城镇化"的困境,形成包容性城镇化发展
道路和包容性城市群,从而为中国转变城镇化发展模式、构建
和谐城市,提供理论和实践基础。 初步设想有如下几方面的

----

① 权衡:《包容性城镇化是城乡协调发展的实践形式》,《文汇报》2016 年 6 月 10 日。

思路和建议：

第一，构筑包容性的城市产业体系，推进城市包容性发展，实现高端产业与中低端产业的结构包容和优化，从而为现实的劳动力市场结构多元化的就业奠定基础和条件。包容性产业与就业体系是包容性发展的载体，同时也是城市实现包容性发展目标的重要路径。在推动长三角地区产业结构转型与升级过程中，需要尊重产业结构多层次性与劳动力市场多结构性的特征，既要有高端的产业机构发展导向，又要有为高端产业提供服务和支持的中低端产业发展，走以多元化包容性的产业结构和体系支撑充分就业的新型城市化道路。

第二，通过深化收入分配制度改革，形成公平正义的分配结构，强化收入流动和缩小收入差距，推进城市包容性发展。长三角地区作为中国城镇化发展较快的地区，也出现了城市内部收入分配差距扩大的趋势，特别是城市内部的行业之间、部门之间、不同所有制之间的收入分配差距持续拉大，快速的城镇化进程正遭遇收入差距扩大、利益阶层分化以及排斥性而非包容性发展的挑战。完善城市包容性分配机制，并非简单的收入再分配机制，它必须有利于低收入阶层收入的增长，但同时又不只是关注低收入阶层的收入状况，而是更着眼于促进以中产阶层为主体、惠及包括低收入以及高收入阶层在内的广大市民的收入分配公平的一种机制设计。关键是要促进要素市场化。就长三角地区发展来看，土地、资本、劳动力要素的市场化仍然不足，而对城市来说，土地价格扭曲直接影响城市和城乡之间的收入分配；资本要素的价格扭曲也影响了资本在各产业、行业、机构之间的配置效率；劳动力要素价格扭曲导致城市内部的同工不同酬现象，影响居民的收入分配。另外，应着重通过收入分配制度的创新来努力消除分配不公，如提高低保和最低工资、形成平等的劳资谈判环境等；通过打破影响劳动者自由流动的制度障碍来促进城市内部居民的收入流动性，保证机会公平。注重培养城市的中等收入群体，扩大中等收入者比重，让逐步壮大的中等收入群体促进城市社会融合与文化融合，真正形成包容性城市。

第三，制定统一的公共服务均等化体系，推动城市包容性发展，促进社会融合与社会包容。必须高度重视长三角地区包括江浙沪等城市内部，出现的进城农民工与户籍人口在公共服务均等化方面形成巨大差异的新二元结构问题。新二元结构是中国传统城镇化进程中排斥性和不包容性的主要特征和表现，本质上是城乡二元结构在非包容性城镇化进程中的延续和深化。为此，要大力建设长三角统一的旨在推动城市包容性发展所依赖的统一完善的社会保障和公共服务均等化体系，而且这个体系并不仅局限于农民工群体的市民化过程，而且还应当包括处于社会中上层的白领新移民以及城市快速大规模扩张过程中造成的失地农民的公共服务均等化。 因此，要从用工制度、社区管理和舆论导向上致力于消除城镇居民对农民工的歧视、减少城市劳动力市场对农村劳动力流入的种种限制、推行公共就业、公共教育、公共社保的均等化，逐渐实现进城务工人员及其子女享有与城镇居民同等的福利待遇。

第四，通过建设合理的城市空间布局，推进城市包容性发展，形成长三角地区产城融合发展以及多中心融合、包容发展的城市群。 长三角地区要探索城市空间结构的包容性发展，包括具有包容性的空间结构，即中心城区与周边郊区空间的包容性、城市内部不同类型空间单元之间的包容性，从而在促进城市经济高效运转的同时，促进城市社会的融合与和谐发展。 当前，在长三角地区加快郊区新城和城市副中心建设进程中，应当注重城市空间结构的多样化和多中心化发展规划、以及长三角地区城市空间结构的产城融合发展、空间包容性发展、社会融合发展新趋势和新要求。 需要加强长三角地区城镇化发展的顶层设计，加大开发政策的创新力度，突出政策的综合性、系统性、配套性和连续性，包括人口政策、交通政策、土地政策、产业政策、税收政策、社会事业配套发展政策等。①

---

① 权衡:《城市包容性发展与长三角率先建设包容性城市群研究》,《苏州大学学报》2013 年第 3 期。

专栏 9 长三角城市群的发展规划

长江城市群在上海市、江苏省、浙江省、安徽省范围内，由以上海为核心、联系紧密的多个城市组成，主要分布于国家"两横三纵"城市化格局的优化开发和重点开发区域。包括上海市、南京、无锡等 26 个市，面积 21.17 万平方公里，人口占全国 11%，生产总值占全国的 18.5%。长江城市群是全国经济最具活力、开放程度最高、创新能力最强、吸纳外来人口最多的区域之一，在国家现代化建设和全方位开放格局中具有举足轻重的作用。

一、长三角城市群的发展基础

区位优势：长三角城市群位于"一带一路"与长江经济带的重要交汇地带，交通便利，经济腹地广阔，拥有现代化江海港口群和机场群，高速公路网比较健全，铁路交通干线密度全国领先，立体综合交通网络基本形成。

自然禀赋：长江城市群滨临江海，环境自净能力强。气候温和，物产丰富，突发性自然灾害比较少，人居环境优良。水资源充沛，水系发达，产业发展、城镇建设受自然条件限制和约束小。

综合经济实力：长江城市群产业体系完备，科教和创新资源丰富,拥有高等院校 300 多所,国家工程研究中心和工程实验室近 300 家。国际化程度高,中国(上海)自由贸易试验区等对外开放平台建设不断取得突破。货物进出口总额和实际利用外资占全国 32% 和 55%。

二、长三角城市群主体功能区分

依据主体功能区规划,按照国土开发强度、发展方向以及人口集聚和城乡建设的事宜程度,将国土空间划分为优先开发区域、重点开发区域、限制开发区三种类型。

如图 5-3 所示:其中,上海、苏南、环杭州湾等地区是优先开发区。要率先转变空间发展模式,严格控制新增建设用地规模和开发强度,适度扩大农业和生态空间。此外,苏中、浙中、皖江、沿海地区是重点开发区。要强化产业和人口集聚能力,适度扩大产业和城镇空间,优化农村生活空间,严格保护绿色生态空间。另外,像苏北、皖西、浙西等地区是限制开发的。要严格控制新增建设用地规模,实施城镇点状集聚开发,加强水资源保护、生态修复与建设,维护生态系统结构和功能稳定。

三、打造一体化城乡体系

目前长三角城市群在一体化方面已经有较好的基础,需要进一步培育区域性生产、贸易、交通运输、创新、旅游等

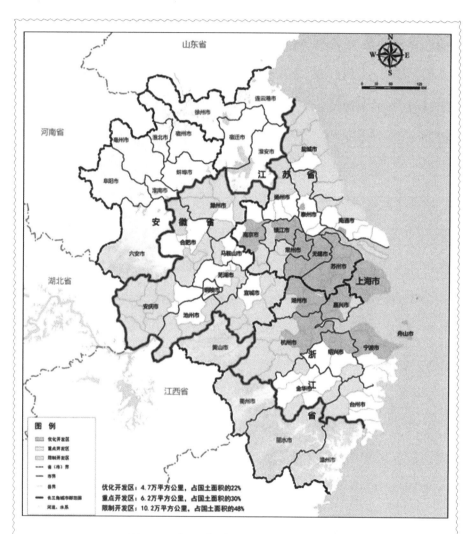

图 5-3　长三角城市群主体功能示意

资料来源：中经未来产业研究院《长江三角洲城市群发展规划》。

特色功能，形成以中心城市为核心、功能节点城市为纽带、

乡村地域为支撑，生态空间开放、城乡风貌各异的一体化

城乡体系;需要积极参与丝绸之路经济带,进一步扩大上海自贸区的辐射效应,促进长江经济带的联动发展。

资料来源:《国家发展改革委、住房城乡建设部关于印发长江三角洲城市群发展规划的通知》,http://www.sdpc.gov.cn/gzdt/201606/t20160603_806396.html。

我们的事业是向世界开放学习的事业。关起门来搞建设不可能成功。我们要坚持对外开放的基本国策不动摇,不封闭、不僵化,打开大门搞建设、办事业。"满招损,谦受益。"中国已经取得举世瞩目的发展成就,但我国仍是一个发展中国家,仍然面临一系列严峻挑战,还有许多需要面对和解决的问题。我们既不妄自菲薄,也不妄自尊大,更加注重学习吸收世界各国人民创造的优秀文明成果,同世界各国相互借鉴、取长补短。

——2012 年 12 月 5 日,习近平同在华工作的
外国专家代表座谈时的讲话

我们将实行更加积极主动的开放战略,完善互利共赢、多元平衡、安全高效的开放型经济体系,促进沿海内陆沿边开放优势互补,形成引领国际经济合作和竞争的开放区域,培育带动区域发展的开放高地。坚持出口和进口并重,推动对外贸易平衡发展;坚持"引进来"和"走出去"并重,提高国际投资合作水平;深化涉及投资、贸易体制改革,完善法律法规,为各国在华企业创造公平经营的法治环境。我们将统筹双边、多边、区域次区域开放合作,加快实施自由贸易区战略,推动同周边国家互联互通。

——2013 年 10 月 7 日,习近平在亚太经合组织
工商领导人峰会上的演讲

第六部分
经济新常态与开放发展

■ 与三十多年前比较,作为第二大世界经济体的中国经济,已经深度融入世界经济,中国经济已经成为影响世界经济增长的重大变量,中国经济与世界经济进入相互依存、相互影响的新阶段。也正由于如此,新一轮开放发展必须顺应中国经济深度融入世界发展的新趋势,积极推动中国经济与世界经济相互依存、互利共赢与合作发展。

■ 21世纪以来,随着新兴经济体不断发展,逐渐融入世界经济,世界经济增长多极化格局日渐成形,自由贸易集团化倾向日益突出。打造高标准的投资和贸易规则自由化平台已成潮流,这不仅催生出旨在推进国际市场一体化与建立多边合作机制的TTP、TTIP、TISA等全球经济合作框架,而且引发了修订BIT及其范本的热潮。这些外部环境的变化,给中国扩大对外开放带来了机遇,也提出了新要求。

■ 三十多年的发展,中国已经实现经济大国的起飞和梦想;未来二三十年,中国必将实现从经济大国走向经济强国的梦想。在这个过程中,中国对内要加快经济结构调整和转型升级,实现创新驱动发展;对外则要积极参与全球经济治理,争取全球制度性话语权,提升中国在国际舞台上的话语权和影响力,逐步实现经济强国梦想。

面对经济发展新常态,在经济增长下行、结构调整等压力下,加上国家经贸环境已经发生深刻改变,中国经济需要一个的新型对外开放战略,进一步深度融合到全球价值链和分工体系中。 中共十八届五中全会提出的开放发展新理念,应当包括五方面的含义:即双向开放战略、公平开放战略、全面开放战略、共赢开放战略、主动开放战略,进一步明确指出了我国新一轮对外开放的新背景、新目标、新思维、新手段。

1 开放发展理念引领高层次开放型经济

十八届五中全会提出,"坚持开放发展,必须顺应我国经济深度融入世界经济的趋势，奉行互利共赢的开放战略，发展更高层次的开放型经济"。 全会提出的开放发展新理念有如下几点含义：

一是明确指出我国新一轮对外开放的战略背景已经发生深刻变化。 与三十多年前比较，作为第二大世界经济体的中国经济，已经深度融入世界经济，中国经济已经成为影响世界经济增长的重大变量，中国经济与世界经济进入相互依存、相互影响的新阶段。 也正由于如此，新一轮开放发展必须顺应中国经济深度融入世界发展的新趋势，积极推动中国经济与世界经济相互依存、互利共赢与合作发展。

二是明确提出新一轮对外开放的新目标。 坚持开放发展新理念，就是在总体上要建立更高层次、更高水平的开放型经济。 所谓更高层次和更高水平的开放型经济，就是逐步转变传统的强调单一的市场开放、招商引资、扩大出口、加工贸易、低附加值等对外开放发展方式，构建多层次、多维度、多种方式的多外开放新战略，核心问题是打造中国与世界发展的利益共同体和命运共同体。 因此，开放发展的新理念也要强调中国需要承担必要的大国责任和义务，加强战略互信关系、互利共赢的经贸合作关系以及具有命运共同体意义上的人文交流。

三是明确提出新一轮对外开放的新战略和新手段。 构建更高层次更高水平的开放型经济，关键就是要实施如下五大开放战略:第一,双向开放战略,即推动传统的单向意义上的引进来为主到推动产品、资本等要素双向流动,形成完整的对外开放新格局。 要坚持引进来与走出去相结合,在加快引进来的同时,积极加快中国经济走出去。 第二,公平开放战略,即改变传统依靠土地、税收等优惠政策和招商引资方式,营造更加公平竞争的内外资发展环境。 开放发展新理念的核心战略就是树立公平开放理念,通过建立和完善法治化、国际化、便利化的营商环境,推动公平竞争和可持续发展。 第三,全面开放战略,即推动传统的由点到面、从沿海到内地的开放战略路径,顺应开放发展的新趋势,构建全方位立体式开放新格局,重点打造并形成陆海内外联动、东西双向开放的全面开放新格局。 在开放的内容上,从强调制造业开放到推动服务业开放;在开放空间上也体现全面开放,尤其是明确提出借助"一带一路"建设,推进同有关国家和地区多领域互利共赢的务实合作,推进国际产能和装备制造合作。 第四,共赢开放战略,即从过去强调单一的利用国内外两个市场、两种资源,参与全球化分工,分享全球化红利,到通过转变开放理念,树立开放互利、共赢合作的开放理念,体现全球化发展格局下的相互依存和合作共赢发展。 新一轮开放既要强调国内外合作共赢发展,也要加大深化内地和港澳、大陆和台湾地区合作发展,提升港澳在国家经济发展和对外开放中的地位和功能。 第五,主动开放战略,即改变过去单一的遵循国际分工和发挥比较优势来参与全球分工的发展模式,强调积极主动地顺应国际经贸规则新趋势和新方向,一方面强调通过积极参与全球治理,参与制定国际经济和政治新秩序,努力争取全球制度性话语权,这意味着未来的开放发展理念中,将更加注重国际规则参与权、制定权和话语权;另一方面,也强调中国自身也要做出积极努力,通过全面深化改革,转变政府职能,加快自贸区建设和中国与双边多边的合作,积极应对跨太平洋关系协定(TPP)等国际经贸规则带来的新挑战,体现了主动开放发展的新理念。[①]

2 自贸区与"一带一路"建设推动对外开放升级转型

21 世纪以来,随着新兴经济体不断发展,逐渐融入世界经济,世界经济增长多极化格局日渐成形,自由贸易集团化倾向日益突出。打造高标准的投资和贸易规则自由化平台已成潮流,这不仅催生出旨在推进国际市场一体化与建立多边合作机制的 TTP、TTIP、TISA 等全球经济合作框架,而且引发了修订 BIT 及其范本的热潮。这些外部环境的变化,给中国扩大对外开放带来了机遇,也提出了新要求。面对国际经贸

---

① 权衡:《开放发展理念顺应趋势》,《文汇报》2015 年 11 月 6 日。

环境变化的实际背景,中国需要主动做好国际经贸规则的参与者和引领者,需要通过自贸试验区的建设,加快构建符合国际投资贸易规则的制度框架,为我国参与国家经贸合作积累经验,为全面融入经济全球化奠定坚实的基础。

(1) 自贸区建设:探索双向开放发展的制度红利

中共十七大报告提出"实施自由贸易区战略",首次把自贸区建设提升到国家战略层面。 十八大报告进一步提出"加快实施自贸区战略",充分体现了中央对形势紧迫性的判断和推进自贸区的决心。 十八届三中全会提出"以周边为基础加快实施自贸区战略,形成面向全球的高标准自贸区网络"。 这标志着中国自贸区建设从"旁观者、跟随者"向"参与者和建设者"转变,希望以此来促进国内改革和经济社会发展,并进一步参与全球经济治理,扩大国际贸易投资规则的话语权。[①]实际上,中国进一步推进自贸区战略,是中国根据本国经济社会发展现状和经济全球化新趋势做出的重大战略决策,是构建开放型经济新体制、全面深化改革的客观要求,是积极实现对外战略目标、运筹对外关系的重要途径。

从目前进展来看,中国自贸区建设对中国经济社会发挥了重要作用,通过开放倒逼改革,产生了积极的作用和效应:第

---

① 王琳:《全球自贸区发展新态势下中国自贸区的推进战略》,《经济学研究》2015 年第 1 期。

一，中国顺应全球高标准自贸区发展趋势，不断提高与自贸区伙伴贸易投资的自由化水平，在货物、投资和服务贸易等领域的相互扩大开放，带动各部门和行业深化发展，提升了对外开放水平，不断释放我国经济增长潜力；第二，强化与各有关方的经济关系，中国通过建设自贸区，以双边经贸合作为基础，促进彼此之间建立信任机制，获得自贸伙伴国对中国市场经济地位的认可，有利于减少双边经贸摩擦；第三，积极吸纳公开透明的国际经贸规则，坚持引进来和走出去相结合，更好地融入了全球经济体系和价值体系，在全球治理中获得更多的话语权，同时促进相关领域机制的优化和改革，在巩固传统经贸优势的同时，培育竞争新优势，不断拓展外贸空间。 此外，通过与香港、澳门、台湾建立"更紧密的经贸关系安排"和"海峡两岸经济合作框架协议"有助于加强内地和香港、澳门、台湾的经贸往来，促进区域经济发展，增进民族感情。

总之，自贸区战略是在当下世界经济格局变动和规则重构的背景下，中国扩大对外开放、构建对外开放新格局的必然选择。 中国通过在国内设立自贸实验区，先行先试，取得成功经验并且向全国推广，既有利于中国经济跟上全球自贸区发展的趋势，也有利于中国在未来的国际规则制订上和世界经济新格局中把握主动，赢得先机。 四大自贸试验区从南到北，在东部沿海地区呈现状分布，形成格局优势、各有侧重的对外开放新高地。 在服务国家战略层面，上海自贸区将继续在推进投资贸易便利化、货币自由兑换、监管高效便捷以及法治环境规范等方面担当"领头羊"；广东自贸区是"粤港澳深度合作示范区、21世纪海上丝绸之路重要枢纽和全国新一轮改革开放的先行地"；天津自贸区的定位是"努力成为京津冀协同发展高水平对外开放平台、全国改革开放先行区和制度创新试验田、面向世界的高水平的自由贸易园区"；福建自贸区将建设成"制度创新的试验田、深化两岸经济合作的示范区和建设21世纪海上丝绸之路的核心区域"。 其共同点是对接一带一路建设，成为一带一路建设的有机部分，是中国新开放发展理念的重要实践。 在二十国集团（G20）杭州峰会开幕前，我国宣布在辽宁、浙江、河南、湖北、重庆、四川、陕西新设立7个自贸区。 辽宁自贸区将通过改革进一步释放发展活力，带动和辐射东北地区的新一轮振兴。 浙江自贸区则以大宗商品贸易自由化、海洋产业投资便利化和扩大现代海洋服务业对外开放为重点。 重庆自贸区或将依托口岸优势，着力发展开放型经济。 四川自贸区将主打"科技型自贸区"，使四川的科技和产业与全球对接的通道更畅通。 陕西自贸区将探索内陆地区改革开放有效路径，更好地支撑一带一路战略深入推进。 河南自贸区、湖北自贸区依托自身发展优势，将分别重点发展高端文化服务业与新兴制造产业。

专栏 10　全球主要贸易投资规则发展动向和特点

据世界贸易组织(WTO)统计,截至 2015 年 1 月,全球共签署双边或区域自贸协定 583 个,正在实施的自贸协定 381 个,这些自贸协定构成了全球相互交织的自由贸易区网络。在自贸协定浪潮中,涌现了以美欧等发达国家主导的 TPP、TTIP、TISA 和 BIT 等一批体现重大贸易投资新规则协定的谈判,一旦这些协定顺利达成,将对全球贸易体系、多边贸易规则、地区经济和政治格局产生重要影响。

一、TPP 与 TTIP 的发展动向及其特点

TPP 全称跨太平洋关系协定,是目前最为重要的国际多边经济谈判组织,前身是跨太平洋战略经济伙伴关系协定。2016 年 2 月美国、日本、澳大利亚、文莱、加拿大、智利、马来西亚、墨西哥、新西兰、秘鲁、新加坡和越南 12 个国家在新西兰城市奥克兰正式签署了 TPP 协议。这 12 个国家加起来占全球经济的比重达到 40%。TPP 主要包括两大类内容:一是知识产权保护规则等 12 个谈判参与国一起决定的领域;二是如某类商品进口关税减免等双边磋商领域。

TTIP 全称跨大西洋贸易与投资伙伴协定,是美国和欧盟为了消减关税壁垒,统一监管标准而进行谈判的协定,于

2013年6月正式启动谈判,TTIP如达成,将覆盖世界贸易的1/3和全球GDP的1/2。TTIP谈判侧重于非关税壁垒的消减,核心议题包括政府采购市场、投资和服务业特别是金融保险业的进一步开放。

TPP与TTIP的相似处。第一,TPP和TTIP均属于开放度高、标准高、涉及内容广泛的自由贸易内容,两者累计的经济和贸易额超过世界经济的经贸总额的60%,将推动全球经济自由化和一体化发展。第二,两者均由美国主导,TPP或TTIP将重塑国际贸易和投资的新标准和新规则。第三,TPP和TTIP都致力于提升非关税壁垒在国际贸易体系中的作用,同时可能会削弱中国等新兴经济体的国际影响力和话语权。

二、RCEP与FTAAP

RCEP是东盟国家提出并以东盟为主导的区域经济一体化合作协定,主要是成员之间相互开放市场、实施区域经济一体化的组织形式。RCEP的主要目标是消除内部贸易壁垒、创造和完善自由的投资环境、扩大服务贸易,还将涉及知识产权保护、竞争政策等多领域,自由化程度高于目前的东盟10国与其余6国已经达成的自贸协定。RCEP约拥有占世界一半的人口,总产值占到全球总产值的1/3。

FTAAP 是指亚太自由贸易协定,主要是针对全球金融危机的历史经验、亚太地区各国新型经济体的实际表现和世界政治经济格局的变化,2010 年横滨 APEC 部长级会议上,与会部长提出将在各国之间拥有 43 项双边及小型自由贸易协定的基础上,在亚太地区建立自贸区。

RCEP 和 FTAAP 视角下中国的选择。一方面,中国积极推进 RCEP 来赢得制定规则主动权,扩大影响,增加在规则制定上的筹码;另一方面,积极推进 FTAAP 合作,形成与 RCEP、TPP 的优势互补。

三、TISA 的主要内容和发展动向

TISA 是美国、欧盟、澳大利亚等 WTO 等成员于 2011 年组成的"服务业挚友"谈判集团所倡议,并最终于 2012 年正式启动多边性服务贸易协定谈判。协定意在绕开 WTO 多哈回合在服务贸易谈判上的僵局,制定新一代的服务贸易规则,提高缔约方间的服务业自由化程度。

资料来源:根据相关网站资料整理。

(2)"一带一路":构建全面开放发展新格局

"一带一路"倡议是一个大构想,必将拓展世界经济增长新空间,推动中国经济新一轮改革开放,加快中国经济结构性

调整，推动全面建成小康社会，加快构建全面开放发展新格局具有重要的战略意义和现实意义。

第一，"一带一路"建设的国内外背景。

从"一带一路"建设的国际背景来看，具有如下几方面的含义：

一是实施"一带一路"建设有助于处理好中国和平发展与周边国家的关系问题。中国经过三十多年的改革开放，成功走出了一条和平发展之路。但是需要指出的是，周边一些国家和地区对中国和平发展仍然存有一定疑虑，甚至在部分地区挑起一些争议，如钓鱼岛问题、南海问题以及东南亚地区的合作发展问题、中印关系问题等。这些问题使得中国在和平发展过程中，必须从战略上给予高度重视。实施好"一带一路"建设，有助于中国与周边地区和国家实现共同发展，实施共建共享，为中国和平发展创造更加有利的周边环境。

二是实施"一带一路"建设有助于处理中国与美国的战略关系。作为世界两大经济体，中美关系正在进入十分关键而又重要的阶段。中国提出"一带一路"倡议有助于处理好中国与美国新型大国关系；也有助于中国加强同中亚和西亚以及欧洲地区的合作与发展。

三是实施"一带一路"建设是适应新国际背景下地缘政治和地缘经济发展的现实需要。由于丝绸之路沿线地区具有重要的区位优势、丰富的自然资源和广阔的发展前景，相关大国近年来纷纷提出了针对这一区域的战略构想，影响较大的有日本的"丝绸之路外交战略"（1997）、俄印等国的"北南走廊计划"（2002）、欧盟的"新丝绸之路计划"（2009）和美国的"新丝绸之路战略"（2011）。在区域经济联系不断加强、大国丝绸之路建设竞争日趋激烈的背景下，中国作为古丝绸之路的起点和主要国家，有必要提出自己的丝绸之路倡议，为中国发展争取更为有利的地缘经济和政治。

从"一带一路"倡议的国内背景来看，具有如下几方面的含义：

一是"一带一路"有助于加快中国对外战略的转型与升级。中国未来开放新格局应当是把引进来与走出去有机结合起来，这符合资本从单向流动走向双向流动，本身就是中国构建全面开放新格局的重要标志之一。

二是"一带一路"有助于加快中国中西部地区向西开放与区域经济协调发展。中国区域经济发展一直以来有"西部大开发"、"东北振兴战略"、"中部崛起战略"、"沿海地区率先发展"等。这些战略曾经在不同时期为推动区域经济协调发展产生了积极作用。但是从长期来看，独立的地区发展战略而非区域经济合作发展割裂了区域之间的内在联系。因此，实施一带一路有助于加快国内区域经济协调发展。

三是"一带一路"建设有助于加快缓解我国转型时期产能过剩与经济下行巨大压力。通过实施"一带一路"建设,推动国际产能合作,通过走出去化解产能过剩,推动结构调整,稳定经济增长。同时有助于缓解外汇储备过剩,加快中国对外投资战略,推动中国资本走出去,开辟中国经济走出去的新战略和新格局。

四是"一带一路"有助于推动中国经济从经济大国走向经济强国。中国正在从经济大国走向经济强国,过去三十多年,中国通过引进来为主变成一个经济大国,未来将必须通过引进来和走出去相结合,实现经济强国之梦。[①]

第二,"一带一路"建设:构建"丝路经济带和经济圈"。

2013年9月7日,习近平在哈萨克斯坦纳扎尔巴耶夫大学发表演讲时提出构想;2014年12月,中央经济工作会议提出重点建设"一带一路"、京津冀协同发展、长江经济带,争取形成良好开局。目前形成了"一带一路"规划的总体思路。

"一带一路"构想贯穿亚欧大陆,一头是活跃的东亚经济圈,一头是发达的欧洲经济圈,中间广大腹地国家经济发展潜力巨大;该倡议本身就是推动世界经济实现复苏增长,推动全球经济结构性转型的重大举措,对于世界经济健康可持续发展有重要意义。

---

① 权衡等:《"一带一路"战略构想:意义与路径》,《联合时报》2015年10月20日。

推动丝路经济带建设。 建设丝路经济带的核心在于加强沿线的支点国家和支点城市之间的合作与联系。 该倡议重点就是围绕"一带一路"相关国家、支点国家经济发展战略,通过情况梳理、需求了解与合作前景等研究,探索沿线国家的关键城市对"一带一路"建设的枢纽及支撑点作用。 该倡议包括对"一带一路"沿线城市的总体分布状况、主要类型、对区域经济的主要作用,城市间互动模式等重要问题的把握,预测"一带一路"对沿线城市未来总体发展的影响。 未来的重点将会构建陆、海两类走廊,即陆上,是新亚欧大陆桥、中蒙俄、中国—中亚—西亚、中国—中南半岛等国际经济合作走廊;海上,中巴、孟中印缅经济走廊。

推动丝路经济圈建设。 该建设将在"一带一路"沿线的主要经济区域与圈层基础上,分析"一带一路"涵盖区域的主要经济带和经济圈的分布特点、空间结构、发展状况、主要特点,以及各经济带在"一带一路"建设中的地位,从而加快构建丝路经济圈:包括大中华经济圈、东盟—东南亚经济圈、中亚—西亚经济带、南亚次大陆经济圈、中东经济带、地中海经济圈等。 丝路经济圈是"一带一路"建设的一个设想。

第三,"一带一路"建设重点需要关注六大问题。

1. "一带一路"建设与金融支持政策。"一带一路"涉及的区域宽广、国家众多、投资金额大、建设周期长。 因此,在资金投入、政策对接等方面需要利用好国内与国际基金平台;要带动各国政府、企业和民间资金积极地投入到具体的项目中来;要善于利用网络金融的特殊资源优势,其中,一个重要的设想就是要推动中国开发性金融走出去,探索国际金融合作的战略新模式和新路径。

2. "一带一路"建设与推动人民币国际化新进程。 人民币国际化进程应当遵循"周边化—区域化—国际化"的战略步骤。随着"一带一路"建设的不断推进,中国与"一带一路"沿线国家和地区的资本和贸易往来将不断加深,人民币作为跨境贸易结算货币甚至储备货币的可行性或将得到加强。 这一趋势对人民币国际化进程将产生深远影响。 为此,应当高度重视"一带一路"建设与人民币国际化的战略互动,通过实施好一带一路建设,加快推动人民币周边化、区域化和国际化的进程。

3. "一带一路"建设与沿线国家贸易合作与发展战略。"一带一路"沿线国家要素禀赋各异,发展水平不一,比较优势差异明显,互补性和竞争性都很强。 无疑,投资和贸易是我国同"一带一路"沿线国家发生紧密联系的基础。 加快建设"一带一路"有利于我国与沿线国家进一步发挥各自比较优势,创造新的比较优势和竞争优势,促进"一带一路"区域内要素有序自由流动、资源高效配置、市场深度融合,把经济互补性转化为发展推动力。 因此,"一带一路"建设必将加快推动中国与沿线沿边国家的投资贸易合作与发展新格局，促进中国与周边地区和国家共赢发展。

4. "一带一路"建设与国内区域经济整合和联动发展。实施"一带一路"建设，要把"一带一路"建设与东、中、西部全面开放和整合发展的战略思路结合起来，有助于推动区域经济协调发展。因此，应当顺应区域经济合作发展的内在规律，消除区域发展不平衡问题。各地区都要参与到"一带一路"建设中来，形成发展合力，实现协调发展。

5. "一带一路"建设与沿线国家贸易规则谈判。中国自由贸易区战略是全面深化改革、构建开放型经济新体制的必然选择，也是我国积极运筹对外关系、实现对外战略目标的重要手段。实施"一带一路"建设，必然要求与沿线国家开展贸易投资规则的谈判与合作，努力为中国企业走出去创造公平竞争的符合国际营商规则的经营环境。因此，一个非常重要的任务就是借助中国自贸区的经验，加快与"一带一路"沿线国家开展投资贸易规则谈判，探索高标准贸易投资规则的可行性。推动中国与"一带一路"沿线国家彼此融合，有机对接，并形成系统性的互动，为我国新一轮对外开放提供有力支撑。

6. "一带一路"建设与亚洲经济一体化新发展。亚洲、欧洲与美国经济已经形成三位一体的世界经济新格局。亚洲未来和亚洲世纪的目标正在引导亚洲经济迅速崛起。亚洲经济在融入全球化过程中，未来的发展必将加快区域一体化的发展。为此，通过"一带一路"建设，促进亚洲区域经济一体化发展，实现交通等基础设施互联互通，促进亚洲交通一体化、市场一体化和经济规则一体化发展。无疑，"一带一路"建设，将促进中国与周边乃至亚太国家通过实施自由贸易区建设，建立健全立足周边、辐射"一带一路"、面向全球的自由贸易区网络，这更加有利于促进亚洲经济实现一体化发展的目标。①

当然，"一带一路"倡议的深入实施和稳步推进还存在不少挑战和风险，值得引起高度警惕并积极应对。

一是存在较高政治风险。"一带一路"建设是项长期系统工程，不仅需要相关国家政府之间达成战略共识，而且需要相邻地区政局稳定。但该地区部分国家之间尚存在领土争端，一些国家内部政局也缺乏稳定性，部分地区仍是武装摩擦和冲突的高发地。

二是注意避免大国战略和利益冲突。美国着力于推动建立由其主导的亚太合作，会对中国与周边国家间既有合作机制构成竞争；俄罗斯则担心中国与中亚各国深化能源合作将导致其主导的欧亚一体化进程受阻；印度非常重视其南亚影响力，并积极发展与中亚、东南亚各国的双边与多边关系，对中国主

---

① 权衡等：《"一带一路"战略构想：意义与路径》，《联合时报》2015 年 10 月 20 日。

导的一带一路区域合作机制可能产生抵制情绪。

三是相关国家政策制度缺乏协调性。 该地区不少国家法律不健全，自由贸易区建设水平较低，国与国之间仍存在较多贸易投资壁垒，如实施较为严格的许可证准入制度等；海关程序和文件不统一，基础设施建设标准和规范不一致，交通物流运输信号存在差异等，都对该地区的贸易自由化和投资便利化形成严重阻碍。

四是各国经济发展侧重点不同。 由于各国经济发展水平、经济活动布局、人口地理分布密度存在差异，发展重点可能不同。 以陆上交通运输基础设施建设为例，我国货物运输量大、运输距离远，进行铁路运输符合技术经济要求，而中亚国家地广人稀，制造业基础薄弱，运输量比较分散，公路和民航运输更符合其目前发展的经济性要求。

第四，推进"一带一路"建设的政策建议。

首先，"一带一路"建设以亚洲地区为核心，首先要瞄准投资环境建设和优化，提升投资环境的外部效应，为企业投资和项目合作奠定良好的基础。"一带一路"作为我国主导的区域性合作倡议，沿线地区投资环境的改善，不仅有助于区域经济协调和均衡发展，也将有助于"一带一路"倡议得到更多国家的响应和顺利推进。 基于整个亚洲投资环境的巨大差异及其存在的问题，我国需要针对沿线不同区域经济发展阶段，进行差异化合理配置投资项目，逐步改善沿线地区的投资环境。

其次，"一带一路"建设的另一个重点就是要加快西亚中东地区基础设施的建设，为投资环境的改善奠定坚实的基础，促进沿线区域平衡发展。西亚中东地区是整个"一带一路"沿线经济最不发达地区，具有极大的投资风险。但是由于中西亚地域广阔，矿产资源丰富，地理位置独特。因此，中西亚地区投资环境的改善需要以基础设施建设为先导。在此基础上，学习新加坡对外投资模式，先通过产业园区建设，然后引进中小企业入驻，将企业风险降到最低，同时生产本地需要的生活必需品，改善当地的生活水平和文化教育水平，释放当地的闲置要素，促进当地经济的发展，有助于缩小区域经济发展差距，促进区域平衡发展和亚洲投资环境水平的整体提升。西亚中东地区是古丝绸之路必经之地，投资环境的改善，一方面随着地区之间经贸关系的加深，以及经济的发展，有助于促进地区的和平稳定；另一方面，沿线基础设施互联互通，尤其是铁路建设，不仅有助于我国与西亚中东之间的能源合作，更有助于我国和欧洲经济区之间形成以铁路为大动脉，以公路为毛细血管的陆上交通网络，对于减少我国对海上贸易的依赖、促进我国中西部地区的发展等具有重要战略作用。

此外，"一带一路"建设要注重南亚和东南亚地区经贸合作建设，促进地区产业经济的发展和投资环境的改善。南亚和东南亚很多地区投资环境的各项指标与我国非常接近，尤其是这些地区大多位于"一带"上，便利的海上交通和充沛的降雨量带来较高的人均发电量，加上这些地区积极推行对外开放战略，经济发展迅速，是全球外商直接投资（FDI）主要流入区，一些国家的人均 GDP 高于我国，比如马来西亚、文莱等国。因此，我国在推进"一带一路"建设时，首先是注重产业投资基础设施建设，比如境外产业园区建设，促进我国成熟产业转移，缓解我国资源和环境压力。其次，需要以重点港口和产业园区为依托，加强经贸合作区的建设，比如马来西亚巴生港自由贸易区等，通过高层次的经贸往来，促进区域经济发展和投资环境的改善。

第三，"一带一路"建设中要注重发挥上海、香港和新加坡等支点城市在亚洲投资环境建设中的积极作用，尤其是发挥这些国际化大都市具有的发达的基础设施、城市建设和管理经验，通过支点城市和中心城市的辐射和战略引领作用，带动沿线地区中心城市崛起和发展，为"一带一路"建设提供重要的战略支撑和要素配置平台。我国北京、上海和香港有很多相似的地方，比如较高的政府效率、便利的交通、健全的法律体系和发达的金融市场等，这些都是提升投资和营商环境的重要组成部分，这些城市的成熟和先进的经验，值得沿线其他城市借鉴和发展。

3　全球经济治理亟待"中国方案"与中国智慧

2016 年 9 月，在西子湖畔的杭州，中国成功举办了世人瞩目的二十国集团（G20）峰会。作为全球经济治理最重要的机制和平台之一，中国政府把杭州峰会的主题确定为"构建创新、活力、联动、包容的世界经济"。中国提出从"创新增长方式、完善全球经济金融治理、促进国际贸易和投资、推动包容和联动式发展"等四个重点领域入手，加强全球经济协调，形成新的全球经济治理目标。无疑，这是中国为推动全球经济治理提供的最佳方案。

与此同时，最近两年，国际上有两个关于中国问题的讨论似乎也越来越热闹：一是中国经济增长与世界经济复苏的关系，问题的焦点就是中国经济与世界经济究竟是谁拖累了谁？在这个问题的背后，其实隐含的一点就是，已经进入中等收入阶段的中国经济无法逾越"中等收入陷阱"。二是中国这些年似乎在外交和国际关系上逐步放弃"韬光养晦"，并有意改变现行国际体系，与发达国家在"争夺"国际规则的制定权、话语权等。这个问题的背后，大致也有个所谓的新兴大国与现存大国不可避免发生冲突甚至战争，崛起的中国也无法逾越所谓的"修昔底德陷阱"。 因此，中国大国崛起过程中如何避免这两个"陷阱"，便成为人们津津乐道的话题之一了。 这两个问题其实都和"治理"有关，前面一个问题主要涉及"国内经济治理"，中国特色国家治理体系和治理能力是可以实现中国成功跨越中等收入陷阱的。 后面一个问题，则涉及十分复杂的"全球经济治理"问题，需要认真思考、设计并提出同样有效的方案。 如果把中国参与全球经济治理的机制、方案和方式设计好了，中国大国崛起不仅可以为完善全球经济治理机制作出积极贡献，而且也可以因此而成功跨越所谓的"修昔底德陷阱"。

(1) 后危机时代全球经济治理陷入困境

说起全球经济治理问题，有一种看法说，中国这么大，问题这么多，国内经济治理都忙不过来，为什么要参与全球经济治理，还明确提出"要争取制度性话语权"？ 这不是自找麻烦么？ 显然，问题不那么简单。

首先，金融危机发生以来，世界经济持续低迷，亟待全球经济治理机制的改革和完善。 众所周知，改革开放近四十年的发展，中国经济与世界经济已经深度融合，世界经济发展向好，则会对中国经济增长带动作用增强；世界经济发展低迷，对中国经济带动作用则会减弱；反过来，中国经济增长减弱也会进一步影响世界经济持续复苏。 世界经济出现五大结构性悖论,全球经济治理效果失效。 一是货币量化宽松刺激与全球增长放缓的悖论,表明全球性的货币政策集体行动的失败。 危机以来持续的货币量宽政策并没有真正刺激全球经济增长,反而导致增长进一步放缓,这不符合全球范围长期实行的凯恩斯主义逆周期的宏观政策管理思路,在一定意义上也宣布了凯恩斯主义政策在全球经济调节中的实效。 二是全球高债务积累与低消费需求悖论。 危机以后,全球范围经济体包含发达国家老债务、新兴市场国家新债务等不断高企,但全球消费需求依然低迷,贸易增长连续五年低于全球经济增长,这不符合"贸易是增长的引擎"的世界经济逻辑。 三是智能化制造与充分就业的悖论。 金融危机导致全球就业问题更加突出,但是以强调智能制造和劳动节约型的技术创新反而在客观上造成全球就业问题更为突出,创新、增长与就业之间出现了矛盾。 四是经济增长放慢与收入分配恶化并存的悖论。 在过去的几十年全球化发展过程中,全球经济高增长过程中出现的收入分配恶化问题,在危机中更加严重,一方面经济下行和低迷,另一方面全球性分配差距迅速扩大,进一步抑制了消费增长。 五是虚拟经济热与实体经济冷的悖论。 全球实体经济投资意愿不足,投资预期回报下降,另一方面扩张的货币政策导致全球资本过剩,虚拟经济出现与实体经济背离。 正是由于这一系列的"悖论",世界经济依然处在"低增长、低通胀、低利率"和"高债务"的"三低一高"的大格局中,全球复苏脆弱,经济增长艰难,且有进一步下行预期和危险的"大衰退——低增长—低利率—低物价—低回报—低投资"以及由此产生的"低增长—低收入—低消费"这种"自我低增长循环陷阱"。

其次,世界经济的这些"悖论"以及"低增长循环陷阱",暴露了全球经济治理体制和机制的内在缺陷。一是全球经济治理的手段与治理的议题出现偏差。危机后的治理重在货币刺激和复苏增长,而并没有把治理目标放在如何消除和解决全球范围结构性过剩这一导致世界经济失衡的根本原因上,因此全球经济治理的结果是进一步加剧了过剩和衰退。二是全球经济治理的内在结构存在缺陷,全球经济治理并未真正把对世界经济产生重要影响的新兴市场经济国家的因素、作用、权利和诉求考虑进来,特别是忽视发展中国家在全球贸易、投资中的地位和作用,这就导致世界经济复苏更加分化和失衡。三是全球经济治理的单一目标致使治理机制无法应对和解决危机以来全球化过程中出现的许多新的共性问题,如全球性不平等与减贫、技术与网络空间问题、资本流动性监管问题、货币政策协调问题等。全球经济治理机制的内在缺陷使得治理效果大打折扣,甚至出现一些新的问题。因此,如何摆脱世界经济的悖论,如何走出低增长循环陷阱,亟待改革、创新和完善全球经济治理机制,通过强化全球经济治理,实施集体行动,推动全球性结构改革,抵御和克服世界经济长期衰退的风险。

(2) 全球治理机制改革亟待"中国方案"

全球经济治理机制改革和创新正站在十字路口。中国以一个负责任的发展中大国身份,向世界承诺要积极参与全球经济治理,为完善全球经济治理机制贡献中国智慧和中国方案。顺应世界经济发展趋势,全球经济治理机制改革亟待中国方案。"中国方案"在全球经济治理体系中有如下几方面的理由和依据:

一是中国经济崛起的国际地位决定了全球治理机制改革必须有中国方案。经过三十多年改革开放和发展,中国已经是一个名副其实的经济大国,中国的国际经济地位已经发生翻天覆地的变化:中国 GDP 总量世界第二,比处于世界第三、四位的日本、德国都要高一倍以上;中国制造业产值占全球比重已经超过美国,成为世界第一;中国的 229 种工业产品,在世界上都是第一;中国已经成为全球第二大进出口贸易国,货物贸易世界第一大出口国;已经成为世界第三大服务贸易国;我们已经成为世界上第一大外资吸引国和第三大对外直接投资国,2014 年对外直接投资 1 100 多亿美元,首次超过美国,成为世界第一大吸引外资大国；中国也是世界上一百二十多个国家的最大贸易伙伴；还是世界第一大外汇储备国。中国几十年发展，一路走来，中国的国际影响力和国际地位稳步提高，中国作为全球第一大制造业经济体，第一大外汇吸引国，第一大外汇国，第二大贸易国，第三大投资国的国际经济地位，决定了中国经济与世界经济的深度融合和共生发展，决定了全球经济治理体系中，中国不能缺席，一定要有中国方案。客观地说，没有中国方案的全球治理体系，注定是不完善、不成功的。二是中国倡导的"和平发展、合作共赢"的发展理念决定了中国方案一定是全球经济治理体系所欢迎和所要求的。伴随中国经济崛起，中国向世界清晰地传达了一个声音和理念，这就是中国坚持和平发展道路，践行合作共赢的发展理念，这决定中国方案不可能复制发达国家的模式，出现所谓的"殖民扩张、武力争夺"，因而是一种十分友好与合作的方案。以这样的和平发展合作共赢的理念为指导的中国方案，一定会为世界和平稳定发展带来福音，一定会为改革和完善全球经济治理体系带来积极因素和正能量。相信这样的中国方案一定是全球治理体系十分必要和欢迎的。三是中国方案是独立自主、实事求是、务实行动的方案，而不是那种无休止的谈判和不尊重规律和差异化的简单规则的制定优先方案。中国方案坚持独立自主和实事求是，尊重发展中的差异化，因此相比那些简单而又漫长的规则谈判和制定过程而言，中国方案更加强调问题导向、强调务实和有效。 例如，为加快全球经济复苏和增长，中国提出一带一路倡议，合作成立亚投行、丝路基金等，这些旨在推动全球投资、贸易、金融合作发展的方案和倡议，已经变成具体的工作方案和行动，相比那些经过多年谈判仍旧不能生效的各种"规则"而言，中国提出的"一带一路"方案已经成为惠及沿线国家共同发展和世界经济增长的有利推动者和实际贡献者。 这也是为什么全球经济治理呼吁中国方案的重要理由。 四是中国方案在本质上是对现行全球经济治理体系的完善、补充而非替代甚至对抗。 客观而论，现行的许多全球经济治理体系和机制，如世界银行、国际货币基金组织、亚洲开发银行、世界贸易组织、多边贸易自由化与区域合作机制、二十国集团（G20）等机构、体系和机制，确实存在种种缺陷和不足，也正是这些机制性缺陷和不足，导致全球经济治理体制机制不完善，面对全球共同性的发展议题，往往缺乏足够的调节作用和有效性。 中国在参与全球经济治理中提出的中国方案，本质上不是要替代这些现有体制机制，更不是改变现行国际经济体系和治理机制，而是针对现有的国际货币监管机制缺陷、宏观政策协调机制缺陷、全球性的经济治理议题等提出旨在解决问题导向的方案。 因此，我也十分坚信，中国方案一定会为全球经济治理体系创新、改革和发展带来巨大的活力和效率。 总之，站在十字路口的全球经济治理体系，亟待中国方案，中国不能缺席。 充满积极而又正能量的中国方案，一定会有助于深化全球经济治理体制机制的改革和完善，确保全球经济治理积极应对并有效解决全球化过程中出现的许多新的议题。 这不仅对世界是一件好事，对中国也是极大的利好。

(3) 参与全球经济治理是经济强国的重要标志

全球经济治理机制需要中国方案。 反过来，参与全球经济治理，贡献中国智慧和方案，也是中国实现经济强国的重要标志。 积极参与全球经济治理，有助于推动中国从经济大国走向经济强国。 参与全球经济治理，贡献中国方案，是一个内外双赢的发展路径。

回望历史，发达国家之所以发达和强大，之所以叫经济强国，不仅体现在经济总量、科技实力、人才实力、军事和国防实力等方面，更重要的是体现在这些国家往往会参与、主导和影响全球治理体系，凭借国内经济规模大等地位，在国际政治经济秩序建立、规则制定等一些全球性事务中进一步发挥强大的影响力。 早期的英国崛起、美国崛起、日本崛起，之所以从经济大国走向经济强国，重要的标志就是他们先后都是通过参与国际金融、拓展国际贸易、加快国际投资，并逐渐占据主导权，先后都在国际治理体系构建、全球治理机制完善、全球制度性话语权、全球性议题和国际政治经济舞台上发挥影响力，并逐步实现从经济大国走向经济强国。大家熟知的世界银行、国际货币基金组织、亚洲开发银行等一些国际经济的协调机制和治理机构，背后其实都是这些发达国家在起到支配作用甚至决定性作用。因此，如何实现从一个经济大国向经济强国转变，积极参与全球经济治理机制是一个十分重要的战略和路径。

如前所述，中国已经成为名副其实的经济大国，但还不是一个经济强国。经济大国地位的确立，也并不意味着中国必然实现经济强国的梦想。从国内发展阶段来看，虽然经济总量已经是第二，但是人均收入水平还很低；虽然已经确立制造业大国，但是制造业发展总体上还处在全球产业链的中低端；虽然是一个进出口贸易大国，但贸易增加值比较低，仍然位于全球价值链的中低端；虽然是一个服务贸易大国，但是高附加值的有竞争力的服务贸易比重还不高；虽然经济仍然保持中高速增长，但是经济增长的质量效益不高，发展的环境代价和成本较高，经济增长还主要依靠要素驱动，尚未走向创新驱动发展的新阶段。从国际发展环境来看，中国之所以还不是经济强国，作为世界上的贸易和投资大国，人民币国际化程度还不够高，尤其是面对全球经济投资和贸易规则的重构，中国尚未发挥经济大国尤其是贸易大国应该发挥的积极作用；同时，在全球政治经济秩序中，中国尚未真正体现经济大国应该具有的国际地位和影响作用。 凡此种种，足以表明，中国虽然已经是一个经济大国，但是距离中国的金融强国、贸易强国、投资强国、科技强国、人才强国以及争取更多的全球性制度话语权的目标而言，还有很长的一段路要走。

三十多年的发展，中国已经实现经济大国的起飞和梦想；未来二三十年，中国必将实现从经济大国走向经济强国的梦想。 在这个过程中，中国对内要加快经济结构调整和转型升级，实现创新驱动发展；对外则要积极参与全球经济治理，争取全球制度性话语权，提升中国在国际舞台上的话语权和影响力，逐步实现经济强国梦想。[①]

(4) 积极参与全球经济治理，提升中国的话语权和影响力

面对世界经济增长新趋势和全球经济治理新格局，中国参与全球经济治理的目标，应当是围绕世界经济更强劲复苏和发展，发挥中国大国经济对世界经济的应有的协调和平衡作用，提升中国在新一轮全球经济投资贸易规则重构中的参与权、话语权、影响力。 这本身也是提高中国国际经济地位、实现经济强国的重要路径。

---

① 权衡：《G20 峰会召开在即，"中国方案"为何受关注》，《解放日报》2016 年 8 月 16 日。

首先，中国要积极推动现有全球经济治理机制和协调机构的完善，在全球经济治理体系中积极贡献中国方案，发出中国声音。旨在协调全球经济治理的世界银行、国际货币基金组织、亚洲开发银行以及二十国集团峰会等，都曾经在发挥全球经济共同治理方面发挥了积极作用。但是，这些机构和治理机制最大的缺陷，就是没有体现新兴经济体和发展中国家的利益诉求和应有的地位。中国提出一带一路建设，积极倡议成立亚洲投资银行、成立丝路基金等机制，努力发挥新的治理机制对全球经济的协调和推动作用，弥补现有治理机制的缺陷和不足，共同促进全球经济治理和发展。

其次，中国要努力推动国际货币体系和国际金融监管改革，在推动国际货币体系改革和提高金融有效监管过程中贡献中国智慧，提高中国货币的国际地位。众所周知，2008 年全球金融危机和经济失衡，充分暴露以美元为主导的国际货币体系的缺陷，也充分暴露金融国际化进程中金融监管机制的漏洞。现行的结构单一的国际货币体系亟待从全球治理体系视角进行改革和完善，全球化进程中金融有效监管需要加强国际合作。为此，中国通过加快人民币国际化进程，推动人民币入篮，加快改革和完善国际货币基金组织份额，提升发展中大国在国际金融和货币体系中应有的经济地位，借此实现金融有效监管的国际合作新趋势和新要求，为世界经济实现新调整和再平衡贡献中国金融发展的智慧和方案。

第三，中国要积极参与全球和区域性国际经贸规则的制定，在提高中国对外投资和贸易发展的便利性、透明度的同时，也要为后危机时代全球投资贸易规则的重构贡献中国方案。 危机以后，传统的世界贸易组织多边贸易体制面临改革和重构，面对高标准、严要求的投资贸易规则的发展方向，中国必须在积极应对 TPP 等带来的机遇和挑战的同时，也要积极参与新的区域性贸易规则如 RCEP 等的制定，从原来对全球贸易规则的跟随者、接受者向新一轮规则的参与者、制定者转变，这既有助于加快国内体制机制改革和产业转型升级，同时也有助于提高中国在全球性经贸规则制定中的话语权和影响力。

第四，中国要积极推动并实施好一带一路建设，以投资项目合作、产业园区建设等对外投资合作发展的实际行动向世界表明中国参与全球经济治理，助推世界经济复苏增长的信心和决心。 中国除了应当承担的国际义务之外，更要落实好一带一路倡议，促进全球产能合作与共同发展，提高中国对外投资能力和水平，实现投资强国的目标和地位。 同时，中国要推进区域经济一体化合作与发展，以加快区域一体化发展应对全球化进程中的新障碍，为世界经济走向更加强劲的复苏和增长贡献中国的因素和中国的力量。[①]

---

① 权衡：《G20 峰会召开在即，"中国方案"为何受关注》，《解放日报》2016 年 8 月 16 日。

　　当然,积极参与全球经济治理,也不会一帆风顺,在这个过程中仍然存在不确定性甚至一些风险。为此,在积极参与全球经济治理过程中,需要处理好以下几个关系:一是处理好作为全球治理中两个重要的大国即中国与美国的关系问题,确保两国在全球经济治理问题上能够紧密合作与共赢;二是处理好中国参与规则制定与国际规则、国际体系改变的关系,要明确指出中国参与全球经济治理的本质不是否定和改变现行国际体系和规则,而是针对缺陷进行完善和补充;三是处理好中国的角色、作用与中国作为发展中大国的关系,强调既要发挥中国在全球治理中的应有作用,也要强调中国作为发展中大国的地位;四是处理好中国与世界各国和地区的合作共赢关系,要积极向世界说明,参与全球经济治理的中国方案,是与世界各国在共同发展与合作共赢中发挥作用;五是处理好中国自身改革开放与参与全球经济治理的关系问题,既要积极推进国内体制机制改革和开放创新,又要积极参与全球经济治理,使两者形成积极互动的发展关系,既要发挥中国方案的积极作用,又要有利于中国自身的发展。

在漫长的历史进程中,中国人民依靠自己的勤劳、勇敢、智慧,开创了各民族和睦共处的美好家园,培育了历久弥新的优秀文化。我们的人民热爱生活,期盼有更好的教育、更稳定的工作、更满意的收入、更可靠的社会保障、更高水平的医疗卫生服务、更舒适的居住条件、更优美的环境,期盼孩子们能成长得更好、工作得更好、生活得更好。人民对美好生活的向往,就是我们的奋斗目标。人世间的一切幸福都需要靠辛勤的劳动来创造。我们的责任,就是要团结带领全党全国各族人民,继续解放思想,坚持改革开放,不断解放和发展社会生产力,努力解决群众的生产生活困难,坚定不移走共同富裕的道路。

——2012 年 11 月 15 日,习近平在十八届中央政治局常委同中外记者见面时的讲话

生活在我们伟大祖国和伟大时代的中国人民,共同享有人生出彩的机会,共同享有梦想成真的机会,共同享有同祖国和时代一起成长与进步的机会。有梦想,有机会,有奋斗,一切美好的东西都能够创造出来。全国各族人民一定要牢记使命,心往一处想,劲往一处使,用十三亿人的智慧和力量汇集起不可战胜的磅礴力量。

——2013 年 3 月 17 日,习近平在第十二届全国人民代表大会第一次会议上的讲话

第七部分
经济新常态与共享发展

■ 正确处理好经济发展与收入分配的关系。分配和增长从来都不是简单的"鱼和熊掌"式的所谓"公平与效率的替代"关系,而是相互促进、相互依赖、一体化互动发展的关系。经济增长是收入分配的物质基础,收入分配是经济增长的重要条件。我国社会主义初级阶段收入分配制度改革,既要加快经济发展,做大蛋糕,又要解决好收入分配,分好蛋糕。单一的只做蛋糕,或者只分蛋糕,都不利于经济社会可持续发展。

■ 中国的收入差距之所以引起国内外的普遍关注,根本问题不仅仅在于迅速拉大的收入差距本身,而在于差距背后的分配不公。收入分配差距背后的真正原因是,各种机会不公平造成的不同阶层和不同个人之间发展起点不公和权利不公,尤其是教育公平。

■ 当下改善收入分配,重要的不是缩小差距,而是立足长远,从战略上解决城乡教育资源均衡配置问题,逐步实现城乡教育统筹协调发展的均衡局面。这也是推进新型城镇化发展,实现中国城乡一体化和现代化发展的重中之重。

■ 中等收入者比重的扩大有利于可持续性消费结构的构建,使各种生活要素在总消费中所占的份额更趋合理化,更适合"S"形的产品生命周期,更能有效地扩大一国的内需。另一方面,较大的中等收入者比重意味着收入分配差距较小,这样就有利于社会安定,进而有利于保持经济的迅速增长。

党的十八届五中全会将共享作为五大发展理念之一提出,并强调"坚持共享发展,必须坚持发展为了人民、发展依靠人民、发展成果由人民共享,作出更有效的制度安排,使全体人民在共建共享发展中有更多获得感,增强发展动力,增进人民团结,朝着共同富裕方向稳步前进。"明确了共享发展的深刻内涵:包括全民共享、全面共享、共建共享、渐进共享,四者紧密相关、融会相通。 这就必须坚持和完善社会主义基本经济制度和分配制度,坚持经济发展与改革开放,深化收入分配制度改革和社会保障制度改革,加大再分配调节力度,在做大

"蛋糕"的同时分好"蛋糕",精准打好脱贫攻坚战,努力缩小城乡、区域、行业收入差距,扩大中等收入群体,深化各类群体和阶层收入分配和薪酬体系改革,让全体人民都能享受到改革发展成果,朝着共同富裕的方向稳步前进。

1　深化收入分配制度改革与共享发展

自 2003 年启动新一轮收入分配改革以来,国家不断深化收入分配制度改革、缩小收入差距。 收入分配事关经济持续发展、社会公平和谐。 中共十八大报告提出"实现发展成果由人民共享,必须深化收入分配制度改革"以及五中全会提出的"共享发展"新理念,都是我们全面建成小康社会的目标和战略部署。

(1) 我国深化收入分配制度改革的指导意见

国务院在《关于深化收入分配制度改革的若干意见》中明确提出,未来收入分配制度改革要"坚持以经济建设为中心,在发展中调整收入分配结构"、"坚持初次分配和再分配调节并重"、"以增加城乡居民收入、缩小收入分配差距、规范收入分配秩序为重点"、"逐步形成合理有序的收入分配格局"的总体要求，同时要努力实现"城乡居民收入实现倍增"、"收入分配差距逐步缩小"、"收入分配秩序明显改善"、"收入分配格局趋于合理"四大改革目标。 为实现上述要求和目标，《若干意见》紧密结合中国收入分配面临的现实，抓住收入分配制度改革的关键与核心问题，重点从初次分配制度、再分配制度、农民增收、分配秩序等四个方面提出了具体的指导意见。

第一，建立要素价格市场化形成机制，完善收入初次分配制度。 收入分配体制主要涉及初次分配（也叫一次分配）和再分配（也叫二次分配）。 在市场经济条件下，初次分配的本质就是各种生产要素价格如何按照市场机制的要求进行定价，按照市场化定价机制形成初次分配的格局，充分体现各种生产要素的"功能和价值大小"。 因此，《若干意见》分别从劳动力、资本、技术、公共资源收益分配机制等方面明确提出"完善劳动、资本、技术、管理等要素按贡献参与分配的初次分配机制；形成主要由市场决定生产要素价格的机制。"其中，在劳动力要素分配上，提出促进就业机会公平，提高劳动者职业技能，促进中低收入者职工工资合理增长；在资本要素分配上，提出建立健全国有资本收益分享机制；在技术要素分配上，提出健全技术要素参与分配机制，在管理要素分配上，提出对于行政任命国企高管薪酬限高，提高央企国有资本收益上交比例；提出要完善公共资源占用和收益分配机制。 总之，初次分配要通过进一步改革，纠正要素价格形成机制的各种扭曲现象，按照市场化机制完善初次分配制度，充分体现各种要素的贡献大小，解决好"功能性分配"问题。

第二，建立公共服务均等化机制，完善收入再分配制度。在市场经济条件下，再分配本质上是政府职能的体现，是政府对"市场失灵"的有效弥补，重点是运用税收等再分配手段，调节规模性收入分配，缩小收入差距，实现公平正义的目标。因此，《若干意见》指出"加快健全以税收、社会保障、转移支付为主要手段的再分配调节机制"。具体包括"健全公共财政体系，完善转移支付制度，调整财政支出结构，大力推进基本公共服务均等化"、"加大税收调节力度，改革个人所得税，完善财产税，推进结构性减税，减轻中低收入者和小型微型企业税费负担，形成社会公平的税收制度"，同时要"全面建成覆盖城乡居民的社会保障体系，不断完善社会保险、社会救助和社会福利制度，稳步提高保障水平，实行全国统一的社会保障卡制度"。《若干意见》重点围绕加强财政预算、促进教育公平、完善个税调节、完善房地产税以及适时开征遗产税、保障性住房、社会慈善等方面提出完善"规模性收入分配"和缩小收入差距的具体措施。

第三，促进新型城镇化，推进城乡一体化和融合发展。实证研究表明，城乡收入差距是全国整体收入差距的"最大贡献者"。 因此,《若干意见》明确提出建立健全促进农民收入较快增长的长效机制,要求"坚持工业反哺农业、城市支持农村和多予少取放活方针"、"加快完善城乡发展一体化体制机制,加大强农惠农富农政策力度,促进工业化、信息化、城镇化和农业现代化同步发展"。 其中的重中之重就是要"促进公共资源在城乡之间均衡配置、生产要素在城乡之间平等交换和自由流动,促进城乡规划、基础设施、公共服务一体化,建立健全农业转移人口市民化机制,统筹推进户籍制度改革和基本公共服务均等化"。《若干意见》具体围绕农民增收、农业补贴、土地增值收益分配、扶贫开发、农业转移人口市民化等提出了政策建议。 这无疑对促进新型城镇化、实现城乡一体化发展具有重要的指导意义。

第四,完善收入分配法律制度,规范收入分配秩序。 在市场经济环境下,正常的合理的收入差距是市场竞争和活力的积极因素。 但是,关键要区分合理的收入差距和不合理的收入差距,要探索和分析收入差距扩大的正常的市场因素和不正常的非市场因素,尽可能消除不合理的差距和不合理的因素。从中国目前的现实来看,部分领域分配不公是影响收入差距的根本性原因,也是收入差距影响社会和谐和可持续发展的关键诱因。 因此,《若干意见》提出"推动形成公开、合理的收入分配秩序",重点要大力整顿和规范收入分配秩序,加强制度建设，健全法律法规，加强执法监管，加大反腐力度，加强信息公开，实行社会监督，加强基础工作，提升技术保障，保护合法收入，规范隐性收入，取缔非法收入。相信这些措施对于加快收入分配立法、维护劳动者合法权益、规范工资外收入、加强领导干部收入管理、规范非税收入、取缔非法收入等方面都具有重要的指导和现实意义。当然，一个基础性的工作则是要健全现代支付和收入监测体系，夯实规范收入分配秩序的基础。①

总之，《若干意见》围绕收入分配领域中政府和市场的关系这一主线，从实现公平正义目标出发，对于中国未来收入分配改革作出重要部署和规划。在具体落实《若干意见》的过程中，应当正确处理以下几个方面的关系，有效推动我国收入分配制度的改革和创新。

一是正确处理好经济发展与收入分配的关系。分配和增长从来都不是简单的"鱼和熊掌"式的所谓"公平与效率的替代"关系，而是相互促进、相互依赖、一体化互动发展的关系。经济增长是收入分配的物质基础，收入分配是经济增长的重要条件。我国社会主义初级阶段收入分配制度改革，既要加快经济发展，做大蛋糕，又要解决好收入分配，分好蛋糕。单一的只做蛋糕，或者只分蛋糕，都不利于经济社会可

① 权衡：《深化收入分配制度改革实现社会公平正义》，《文汇报》2013 年 2 月 18 日。

持续发展。

二是正确处理好收入差距与分配不公的关系问题。任何经济体在经济发展中都会出现收入差距问题。收入分配改革不是要简单地消灭差距，关键是通过深化改革解决导致差距的分配不公，尤其是要通过改革实现收入分配的机会公平、规则公平和权利公平，只有这样，才能够在缓解收入差距扩大的同时，促进不同收入阶层之间拥有较快的收入流动性，提高经济增长的活力和效率。

三是正确处理好收入分配与财富分配的关系问题。收入分配与财富分配不同，收入是流量过程，财富是存量积累，收入流量决定财富存量，财富存量也影响未来和预期的收入流量。改革开放以来中国城乡居民收入和财富分配结构都发生了深刻变化，特别是近十多年来，房地产发展、股市和资本市场的发展，引起了财富差距的急剧扩大。可以预期的是，按照财富口径计算的基尼系数会远远高于收入基尼系数。因此，收入分配制度改革除了注重收入分配问题，更要注重财富分配的改革，特别要加大房产税、适时开征遗产税并不断扩大试点范围，这对于缓解收入分配和财富分配都具有重要和现实意义。

四是正确处理好收入分配与公共服务的关系问题。收入分配从更广的意义上说，就是要处理好广义的经济公平，即要关注除收入保障以外的教育、医疗、养老等社会保障和公共服务领域具有转移支付性质的收入分配是否公平。 尤其需要强调的是，教育公平、医疗公平投入和增长本身就是实现收入分配公平与效率有效统一的基本手段。 收入分配改革不仅需要注重缩小收入差距，更要注重建立更加统一完善的社会政策体系和公共服务均等化体系，通过收入分配体制改革和制度创新，实现广义的经济公平和社会公正。①

(2) 我国深化收入分配改革的目标界定及具体政策措施

中共十八届三中全会《关于全面深化改革若干重大问题的决定》，为全面深化改革进行了顶层设计与战略部署。 全会提出的有关中国收入分配改革的目标更具有指向性和清晰度，即通过体制机制创新，厘清政府与市场权力在收入分配领域的边界，逐步形成合理有序的收入分配格局，让发展成果更多更公平地惠及全体人民。 其中，"合理"是指改变目前不合理的分配格局，赋予包括劳动、资本、土地、知识、技术、管理等在内的各类生产要素，平等参与分配和等价交换的权利，以激发各种要素活力竞相迸发；而"有序"则更加强调分配过程的规范化和机制化，建立符合社会主义初级阶段和社会主义市场经济条件下的公平正义的分配格局，让一切创造社会财富的源泉充分涌流。

---

① 权衡:《深化收入分配制度改革实现社会公平正义》,《文汇报》2013年2月18日。

第一，《决定》对我国深化收入分配改革目标的界定。

形成合理有序的收入分配格局，具体包括如下六个方面：

一是形成市场化机制和效率导向的初次分配格局。初次分配的本质是要求市场在各种生产要素的定价机制中起决定性作用，以充分体现生产要素按"贡献和价值大小"进行分配即功能性收入分配的原则。我国初次分配中的市场定价机制发育尚不健全，主要表现在要素收益未被合理分享与分配。

促进初次分配制度完善，确保在初次分配按要素贡献分配的前提是，赋予各类生产要素平等参与分配的权利与机会，健全资本、知识、技术、管理等由要素市场决定的报酬机制。在促进资源优化配置和效率提升的同时，消除过多、过少以及没有分配依据的不合理收入，为各要素合理分配所得提供基本制度保障，使得初次分配既体现效率又富有公平。为此，《决定》提出，在保护劳动所得方面，应通过"完善最低工资和工资支付保障制度"、"企业工资集体协商制度等措施"，充分发挥实际工资指导劳动力配置、劳动力市场工资指导价位和行业人工成本信号的调节机制与作用，以"提高劳动报酬在初次分配中的比重"，实现"劳动报酬增长和劳动生产率同步提高"；在保护中小投资者合法权利方面，"应优化上市公司投资者回报机制"，"多渠道增加居民财产性收入"；在进一步理顺资源类产品价格方面，应完善主要由市场决定价格的机制，"推进

水、石油、天然气、电力、交通、电信等领域的价格改革"，
"建立公共资源出让收益合理共享机制"，"实行资源有偿使用
制度和生态环境补偿制度"等。

二是形成政府调节和公平正义的再分配格局。 在市场经
济条件下，再分配本质上是政府职能的体现，是政府对"市场
失灵"的有效弥补，重点是运用税收等再分配手段，调节规模
性收入分配，缩小收入差距，实现公平正义的再分配格局目
标。 一般来说，正常市场机制下形成的收入差距具有阶段性
和可控性，发达国家经验表明，再分配机制基本上可以改善
30%—40%的不平等状况。 然而，我国税收和转移支付等再
分配政策对收入差距起着微弱的调节作用，调节前后收入的基
尼系数相差不大，而且部分地区还存在逆向调节的现象。 所
以我国收入差距过大，一定程度上还与再分配的差距调节能力
弱密切相关。

三是形成一体化发展的城乡收入分配格局。 长期以来，
我国城乡二元结构下，居民收入的"规模性"差距主要表现为
城乡收入差距。 农民收入的有效提升取决于农业生产要素即对
土地的确权，这是城乡要素平等交换的前提条件。《决定》指出
要"建立城乡统一的建设用地市场"，这意味着"农村集体经营
性建设用地出让、租赁、入股，实行与国有土地同等入市、且
同权同价"。《决定》围绕土地流转与增值过程中所涉及的征地

范围、征地程序、农民公平分享土地增值收益的保障机制、农民工同工同酬，以及统筹城乡基础设施建设等方面提出改革思路，抓住了城乡发展失衡的关键问题，体现了城乡一体化的发展思路，为构建一体化发展的城乡收入分配格局指明了方向。

四是形成规范化透明化导向的分配秩序格局。改革开放以来，在按劳分配与按要素分配相结合的多元化的收入分配体制和制度作用的影响下，人们的收入进一步多元化，除了劳动收入、货币收入、财产性收入，包括金融资产以及各种其他经营性财产收入、保障性收入、转移性收入。

在确保收入来源多元化，激发各类财富创造主体活力的同时，更要确保收入规范化和透明度，消除一切不合理不规范不透明的非法收入，以及由行政垄断、权力寻租、腐败滋生等非市场因素产生的隐性收入和灰色收入。《决定》明确提出，要通过"保护合法收入，调节过高收入，清理规范隐性收入，取缔非法收入"，规范收入分配来源，逐步消除非市场因素导致的不合理收入分配；遏制以权谋私和公权寻租，加大惩治贪污腐败力度，加强国有资产监管，防止国有资产流失，取缔非法收入以及由此产生的收入分配不公问题。在此基础上，"增加低收入者收入，扩大中等收入者比重"，逐步形成城乡、区域、行业间合理的收入分配差距和橄榄形的分配格局。

五是形成科学高效导向的分配管理格局。完善的个人信用体系是社会征信体系的重要组成部分，也是运用科学方法健全收入分配监控与管理格局的基础。 我国现行的收入统计指标体系是在 20 世纪 80 年代制定的，90 年代后期进行了一定的调整，但从实际运行情况看，个人信用体系建设严重滞后、个人信息数据采集失真等，已经成为完善分配监管体制和健全分配管理格局的制约因素。《决定》指出，"建立个人收入和财产信息系统"是形成科学高效的分配监督与管理格局的关键，现阶段主要任务是做好两点：一要完善收入申报制度和统计指标体系，加快个人诚信体系建设，建立收入分配预警监测机制。二要完善法律制度建设，加强收入分配监控。

六是形成激励化导向的分配制度格局。 改革开放以来，收入分配制度改革为中国三十多年来经济高速增长提供了重要的内部激励机制，即所谓"改革就是把激励机制搞好"，从而为经济增长提供动力。 同样，未来中国经济的发展有赖于进一步理顺收入分配中政府与市场的关系，形成与释放出更加有效的制度激励。 在一些公共部门，如机关事业单位、医院和学校等，普遍存在着收入激励的扭曲现象，使得"官民关系"、"医患关系"、"教学关系"等处于紧张和不信任状态，不利于社会和谐。《决定》提出"改革机关事业单位工资和津贴补贴制度，完善艰苦边远地区津贴增长机制"，正是出于加强对公务员队伍的激励，提升行政效能和转变政府职能的考虑。 公务员工资改革，既要适度拉开不同职务、不同级别之间的工资差距，增强工资的激励作用；又要规范公务员的工资外收入，取消实物分配，发挥工资收入对劳动力资源配置的信号调节作用。[①]

第二，深化收入分配改革的具体政策措施。

要在准确科学理解全会精神的基础上，在推进与贯彻落实全会关于全面深化改革的精神中，进一步推动收入分配改革，形成合理有序的收入分配格局。可以通过如下政策措施来形成合理有序的收入分配格局：

一是推进收入分配改革，充分认识中国收入分配问题的焦点以及深层次矛盾已发生深刻变化，充分认识中国收入分配问题的"认识范式"也由此发生深刻转变。这是理解新的发展形势下中国收入分配问题的关键和前提。

首先，从关注收入差距转变到更多关注分配不公。过去人们更多关注的是收入差距问题，包括城乡收入差距、地区收入差距、城市内部和农村内部之间的收入差距、不同部门和行业以及个人之间的收入差距等。三十多年以后，我们则要更加关注收入差距背后的原因，更加关注收入分配不公，尤其是更加关注经济社会发展过程机会不公、权利不公和规则不公等体制机制成因。其次，从关注分配政策转变到更多关注分配理论创新和分配制度创新。现在需要我们更多思考中国特色

① 权衡：《从十八届三中全会看收入分配制度改革》，《文汇报》2014 年 1 月 6 日。

社会主义收入分配理论、制度以及分配实践问题，需要从理论创新上思考适应社会主义市场经济发展要求的收入分配制度的总体目标和顶层设计问题。 第三，从关注二次分配转变到更多关注一次分配。 过去人们关注更多的是二次分配问题，现在则要更多关注一次分配，因为中国的收入分配领域从一次分配中就存在"价格扭曲"问题，一次分配解决不好，二次分配就不可能解决好。 第四，从关注微观个人分配转变到更多关注宏观国民收入分配。 过去人们关注更多的是微观的收入分配问题，现在则需更多关注宏观国民收入问题，尤其是要关注政府、居民和企业三者所得在国民收入分配中的比例和结构问题、财政税收分配等问题。 第五，从关注当代人即代内收入分配差距、分配不公转变到更要关注收入代际流动、代际影响。 防止代内家庭背景、身份、教育水平影响代际之间的背景、身份和收入等。 否则，将会出现机会不公平问题的代代相传和固化效应。

二是正确处理好政府与市场的关系，建设更有效率的市场体系和高质量的服务型政府。 推进收入分配改革要有更加系统的思维和全方位的战略部署，不是单枪匹马，单项突破。 建议：第一，进一步推进要素市场化改革，完善生产要素市场化价格形成机制，充分体现按照劳动贡献和要素贡献大小分配的制度，改革和完善初次收入分配制度。 第二，尽快启动新一轮税收制度改革，构建促进收入分配公平的税制体系，充分发挥税收对于收入分配的有效调节作用，改革和完善再分配制度。

三是在赋予农民更多财产权利，增加城乡居民财产性收入的同时，创新和优化营商环境，增加城乡居民经营性收入。第一，通过启动"第二次农村改革"即"农村财产权利制度改革"，真正落实和贯彻"赋予农民更多财产权利"，千方百计增加城乡居民财产性收入。增加农村土地、城市资本等财产性收入，赋予农民对集体资产股份占有、收益、有偿退出及抵押、担保以及推进农民住房财产权抵押、担保、转让等，这些都有助于城乡居民收入，缩小城乡收入差距。第二，通过进一步优化营商环境，积极扶持中小企业发展，更加强调千方百计增加居民经营性收入。

四是加快建设一体化有序流动的劳动力市场体系和市场化配置资源的资本市场体系，构建和谐劳动—资本关系以及劳动—资本双赢的收入分配关系。作为市场经济发展微观基础的劳动和资本要素，作为经济利益关系中最基本的劳动—资本关系，是决定中国经济高速增长和发展转型的重要变量和因素。

五是以"三公"经费改革为契机，有效推动公务员工资改革联动突破，尽快推出公务员工资收入分配改革新方案。从国际视野看，我国公务员工资水平不高，但实际收入不低，结构不合理。目前，于公务员工资水平高低的各种论断其实是一种假象，由于大部分公务员收入来自津补贴，导致《公务员法》等一系列规范公务员工资的法律法规无法对公务员收入形成有效约束，工资制度扭曲引发种种弊端。

六是推进新一轮财税体制改革，重新界定财权与事权关系，处理好中央与地方的收入分配关系，通过完善公共服务均等化体系，实现机会均等，促进收入流动，构建符合公平正义的收入分配格局。

最后，考虑到收入分配问题的复杂性、敏感性，目前要积极、正确引导社会舆论，将人们在十八届三中全会以后对于收入分配改革的期望和期待引导到有利于收入分配制度改革的方向前进。既要避免各种掣肘和阻碍，影响收入分配制度的改革，也要避免各种不合实际、既不利于公平，又不利于效率的改革设想，从而使得收入分配改革稳步推进，真正构建合理有序的收入分配格局。①

专栏 11 产业结构和就业结构变动对收入分配的影响

城镇产业结构以二三产业为主，城镇居民主要从事制造业和服务业。随着工业化进程的加快和现代服务业的发展，城市经济内部产业结构不断调整。一方面，从产业产值

---

① 权衡:《从十八届三中全会看收入分配制度改革》,《文汇报》2014 年 1 月 6 日。

和就业来看,第二产业的产值占 GDP 的比重比较稳定,近 30 年间有过先下降再上升的波动,2007 年为 48.6%;吸纳的就业人数比重也较稳定,2007 年为 40.8%,而第三产业产值占 GDP 的比重则显著提高,从 1978 年的 23.94% 上升到 40.10%。从业人员比例也不断上升,从 1978 年的 12.2% 提高到 2007 年的 32.4%。另一方面,就二三产业对 GDP 增长的拉动效应看,第二产业对 GDP 增长的贡献率较为稳定,近年来拉动 GDP 增长 5 个百分点以上,2007 年达 6.5 个百分点,第三产业对 GDP 的拉动作用日益显著,1990 年只拉动 0.6 个百分点,2007 年则拉动 5 个百分点。因此,第三产业的兴起对国民经济增长的拉动越来越重要,产业结构和就业结构的变动是城镇居民收入分配格局变动的重要原因。由于各个产业部门的生产率不同,导致收入分配的不均,贡献越大的部门获得的收入分配就会越多。

特别需要指出的是,服务业内部的"收入极化效应"影响着城市居民的收入分配和就业结构,突出表现在高端的现代服务业、制造业与传统的服务业、工业制造业的差距日益拉大。根据城市的 22 个行业职工平均收入的绝对值和排名来看,各行业收入差距较大。高居榜首和位居低位的行业比较稳定,2000 年和 2007 年,排名前四的行业是金融业、计算机服务业、体育、电力、燃气及水的生产和供应业。排名最后两位的是餐饮业和零售业。现代服务业和垄断行业收入很高,金融业与人均可支配收入的比值最高,达 1.92 倍,而餐饮业这一传统服务行业则只是人均收入的 64%,贫富悬殊比较严重,最高收入与最低收入比为 4.46 倍,但比 2000 年的 5.47 倍还有所下降。

(资料来源:权衡:《收入分配与收入流动:中国实践和理论》,格致出版社 2012 年版)

2 教育公平、机会公平与共享发展

众所周知,中国的收入差距,包括城乡收入差距、地区收入差距、行业部门之间以及居民个人之间等等,各种意义上的收入差距不断扩大已经成为不争事实。 但是问题在于如何理解收入差距的实质,尤其是思考中国收入差距背后的问题,却历来存在各种争议和不同看法。 在笔者看来,中国的收入差距之所以引起国内外的普遍关注,根本问题不仅仅在于迅速拉大的收入差距本身,而在于差距背后的分配不公。 收入分配差距背后的真正原因是,各种机会不公平造成的不同阶层和不同个人之间发展起点不公和权利不公,尤其是教育公平。

(1) 我国教育公平发展与城乡教育资源配置失衡

随着经济发展水平的提高和综合国力的增强,我国教育事业得到蓬勃发展。 但是,我国近年来教育不平等和教育歧视问题越来越为人们所关注。 目前教育投入越来越给力,但教育嫌贫爱富的现象依然存在。 越是大城市、越是名校投入越多,动辄花上亿元建设超级中学,优质教育资源集中到少数学校。 而一些农村学校,却成了被忽略的大多数,农村孩子入学率、升学率和受教育程度远低于城市。 不少专家指出,农村孩子弃考传递出一个信号:底层上升通道受阻,社会阶层固化趋势加剧,贫穷将会代际传递,一代穷世代穷。 这种城乡教育资源配置失衡,导致城乡教育发展不平衡,特别是城乡教育投入形成巨大差距,教育硬件和软件环境,包括城乡生均教育经费、师生配置之比、教舍环境、教学质量等等均存在较大差距,最终可能体现在城乡教育发展质量、学生学习质量、考试成绩等都会发生较大差异。 当然,对学生而言,大家都得面对严格的可谓"机会面前,人人均等"的高考,参加所谓"统考",但其实城乡孩子从一开始就因为城乡教育资源配置的失衡,而出现了"机会不平等",对于唯"考试成绩"而录取的高校,也只能按照公平、客观的原则,依照高考成绩进行录取。 这样，也就很容易解释为什么现在名牌大学、重点高校和热门专业，每年考试中农村生源入学率越来越低。

其实，教育公平意义重大。 教育公平关乎机会公平，关乎人的发展起点公平，关乎未来的收入增长、收入分配和收入流动。 从长期来看，一个人受教育机会是否公平，不仅决定和影响他未来的收入增长和总体的收入分配，更是决定整个社会不同收入阶层之间是否具有较快的收入流动。[①]

(2) 教育公平决定收入流动性和社会流动性

所谓收入流动，指某个特定的收入组人员的收入在经过了一段时间的变化后，其所拥有的收入份额或者所在的收入组别（以五等分分组来计）所发生的变化。 收入流动性反映的是人们参与经济活动机会的平等性，也反映着一个社会市场经济的活跃程度。 如果每个社会阶层之间具有较快的收入流动性，则表明社会经济发展中机会较为均等；同时，快速的收入流动性可以大大减少不同收入阶层（高、中、低收入者）之间由于收入分配不平等所产生的社会心理压力以及社会矛盾。 在从事经济活动所受限制低的社会中，制度性的门槛很低甚至不存在，收入低的人能看到通过自身努力来改变经济条件的希望，较大的收入流动性会对人本身产生很强的心理激励作用。 收

---

① 权衡：《以收入分配的机会公平冲破社会阶层固化》，《东方早报》2013 年 6 月 18 日。

入流动性越大人们的竞争机会和参与机会越平等，从而可以通过自身努力而不是自己无法控制的外在因素来增加自己的收入。所以，从这个意义上说，收入流动从长期看可以改善收入差距和分配不公。

决定收入流动性大小最重要的因素之一就是教育公平。教育公平，意味着每个人从发展的起点上具有公平的条件，即所谓初始条件平等，这种平等也意味着这一代人拥有较为平等的受教育机会，同时也意味着代际之间的公平公正。根据我在哈佛大学访问研究的经验和文献分析发现，衡量一个国家经济社会发展是否机会公平，只要观察一个人的教育、收入和生活等是不是在很大程度上受到其父母受教育、父母收入以及生活状态的影响，如果这两者之间没有太大影响，换句话说，一个家庭子女的受教育状况、就业状况和收入以及生活状态越是不受到父母或者家庭背景的影响，则表明这个社会的发展机会就越是均等，代际之间不会出现所谓的"龙生龙，凤生凤"的传递问题。这样，每个人都受到公平的教育、享受公平的教育资源配置，这才是最大的机会公平和分配公平，这样才能保障社会各阶层间具有充分的收入流动性，特别是社会下层才能具有向上流动的通道和机会。这样的社会是充分体现公平公正价值和目标的，因此，也应该是和谐的社会。

就我们国家发展而言，一方面各种意义上的收入分配差距不断扩大，另一方面值得警惕的是，城乡居民收入流动性也在下降。笔者《收入分配与收入流动：中国的实践和理论》一书中实证研究发现，20 世纪 90 年代以前中国城乡居民收入流动性较快，特别是市场化改革为农村非农产业发展、农民进城等创造了快速的收入向上的流动机会；但是最近十多年以来，中国城乡居民收入流动性出现下降，特别是中低收入阶层向上流动的机会在减少。其中原因之一就是我国城乡发展不平衡，城乡教育资源不均衡，造成城乡教育发展和教育质量出现较大差距，城乡之间的收入分配差距、收入流动性等问题从一开始就出现在发展起点的不均等上。另一方面，也必须看到在我国城市地区，甚至农村富裕家庭，由于收入差距出现悬殊，家庭条件和背景较好、父母经济实力较强的家庭，子女从一开始就会选择较好的学校，甚至从一开始就选择较好的幼儿园、较好的小学、较好的中学等，造成教育机会不平衡、不均等，也就出现所谓"拼爹"现象等。

中国收入分配问题原因很多，其中最大的原因在于城乡发展不平衡。今天看来，城乡发展不平衡的根本原因在于除了户籍制度这样的一些刚性约束以外，城乡教育资源配置不均等是其中的关键。长此以往，不断演绎，不仅导致城乡居民发展机会不公平，也导致城乡居民收入流动性下降，出现"城乡底层上升通道受阻，社会阶层固化趋势加剧，贫穷将会代际传递，一代穷世代穷”的状况。 从这一点来说，当下改善收入分配，重要的不是缩小差距，而是立足长远，从战略上解决城乡教育资源均衡配置问题，逐步实现城乡教育统筹协调发展的均衡局面。 这也是推进新型城镇化发展，实现中国城乡一体化和现代化发展的重中之重。[①]

3　扩大中等收入群体与促进共享发展

中共十八大报告指出，要让“收入分配差距缩小，中等收入群体持续扩大，扶贫对象大幅减少”。 十八届三中全会《关于全面深化改革若干重大问题的决定》指出，要“形成合理有序的收入分配格局”，特别强调“增加低收入者收入，扩大中等收入者比重，努力缩小城乡、区域、行业收入分配差距，逐步形成橄榄型分配格局”。 这表明，扩大中等收入群体比重，对于改善收入分配格局，扩大内需和共享发展，促进社会稳定和谐，推动中国经济长期增长，具有重要的战略和现实意义。

(1) 扩大中等收入群体与扩大消费需求

中等收入者是有助于经济发展的重要群体。 中等收入者

---

① 权衡:《收入分配与收入流动》,格致出版社 2012 年版,第 243—247 页。

比较自信，有比较强烈的自我实现的价值观，追求休闲和时尚，可以引领潮流、刺激消费。中等收入者还乐于通过消费信贷来购买一些大额商品，这有利于消费信贷的发展并能进一步刺激消费。中等收入者比重的扩大有利于可持续性消费结构的构建，使各种生活要素在总消费中所占的份额更趋合理化，更适合"S"形的产品生命周期，更能有效地扩大一国的内需。只有在稳定的社会中，中等收入者的财权、物权甚至人权才能得到有效保障，才能维持其一定的社会和经济地位，所以中等收入者拥护社会稳定。中等收入者受过良好的教育，有爱国热情和正义感，遵纪守法，对任何分裂国家、破坏民族团结的行为更持反对态度。中等收入者推崇自由、民主的价值观，更希望通过改良而不是暴力来消除社会中的弊病、促进社会发展。

另一方面，较大的中等收入者比重意味着收入分配差距较小，这样就有利于社会安定，进而有利于保持经济的迅速增长；中等收入者比重较高的"橄榄形"收入分配结构更适合"S"形的产品生命周期，有利于产业结构的调整和升级以及产品和技术的更新换代，这样就能有效避免经济陷入增长转型的困局。

(2) 教育扩展和创新发展培育中等收入群体崛起

笔者对中等收入者进行合理的界定后发现，我国中等收入者占全体的比重较低，不足四分之一，整个的收入分配结构呈现"金字塔"形，所以对现阶段急需扩大内需的我国来说，中等收入者非常重要，扩大我国的中等收入者比重势在必行。由于低收入者所占的比重很高，所以提高低收入者收入、促使其跃迁至中等收入等级是扩大中等收入者比重的主要途径。可以通过如下政策措施来扩大中等收入者比重：

一是发展知识经济，推动经济增长方式转型。 知识经济是建立在知识和信息的生产分配和使用之上的经济，知识经济的蓬勃发展有利于将人们的人力资本投入有效转化成收入所得，因此对受教育水平较高、多从事脑力劳动的中等收入者来说，发展知识经济相当重要。 知识经济发展到一定水平后，受教育程度高的人将进一步得到社会的认同和人们的尊重，有利于高等教育的普及和发展。 低收入者也会在知识经济时代加强对自身的人力资本投入，为挤进中等收入阶层打基础。可以通过税收政策来促进知识经济的发展，比如对高新技术企业实施税收优惠，对从事研发的工作人员给予一定的个人所得税减免；也可以直接加大对科学研究和研发活动的投资力度来促进知识经济的发展，比如增加科学研究基金、增加对科研院校和研究所的拨款等。

二是完善产权保护制度，形成收入增长的激励机制。 产权对产权所有者能产生巨大激励，这一点毋庸置疑。 在市场经济条件下，要鼓励人们努力提高自己的收入、鼓励低收入者跃迁成为中等收入者，就必须切实维护人们的财产所有权；也只有保护好各种市场主体的产权，市场经济中的活动主体才能更理性，市场经济才能得以发展。虽然物权法已出台，但在实施过程中遇到一些问题，从物权法的出台过程来看，私有财产保护的相关法律确实需要不断完善和修正。

三是发展职业教育，培育大国工匠。高等教育虽然能提高一个人的综合知识水平，但从就业的角度，应努力发展中高级职业教育，培养市场上所需要的有一定工作技术能力的人员，提高就业率。我国毕竟还不是发达国家，在今后相当长的一段时间内，教育尤其是高等教育的投入很可能依然不足，而相比之下，发展中高级职业教育所需要的投入较少，且职业教育机构的盈利能力较强，所以容易调动企业和个人投资职业教育的积极性。有了较完善的中高级职业教育体系，工作技术能力较差的个人就可以通过接受中高级职业教育来提高自己的职业技能，毕业后到新岗位工作时工资收入往往会增加，其中有一部分人就可能成为中等收入者，因此发展中高级职业教育也非常有利于扩大中等收入者比重。

四是增加农民收入，推动城乡一体化发展。由于我国农民的比重比较大，所以要想扩大中等收入者比重，必须努力增加农民收入，让一部分农民成为中等收入者。可以通过加大农业公共基础设施投入、加快农业现代化、提高农产品附加值、鼓励农民创业、发展农村小额贷款等做法来增加农民收入。还可以推进土地承包经营权的自由流转、实现土地要素的市场化，以解脱土地对农民的束缚，这样有利于农村剩余劳动力的进一步转移和人口的深度城镇化。另外，在农民的收入构成中，工资是最重要的来源，所以一定要严厉打击拖欠农民工工资的行为，确保农民的利益不受损失。

五是改革国民收入分配格局，适度提高劳动报酬占比。无论是低收入者还是中等收入者，工资均是重要的收入来源，应努力提高劳动报酬在 GDP 中所占的比重，以增加人们的收入。发达国家的劳动报酬占比比我国高，这也与发达国家有独立的、有协商能力的工会有很大关系，所以我国也应努力加强工会的谈判能力，形成全国性的独立工会系统，鼓励工人联合起来向资本的所有者索取一些利益，建立工资增长与利润增长挂钩的企业内部分配体制。另外，还可以推行和发展职工持股，甚至强制企业无偿分配给劳动者一定比例的股份，使劳动者能获得一部分资本报酬。

六是鼓励个人创业、创新，发展民营和个体经济。从我国非公有制经济的发展来看，非公有制经济加速了我国的市场经济改革，同时也造就了一批私营企业家，这些人都是中等收入者甚至高收入者。所以私营企业队伍的发展和壮大会使越来越多的人成为私营企业家，同时还能吸纳较多的剩余劳动力，增加就业岗位和居民收入。可以通过给予个人自主创业者税收优惠、放宽小额贷款条件、成立创业咨询机构等来支持个人创业；类似地，也可以通过税收优惠、给予贷款等来促进私营企业的发展。

七是优先发展服务业行业，增加就业岗位。有一些职业，如建筑师、律师、教师、会计师、房地产评估师、科研人员、营销人员、影视制作人、证券从业人员、计算机软件设计者等，由于需要较高的受教育程度和专业技术，所以非常适合中产阶级。而中产阶级必然是中等收入者，因此需要优先发展一些相关的服务行业以让更多的人从事这些中产阶级主要从事的职业，从而让这些人成为中等收入者甚至迈入中产阶级。从笔者的实证分析来看，在我国的中等收入者的收入构成中，工资是最主要的部分，因此有效增加就业岗位，尤其是服务业的就业岗位，能增加低收入者的工资收入，甚至使其成为中等收入者。服务业对就业的贡献比较大，尤其是直接面对消费者的普通服务业，如餐饮业、休闲娱乐产业、家政护理行业等，从业要求不高，能吸收较多的农村剩余劳动力，促进农民增收①。

---

① 权衡等：《中国宏观经济形势分析与预测年度报告》，2014年3月13日。

4　公务员薪酬体系改革引领合理收入分配格局

　　公务员收入分配改革对整个收入分配改革具有引导作用,合理有序的公务员工资收入分配制度是构建规范、合理、有序的收入分配格局的重中之重。 自 2006 年公务员工资制度改革以来,已有近 8 年未加调整。 社会各界对于公务员工资制度和"双轨制"的养老金制度的诟病不绝于耳,同时,对公务员工资标准的调整却迟迟不动,有关改革措施似乎走进了"死胡同"。 八项规定颁布以来,"三公"经费改革加快推进,只约束禁止、不激励的公务员工作薪酬制度受到质疑,群众路线、解决"四风"问题等又将反腐倡廉推向高峰,公务员收入分配改革迫在眉睫。

(1) 完善公务员薪酬体系具有现实意义

　　改革开放以来随着经济体制改革的逐步深入,经济快速发展,但近年来政府职能转型滞后,行政审批制度改革举步维艰,其中一个原因在于公务员工资收入水平过低,推进改革的积极性不高;另一方面部分权力寻租又具有内在冲动,阻碍改革的深化和推进。 推进公务员工资制度改革、规范收入分配秩序、完善收入分配激励机制，有助于深入推进政府机构改革，切实简政放权、减少行政性审批制度，充分发挥市场在配置生产要素中的决定性作用。

公务员工资制度改革是推进中国整体收入分配体制改革的现实需要。 改革开放以来，收入分配制度改革的顺利推进对促进经济社会发展产生了重要作用，中国的经济体制改革肇始于收入分配改革和利益关系调整，并由此带来经济增长的内在激励机制。 近年来随着经济的快速增长，劳动者报酬份额不断下降而收入分配差距持续扩大，在此过程中公务员收入状况中的工资低效、收入失范在一定意义上加剧了整体收入分配领域的不公与无序问题。 有效推进公务员工资制度改革是有效推进收入分配制度改革的重要组成部分。

最后，推进公务员工资制度改革是落实中央八项规定，消除少数腐败消极行为，提高公务员队伍劳动效率的现实需要。通过完善公务员工资分配制度，完善收入分配的激励约束机制，有助于真正落实中央有关规定包括三项经费制度改革，调动公务员积极性，营造更加和谐的社会关系，缓解社会矛盾和问题。

(2) 国外公务员薪酬体系改革的经验与启示

国外普遍遵循依法支薪原则，对公务员的工资有明确的法律规定,并公示官员财产和收入。 比如,美国法律对高级行政人员工资表进行了详细规定,提出了"工资比较原则"和"内部平衡原则",其中工资比较原则是指联邦政府公务员的工资应参照企业人员的工资水平而制定,这样才使联邦政府得以在人力市场上与私营企业展开竞争;内部平衡原则是指在公务员内部,工作量相等的岗位工资待遇也相等,即"同工同酬"。 美国每年通过开展面向全社会的工资调查来确定新的一般公务员工资标准表。 德国的《联邦工资法》、日本的《一般职员报酬法》等还明确规定应定期增加公务员工资。 德国、新西兰等依法实行阳光工资,向社会公示公务员财产、收入、房地产权益、投资交易、兼职行为等。 国外通过支付给公务员较高薪酬及福利、拉大公务员内部工资差距来维持公务员的社会经济地位并有效激励公务员努力工作。

美国公务员享受较多的津贴、奖金、保险和福利,比如抚养、家庭安置、交通补助、午餐补助、加班及夜班、地区、危险、待命等津贴,政府推荐奖、特殊成绩奖、质量优异奖、节约奖、建设奖等奖金,联邦政府雇员健康保险计划(FEHBP,个人支付25%医疗费,其余由联邦政府承担)、联邦政府雇员集体人寿保险(FEGLI,比如从基本工资中扣除的强制性基本人寿保险,个人支付三分之二,其余由单位承担)、长期看护保险(针对未来可能出现的、需医护人员长期看护的疾病所建立的保险）等保险，病事假、年休假等带薪假期，以及良好的工作环境、集体食堂、幼儿园、理发室等集体福利设施。

多数国家根据公务员的就职年限来慢慢提高公务员工资等级，并定期调整公务员工资。拿美国的一般公务员来说，对于每等的一、二、三级公务员，工作满一年可提升一级工资；每等的四、五、六级公务员，工作满两年可提升一级工资；每等的七、八、九级公务员，工作满三年可提升一级工资。公务员的收入并非只升不降，2008年全球金融危机时，韩国政府冻结了公务员2009年的工资和一切加班加点补贴；新加坡在2009年将政府官员的薪酬降低了19%，并把全体公务员的年终奖金从一个月工资减至半个月工资。

大部分国家通过考核和评价机制来调整公务员工资。美国使用"职位要素评价系统"（FES）来对公务员进行考核，包括职位所需知识、管理监控、指导方针、复杂性、影响范围、人际沟通、谈判目的、体能要求、工作环境等九大评价要素，每个评价要素均有从低到高的若干级描述，如果某职位符合某种描述则获得相应的点值。将某职位在九大要素上得到的点值加总，就得到了评价总点值，总点值确定了该职位所对应的工资表中的等级，也决定了从事该职位的公务员的工资。考核得到优秀的美国公务员将获得工龄加薪以及提前晋级，不合格的公务员则连工龄加薪也无法获得。英国也采取类似做法，每年考核公务员的工作知识、能力、品格、热情、诚信度、创造性等，特别强调责任归属，并以考核结果来决定公务员的奖金发放。

最后，政府在公务员退休时发放一次性退休金或补贴，以减少贪污腐败行为。有些国家在公务员退休时，会给予在职期间未曾犯过错误的公务员一定的退休奖励，日本公务员就能在退休时得到一次性的退休补贴。[①]

(3) 推进公务员薪酬体系改革的基本原则

对公务员工资收入进行合理改革，有利于体现出政府公平分配的理念。政府必须让政策有效地执行下去，同时又需要获得相关的信息反馈，而这些恰恰都属于公务员所承担的工作，且需要公务员在政府部门内部和企业、个人之间进行信息和物质的交流，所以公务员的报酬理应与在社会上其他部门从事类似复杂劳动的劳动者的报酬相当。同时，公务员收入分配还应注重激励与约束并举。只有对公务员工作进行科学、严格的考核，采取激励与约束并举的收入分配制度设计，才既能有效调动公务员队伍的积极性，又防止出现不合理且无序的公务员收入水平与结构。因此，推行公务员收入分配制度改

---

① 常亚青、李凌、权衡：《公务员收入与福利首先要平衡起来》，《东方早报》2014 年 3 月 11 日。

革应遵循如下基本原则：

一是"顶层设计、统筹联动"原则。由于公务员工资制度改革牵一发而动全身，需要进行顶层设计，以公务员人事制度改革和收入分配制度改革联动，以"三公"经费改革和财税体制改革与公务员收入分配改革联动，实现机制联动、统筹安排。

二是"提升工资，规范津补贴，收入有升有降"原则。对公务员收入的不同构成部分设计具有针对性的改革方案。津补贴改革的方向是推动收入分配秩序规范化，通过改革逐步把公众意见较大的公务员的隐性收入显性化，消除灰色收入和腐败滋生的环境，使得公务员的收入更加阳光化、透明化；而工资改革的方向则是破除唯职务论的单一的工资增长机制，实行公务员工资分类制度。

三是比较平衡原则。积极探索运用若干种职业的工资作为参照计算和确定公务员工资的做法，并且考虑当地社会经济发展水平以及物价上涨情况，每两年至少调整一次。

四是效率导向原则。通过工资改革调动公务员的工作积极性，提高行政效率，形成对公务员的正向激励，确保公务员工资水平与社会进步相适应。

五是兼顾公开公平公正原则。为公开"三公"经费并逐步过渡到公务员财产公示制度，预留政策衔接口。

(4) 推进公务员薪酬体系改革的思路和方案

可以从近期和中长期两个层面对公务员收入分配制度进行优化：近期可以"三公"经费改革为契机，通过公务员工资改革与"三公"经费改革的联动机制，将公务员的收入与福利平衡起来；中长期则是要通过财政预决算制度、公务员人事管理制度等配套改革，真正构建起合理有序的公务员工资收入分配与增长机制，让公务员收入改革成为构建合理有序收入分配格局的引导者。具体可采取如下改革措施和方案：

实行透明化和阳光化的"新津补贴方案"。应将公务员的一部分津贴补贴纳入基本工资，对各种工作津贴、生活补贴的名目予以明确，实行统一的津贴和补贴类别，工资和津补贴的结构比例应从现在的 $2:8$ 逐步提高到 $1:2$，并向 $1:1$ 过渡。禁止不同职级公务员之间的津补贴差异，实现公务员津补贴的"透明化"和"阳光化"，防止假借名目的乱发钱。对于从事科长以下职务的公务员，增加对应的级别数量并提高级别工资上限，缓解基层公务员待遇较低的问题。

实行体现公平的"新职业年金方案"。无需缴纳或仅缴纳较低的养老保险却能领取较高的养老金是不公平的，所以应取消公务员养老金特权。但需注意的是，取消养老金双轨制并不是要降低公务员退休待遇，更不是要拉平公务员与普通企业员工的退休待遇，而是要注重将公务员的薪酬与养老保险统筹起来，推动公务员社会养老保险向职业年金转型。

推进人事制度改革。 人事管理制度是公务员工资收入改革的基本保障，应积极探索实行基于岗位分类管理的多系列工资体系，对于专业技术性强的岗位，可根据其特点设计专业岗位工资系列，确保公务员能在职务不变的前提下，也存在依靠专业技能促进工资增长的渠道，从而更好地发掘此类公务员的专业能力。 还可以通过科学的定岗定编、精简公务员编制、完善工作职责评价等办法，甚至实行"政务员"和"业务员"相分离的公务员人事管理制度。

实行能有效防腐的"新廉洁年金方案"。 参照国外公务员退休制度中的奖励措施，以人力资本期权的形式在公务员退休时，对于凡是连续（或累计）工作一定年限且经考核业绩廉政的公务员进行专项奖励（比如一次性奖励），退休后方可领取。

实行基于收入普查的"新收入比较方案"。 建立一套可行性较强的、系统而完备的收入平衡比较体系，让广大的公务员安身立命并具备较高的工作积极性，减少因贫而贪、工作期间做兼职等不良现象，同时也避免因公务员工资畸高而引发的社会不满。 可以像美国那样尝试将全国划分为若干工资水平调查区，重视地区差距，确保政府部门获取人才的市场竞争力和公务员工资在当地人力资源市场的合理性。 进行若干主要职业人员（包括大学教授、企业技术人员、私营业主等）详细的收入数据调查，则可以出台比较详细的公务员收入标准，允许各地区在此标准之上根据情况上浮或下调。

实行约束激励并举的"新考核监督方案"。要想"把权力关进制度的笼子里"，需要对公务员队伍从上至下进行强有力的考核和监督。科学的考核有利于及时找出值得培养的后备力量，能有效促进公务员队伍的梯队建设。从国际经验来看，社会监督和舆论能起到减少腐败的作用，公开公务员的财产有利于提升社会公众对公务员经济状况的了解，应通过实行"阳光工资"政策来积极保证有效的外部监督。应果断破除原有靠不规范的津补贴进行的深受社会诟病、不稳定、不透明的激励，通过规范的规则制度设计按公务员工作的知识管理属性给予公务员科学的激励，建立起长效激励机制，从而提高整个行政系统的运行效率，建设廉政、透明、高效的政府。

实行三公经费改革与公务员工资联动增长的"新激励方案"。首先，把公务中发生的费用货币化，将"三公"经费预算落实到个人，把公款消费变为私款消费，通过"节约奖"形式，鼓励个人节省"三公"经费开支。在公款消费和公费旅游方面，超过预算的部分由公务员自行承担；而不足预算的部分则以一定的比例作为"节约奖"在次年直接返还公务员本人。在公车消费方面，分别按照自驾、自己开公务车，以及既配公车又配司机等四种不同情形，积极鼓励公车带头使用新能源车。其次，加强"三公"经费使用的透明度，引入公众监督，鼓励各级单位细化财政预算，"其他项"的金额不能超过总支出预算的 10%。第三，废除"三公"经费决算小于预算时，次年预算必须下降的做法。[①]

5 国有企业薪酬体系改革呼吁分配公平正义

习近平总书记曾在 2014 年 8 月中央全面深化改革领导小组第四次会议上指出，"要逐步规范国有企业收入分配秩序，实现薪酬水平适当、结构合理、管理规范、监督有效，对不合理的偏高、过高收入进行调整"，并强调，"国企负责人没有'职务消费'，按照职务设置消费定额并量化到个人的做法必须根除"。

(1) 国有企业薪酬体系改革具有现实意义

国企负责人薪酬究竟该拿多少，一直以来都是国资国企改革中颇具争议的难点与焦点之一，这个问题既关乎全国收入分配差距扩大背景下如何推动国企收入分配改革，也涉及国有企

① 常亚青、李凌、权衡：《公务员收入与福利首先要平衡起来》，《东方早报》2014 年 3 月 11 日。

业如何根据现代企业法人治理结构要求，形成科学的激励约束机制，因此，从凝聚各方力量，形成改革共识来说，类似国企高管收入奇高现象必须改变。

国企薪酬体系的改革与完善，必须适应现代企业法人治理结构的内在要求，应当形成一种科学的激励约束机制，这是推动国企改革和创新发展的内在动力。但是，在我国社会经济转型期，现有薪酬体系与结构不合理，既存在对国企高管激励不足、与绩效不挂钩的问题，也有少数国企高管收入偏高、收入不透明和存在大量职务消费等不规范问题；尤其是在产权规制缺失、现代企业治理结构不完善的一些资源类垄断行业，后一类问题或许更为严重，并对其他行业产生"看板"效应，形成了少数既得利益群体，严重影响到社会公众参与改革的积极性。因而，在全面深化改革中，亟须更好地发挥绩效薪酬对国企高管的激励与约束作用，不能让国企高管奇高收入成为"长期饭票"。具体来说，有这样几方面的积极意义：

一是有助于形成合理有序的国有企业收入分配秩序，将国企高管的薪酬水平同企业绩效、领导才能紧密挂钩，并发挥国有企业在促进社会公平公正的垂范作用。

二是有助于夯实管理要素参与收益分配的实践基础，通过科学考核评价激发各种要素活力竞相迸发，让一切创造社会财富的源泉充分涌流。

三是有助于构建与完善国企高管的薪酬决定机制，在规范收入分配秩序的前提下，只有把薪酬体系中能够体现管理者贡献的部分给足，才能真正体现绩效薪酬对国企高管的激励作用。

四是有助于增强国有企业的营运效率和创新动力，通过规范收入分配秩序，将国企的发展目标与国企高管职业发展目标最大限度地捆绑在一起，形成共同利益的长期预期与约束机制。

（2）国有企业薪酬体系改革与有效激励约束机制及其共享发展

国有企业薪酬体系改革要按照"坚持国有企业领导人员收入与职工收入、企业效益、发展目标联动，行业之间和企业内部形成更加合理的分配激励关系"，并运用"制度加科技"方法，严格规范国有企业管理人员职务待遇、职务消费和业务消费。除此之外，还可以从以下三方面加以配合与推进：

首先，在分类考核的基础上，继续探索国企高管薪酬激励的有效形式。国有企业按照目标定位与业务属性，可以分为竞争类、功能类和保障类三类。其中，竞争类整体上市的企业，是薪酬体制改革的重点，应继续在分类考核的基础上，完善国企高管薪酬体系设计，实施以股票期权、限制性股票和"激励基金＋个人购股"等形式为主的股权激励，并适时引入延期支付的"金手铐"制度，鼓励国企高管对企业长期收益的关注。

其次，对于资源类垄断行业的国有企业，要加大去行政化改革力度，实行政资分开、政企分开。在竞争性领域引入产权多元化经营，成立公众公司，形成混合所有制经济，构建国资有序流动的常态机制。对部分上市公司股权和非上市公司股权等进行统筹管理和市场化运作，通过国有资本运作平台和市场化机制，实现"资源、资产、资本、资金"的良性循环，形成改革的先行先试经验，为加快基础设施建设、保障和服务民生等提供支持。

第三，强化社会监督与管理，取消与国有企业行政级别制度相关的配套待遇。国有企业套用行政级别，是带有浓厚计划经济色彩的现象，取消国有企业实际上存在的行政级别及其相应待遇，对于理顺利益分配关系，规范收入分配秩序，实现用人制度由身份管理向岗位管理转变十分重要。这需要政府对取消国有企业行政级别的改革制定更为细致的配套措施与跟进机制。同时，主管部门应加大对国有企业内部利益分配自主权合理使用的监督力度，让国有企业领导层薪酬待遇主动接受公众舆论监督与社会公平的检验。①

---

① 李凌、权衡：《国企高管奇高收入怎能是"长期饭票"》，《解放日报》2014 年 8 月 25 日。

6 构建中国特色新型劳动关系与共享发展

《中共中央国务院关于构建和谐劳动关系的意见》明确指出，劳动关系是生产关系的重要组成部分，是最基本、最重要的社会关系之一；并且强调"劳动关系是否和谐，事关广大职工和企业的切身利益，事关经济发展与社会和谐"。

(1) 拓展中国特色新型劳动关系的内涵和认识

一个值得讨论的核心问题是，如何正确认识中国特色社会主义劳动关系的内涵。 比如，中国特色劳动关系应当包括哪些方面的内容？ 尤其是中国特色社会主义市场经济体制下，劳动关系的本质是什么？ 其与资本主义市场经济下劳动—资本的关系有何不同？ 社会主义市场经济与全球化、信息化、工业化、城镇化、法制化等诸多新要素相结合，市场经济下的劳动力市场结构有何新特点？ 总的一个认识和想法就是，在推进社会主义市场化改革和创新发展过程中，中国特色劳动关系不是一般意义上的劳动或者西方资本主义条件下的劳资关系；相比较而言，中国特色劳动关系更为根本性的问题是收入分配和利益关系问题。 应当正确认识并积极适应中国特色新型劳动关系的新内涵、新趋势和新常态。

一是中国特色劳动关系问题表现为国民收入分配结构意义上的劳动者报酬偏低，是一个劳动工资分配问题。总体上来看，在国民收入初次分配和再分配中，国家、企业以及劳动者报酬三者中，劳动者报酬以及居民收入所占国民收入的份额逐渐下降，劳动者报酬无论是纵向比较，还是同国际比较，总体收入占比都比较低。劳动者报酬占比较低，表明总体国民收入分配格局不合理，宏观收入分配关系扭曲，消费需求在短期内也很难成为拉动经济增长的动力。因此，从宏观国民收入分配来说，中国特色劳动关系第一个问题就是劳动者报酬、政府收入以及资本所得之间如何能够保持一个合理的关系。这既对经济增长十分重要，也对社会公平正义十分重要。

二是中国特色劳动关系问题表现为城乡收入分配差距不断扩大背景下中国劳动力市场二元结构问题。由于城乡二元结构劳动力市场并未形成一个统一有序有效竞争的机制，中国城乡居民收入差距扩大的同时，城乡劳动力市场刚性特点不断持续并延伸到城市内部。中国的城乡二元结构并未因为城镇化而不断消除，反倒由于户籍制度等问题的存在不断加固，并且产生了一系列城市内部的诸如农民工问题、劳务派遣工问题等，同工不同酬问题严重。这个意义上的劳动关系问题，实质上是劳动力市场分割以及由此造成的城乡公共服务不平衡，背后其实就是劳动力市场下存在的权利、规则和机会的不公平问题。因此，从城乡二元结构来看，中国特色新型劳动关系亟待解决的核心问题是如何破解城乡劳动力市场二元结构，如何实现劳动者之间的机会公平、权利公平和规则公平。这必然要求从深化户籍制度改革、财政税收改革、公共服务均等化建设等入手加以解决。

三是中国特色劳动关系问题涉及企业经营者(管理者)与一线工人工资增长的关系问题。随着市场化改革以及各类要素按照贡献大小取酬，我国企业经营者薪酬问题包括国有企业经营者薪酬机制、民营企业经营者薪酬机制以及外资企业经营者的薪酬机制等，都引起人们的关注，特别是所谓的高管高薪问题格外引人注目。而另一方面，由于一线工人工资增长尚未形成正常机制，因此工资收入与企业经营者薪酬水平差距较大。对经营者薪酬水平一方面要看到是管理要素、复杂劳动的所得和合理收入，但是也有一些不合理的要素如少数腐败现象、灰色收入、不合理的职务消费等，反映了收入分配秩序不规范、不合理，导致企业经营者与一般劳动者尤其是一线工人工资之间收入差距过于悬殊。中国特色劳动关系需要处理的另一个问题就是亟待解决一线工人工资收入正常增长机制，亟待规范企业经营者尤其是国有企业经营者的薪酬体系，甚至形成合理有序的劳动收入分配关系和秩序。

四是中国特色劳动关系问题要正确认识和处理非公有制经济下的劳动—资本关系问题。我国以公有制经济为主,多种所有制经济共同发展的基本经济制度决定了非公有制经济必然存在,必然鼓励和支持发展,这有利于促进社会生产力的发展。但是毫无疑问,非公有制经济内部的劳动关系必然会以劳动—资本关系表现出来,而且由于是私有制经济、外资经济,必然存在追求利润最大化的特点,不可避免地存在一定的"强资本—弱劳动"的利益分配格局。因此,中国特色新型劳动关系必然遇到社会主义市场经济下的劳动—资本关系问题。这种劳动—资本关系也会以"剥削",甚至"压迫"等形式出现和存在,导致劳动—资本对抗、利益冲突甚至群体性事件出现。无疑,中国特色新型劳动关系需要正确认识和处理好非公有制经济内部的劳资关系问题和利益对抗问题,这也是中国特色新型劳动关系的重要组成部分。

五是中国特色劳动关系问题要正确认识和处理土地产权制度改革与农民财产性收入分配问题。随着农村土地制度的改革,农村剩余劳动力进入城市,通过城市就业获得工商业的收入;但是土地如何成为保障农民财产性收入的重要来源,这便是亟待思考和加以解决的问题。毫无疑问,土地作为农民的重要生产资料和生产要素,理应根据市场配置资源的作用,发挥土地的最大效用,提高土地资源的利用率;同时,让农民以土地作为资本，按照市场化原则获得自身的财产性收入。 但是，众所周知，由于土地制度改革市场化并未真实体现价格机制的作用，因此在快速城镇化和工业化进程中，许多农民变成"失地农民"；由此也导致很多农民集体上访，农民的土地合法权益得不到保障。 因此，中国特色新型劳动关系还应当充分考虑土地要素和农民的关系，合理有效保护好农民的合法权益，是中国特色新型劳动关系的核心内容。

六是中国特色劳动关系问题要处理好劳动要素收入与非劳动要素的收入分配关系。 随着我国实行按劳分配为主，多种分配制度并存，按劳分配与按要素分配相结合的收入分配制度，劳动者的收入来源多元化了，既有劳动的工资收入，也有许多非劳动要素的收入；既有合法合理的收入，也有不合理不合法的收入。 因此，除了保护一切合法的合理的劳动收入与各种非劳动收入以外，也要依法取缔和打击各种非法所得和灰色收入，净化收入分配环境，改善收入分配秩序。 因此，中国特色新型劳动关系要处理好劳动的收入与非劳动收入分配的关系，在确保劳动收入多元化的同时，更要讲求规范化、有序化、秩序化。

七是中国特色劳动关系问题涵盖法制化条件下的劳动关系问题。 随着我国不断加强依法治国，人民群众的法治意识、法治观念以及维权意识等也在不断加强。 许多劳动纠纷、维权事件就是劳动者拿起法律武器，依法依规维护自身合法权益的问题。 这一方面说明我国法制建设不断加强，法律体系不断完善；另一方面说明劳动者法律素质和维权意识的加强，反映了劳动关系的一种社会进步。 人们对当下以及未来劳动关系的认识、理念等也要发生改变，要看到全面依法治国正在客观上不断推进和改善我国的劳动关系，中国特色新型劳动关系也要适应这种新常态。

八是中国特色劳动关系问题必然反映信息化条件下的新型劳动关系问题。 随着信息技术、科技革命的不断深化，许多新技术、新业态、新产业等层出不穷；尤其是进入互联网时代，劳动要素内部出现分化，有些是反映科技进步的高级劳动要素、高级人力资本，如科技创新者、技术发明人、新商业模式引领者等，他们必然借助信息技术等获得更高的劳动报酬和收入；有些就是劳动节约型的技术进步，如机器人的广泛运用等，产业发展日益凸显技术密集型、资本密集型等发展方式。劳动要素在一定程度上既是一种"被边缘化"，也是一种传统产业、传统工业生产方式下的"被解放"；而有些劳动无法适应现代科技进步和产业升级转型的要求，由此许多行业出现"失业"等问题也就在所难免。 关键是政府要做好就业扶持措施和教育培训计划，合理解决技术进步带来的信息劳动关系问题，这也是中国实施创新驱动发展的新动力下的一种新常态。

九是中国特色劳动关系问题要反映服务经济时代的劳动关系的新问题。传统经济条件下，人们看到更多的劳动关系问题、劳资问题等，都是工厂（工场）生产方式下发生的，这反映了工业化时代以及制造业作为国民经济主要产业的发展背景。在制造业和工业化时代，由于专业分工等本身的作业特点，劳动生产率相对较高，从而决定了劳动者的收入水平也比较高，或者说劳动者收入增速也比较高。但是随着服务经济占比不断提高，经济发展进入服务经济为主的阶段以后，尽管进入服务部分的劳动者就业会不断增长，但是劳动生产率出现类似"鲍莫尔成本病"的现象下降。服务经济时代较为缓慢的劳动生产率决定了劳动收入增速也会放慢。这一点对不断加快经济结构调整、提升服务经济比重的中国经济转型升级来说，同样不可能避免。从未来中国不断进入后工业化时代，服务经济发展占比不断提高的趋势来看，中国特色劳动关系也要适应服务经济条件下的新型劳动关系的新常态。

十是中国特色劳动关系问题要充分反映全球化背景下价值链分工体系与中高低端劳动的关系。众所周知，中国经济高速增长的重要秘诀在于过去三十多年来要素禀赋决定的人口红利，进而在全球化分工格局下，全球产业链中劳动加工环节具有全球比较优势，因此中国的加工贸易获得了空前发展，中国由此也成为"世界工厂"。其实，这里的世界工厂应当是"世界加工厂"，即在全球化不断推进的产业分工、产品内分工等新格局下，中国在全球产业链和全球产业分工体系中的地位就是产品加工和组装环节，由此也处在全球价值链的中低端；而全球价值链的高端部分如研发、设计、品牌、营销、网络等高附加值基本上在发达国家。由此形成的中国产业微笑曲线中低端结构，也就决定了中国劳动者收入和回报较低，即相当于劳动加工费和组装成本部分。如果说过去三十多年来中国巨大的人口红利还能够支撑这种产业分工体系的话，在现在中国劳动力人数增速开始下降，人口红利趋于减少的背景下，未来显然无法继续支撑这种低端、低附加值的产业链和价值链。显然，在我国产业转型升级过程中，劳动关系也会发生一系列深刻变化，带来一系列深层次的问题和矛盾。我们显然不能够回避中国产业结构调整和升级转型过程的新型劳动关系的新特点、新趋势和新常态。[①]

(2) 全面深化改革与构建和谐共赢的劳动—资本关系

在《21 世纪资本论》中，法国经济学家皮凯蒂分析了当代资本主义世界中雇佣劳动与资本的关系，以翔实的历史统计数据，揭示市场经济条件下，资本主义社会财富和收入分配贫富

---

① 权衡:《中国特色劳动关系的新内涵和新趋势》,《探索与争鸣》2015 年第 8 期。

两极分化日益扩大的长期趋势。 尽管皮凯蒂的分析框架、分析方法甚至分析结论，与马克思对劳资关系的政治经济学批判和分析完全不是一回事，但皮凯蒂提出的重大问题及其研究思路所依据的史实，无疑会引起人们对今天中国社会主义市场经济下劳资关系的收入分配差距问题的关切和深入思考。

从马克思的经典分析到皮凯蒂的实证研究，从当代西方资本主义危机重重的实践，到中国社会主义市场经济发展进入新常态，劳动—资本关系问题始终是社会经济运行的微观基础，是全部经济社会发展的"轴心"问题。 早在1868年，恩格斯为《资本论》第一卷撰写的书评就指出："自从世界上有资本家和工人以来，没有一本书像我们面前这本书那样，对工人具有如此重要的意义。 资本和劳动的关系，是我们全部现代社会体系所围绕旋转的轴心，这种关系在这里第一次得到了科学的说明。"马克思把劳资关系看成是资本主义社会的基础，形成了成熟的劳资关系理论。 资本积累导致的社会贫富两极分化，是马克思揭示的资本积累一般规律的核心。 一方面，资本作为物化了科学技术的生产资料以及货币，具有提高生产、扩大市场、促进生产力发展、带来人类物质文明和社会进步的革命性。 另一方面，资本内在的"价值增殖过程"生产关系的拜物教性质，又无时无刻不在吮吸劳动力商品创造的剩余价值，摧毁工人阶级自身发展的生产力。

　　当前中国社会劳资关系问题的突出表现是社会收入分配差距的扩大。这与马克思分析的资本主义制度劳资对抗的矛盾具有本质的不同。在中国社会主义初级阶段"以公有制为主体，多种所有制经济共同发展"的基本经济制度前提下，社会主义市场经济具有将劳资关系的全面对抗性转化为非对抗性的一系列机制。从总体上来说，二者的矛盾更多地体现为劳资双方对经济分配利益的不同诉求，而非根本对抗的阶级斗争关系。或者说，这些矛盾往往表现为社会主义劳动所有权和资本所有权在各自实现过程中发生的对立统一关系。一方面，社会主义初级阶段的性质及其根本任务，决定了进一步解放和发展生产力，必须利用资本的力量、私有制经济的一定发展，充分运用商品货币关系。这样就不可避免地因资本逐利最大化而产生排挤劳工利益的分配问题。另一方面，对分配利益经济诉求的不同方式，涉及劳动和资本两大生产要素如何公平公正地参与社会最终产品的分配，这是影响当前我国劳资关系发展趋势的实质所在。

　　我国目前的资本对劳工的强势地位，从根本上说，是中国长期推行快速但不平衡的工业化和城镇化为主导的经济发展方式决定的。其背后的实质在于，微观生产要素价格体制机制市场化改革不到位，以及政府公共服务均等化体系建设滞后，造成劳动与资本的机会不公平、权利不公平和规则不公平问题。 因此，必须正确处理市场与政府的关系，通过全面深化改革，重点推动要素市场化改革，转变政府职能，强化公共服务均等化，大力转变发展方式，重新构建劳资共赢的和谐关系，才能为中国经济新常态奠定稳定的基础。①

---

① 权衡:《皮凯蒂的资本论与中国劳资关系实践》,《中国社会科学报》2015 年 1 月 19 日。

要把更好发挥市场在资源配置中的基础性作用作为下一步深化改革的重要取向,加快形成统一开放、竞争有序的市场体系,着力清除市场壁垒,提高资源配置效率。

——2013 年 7 月 23 日习近平在武汉召开部分
省市负责人座谈会时强调

中国将加强市场体系建设,推进宏观调控、财税、金融、投资、行政管理等领域体制改革,更加充分地发挥市场在资源配置中的基础性作用。

——2013 年 9 月 5 日习近平出席二十国集团领导人
第八次峰会时发表的讲话

使市场在资源配置中起决定性作用、更好发挥政府作用,既是一个重大理论命题,又是一个重大实践命题。在市场作用和政府作用的问题上,要讲辩证法、两点论,"看不见的手"和"看得见的手"都要用好,努力形成市场作用和政府作用有机统一、相互补充、相互协调、相互促进的格局,推动经济社会持续健康发展。

——2014 年 5 月 26 日习近平主持中央政治局
第 15 次集体学习时强调

第八部分
经济新常态与新宏观调控

■ 面对经济全球化的新阶段和中国经济新常态，我们必须创新宏观调控体系，深化体制机制改革，尤其是通过转变政府职能，构建引领、适应经济发展新常态这一大逻辑的新型宏观调控体系。

■ 中国经济增长面临的、挑战，表现出来的其实是中国经济深层次供给结构、投入结构及其内在的制度、组织和体制性问题，具有长期性、复杂性和艰巨性的特点。如果仅仅从需求分析出发，立足于短期性分析和经济波动特点，显然不能十分有效地解释中国经济增长的问题。因此，中国经济的宏观调控必须走出一些解释的误区，回到增长理论与供给管理的解释轨道和范式上来，实现长期增长的稳定和均衡目标。

■ 如何适应经济新常态要求，进一步加强和改善

> 宏观调控,是我们面临的一项重大任务。适应和引领新常态,关键在传统宏观调控的目标的基础上,完善与扩充宏观调控目标体系,应该增加绿色增长、产业结构调整、促进创新、公平发展与全面深化改革五项新目标。

中国经济正在进入新常态。面对经济新常态,我们需要探索能够适应经济发展新常态的新型宏观调控体系。中共十八届三中全会指出,"科学的宏观调控,有效的政府治理,是发挥社会主义市场经济体制优势的内在要求。必须切实转变政府职能,深化行政体制改革,创新行政管理方式,增强政府公信力和执行力,建设法治政府和服务型政府。"面对经济全球化的新阶段和中国经济新常态,我们必须创新宏观调控体系,深化体制机制改革,尤其是通过转变政府职能,构建引领、适应经济发展新常态这一大逻辑的新型宏观调控体系。

1　宏观调控思路创新：从强刺激到深改革

(1) 宏观调控体系面临新环境和新问题

中国宏观调控体系亟待改革和创新。在中国三十多年经济高速发展中，中国特色的宏观调控体系发挥了重要的作用。 但是，随着市场化改革的不断深化，随着中国经济进入新常态，经济增长速度转向中高速，结构调整和升级转型进入关键期，经济增长动力面临从要素驱动向创新驱动转型。 顺应这个发展大逻辑，中国政府职能和宏观调控体系亟待改革和转型。

中国经济下行压力加大，究竟出台"刺激经济"的政策确保经济短期增长，还是通过深化改革，调整结构，促进转型，保持经济长期稳定增长。 宏观调控又一次站在了十字路口。中国宏观调控的模式亟待改革和创新，不仅是中央提出全面深化改革的战略部署的重要组成部分，也是完善和提升国家治理体系和治理能力的必然选择。

首先，传统宏观调控方式的后遗症日渐明显，老的调控理念和路径已经难以为继。 一是老的调控方式是一种增长导向型的调控，容易造成更多的经济波动和更短的波动周期，往往越是调控经济，增长波动性越强，所谓多年来形成的"一放就活，一活就乱，一调就收，一收就死"的调控怪圈，其背后就是"唯 GDP 的调控思维"。 二是老的调控方式实际上带来很多失误和后遗症，例如现存的产能过剩问题、地方政府债务风险问题、影子银行问题、房地产行业的风险等，这些问题与风险相互影响、互为因果，初始原因就是不恰当的宏观调控方式；尤其是经济运行中出现的结构性困境，在宏观层面，突出表现为原有的货币发行思路与实体经济增长率不一致，即现有的货币发行实际上已经无法形成实体经济的有效增长率；而在微观层面，在投资驱动的增长框架下，企业投资预期利润率与银行利息率不匹配，即资本投资的边际收益下降，微观投资意愿严重不足，这可能是目前宏观调控遇到的一个大难题。三是老的宏观调控更多注重政策性调节，忽视深化改革，甚至以宏观调控代替深化改革，造成政府职能转型缓慢，行政性审批制度改革和负面清单管理体制改革进展缓慢等问题。

其次，全球经济环境和制度条件有了新变化和新趋势，客观上要求改革和创新我国的宏观调控方式。从短期来看，2014年美国量化宽松货币政策的调整和实时退出，也意味着危机以来全球性货币政策走势正在发生改变；中国宏观调控，在短期内必须应对全球经济和主要国家货币政策的改变而作出及时调整；从长期来看，全球经济运行和贸易规则正面临重构和重建，全球产业链、价值链和创新链正在发生深刻变化，过去强调贸易和货物流动的便利化，现在强调投资的便利化，因此政府宏观调控的重点，应是为符合国际惯例的公平竞争、投资准入国民待遇以及负面清单和投资便利化创造条件。同时，全球经济市场和产业链、价值链、创新链的重构，都要求宏观调控更加突出市场化以及贸易更加便利化的新要求，因此必须改革政府审批制度，转变政府职能，减少政府对微观事物的管理。

第三，中国经济增长面临的新问题、新需求也需要改革、创新宏观调控方式。从经济增长角度来看，当下中国经济需要一个全新的创新驱动经济增长的新模式，这种经济增长模式不是过去大起大落的超常规增长；是一个由人口变量、技术变迁等决定的内生性的增长，而不是仅仅依靠政策变量刺激产生的、带来大量后遗症的增长；是一个有质量有效益的增长，而不仅仅是一个单纯追求 GDP、盲目扩张的增长；是一个更强调经济增长效率的增长，而不仅仅是体现增长率的增长；是一个经济社会和生态协调、可持续的发展，而不是付出巨大生态代价、低效率使用资源能源的增长。因此，宏观调控必须把如何打造"中国经济升级版"作为首要任务，而非简单地以支撑高增长优先为导向和目标。[①]

(2) 宏观调控须着眼于内生性增长与包容性发展新目标

中国经济已经进入一个新的发展阶段。这个阶段有两大发展目标：一是成功跨越中等收入陷阱，进入中高收入发展阶段；二是转换经济增长的动力机制，形成内生性增长机制。2015 年我国人均 GDP 达到 8 000 美元，已经进入中等收入偏上或者说中高收入发展阶段。根据国际经验，这个阶段的战略性任务就是防止经济发展中出现增长速度下降、收入差距扩

① 权衡：《从"强刺激"到"深改革"：宏观调控模式亟待创新》，《文汇报》2014 年 5 月 13 日。

大、产业升级困难、技术创新缓慢、社会矛盾激化等所谓的中等收入陷阱现象。 需要特别指出的是,中等收入陷阱的实质就是经济增长源泉与动力枯竭,导致增速放缓;与此同时,收入差距和不平等扩大,使得经济社会系统长时期缺乏动力,尤其缺乏创新发展的新引擎,进而引发系统性矛盾。

就中国发展而言,急需解决的是收入差距扩大、经济增速放慢,以及两者交织可能带来的一系列新矛盾。 未来 8—10 年,正是中国经济发展能否成功跨越中等收入陷阱的关键阶段,一旦跨越成功,中国会顺利进入中高收入国家行列。 基于此,宏观调控必须把重点放在如下两方面:

第一,宏观调控必须通过推动包容性发展,实现公平正义,实现分享型的经济发展和真正的增长奇迹。 经济学关注经济增长和财富分配两大基本命题,只有处理好两者关系,经济学的最终目标,即社会福利最大化才能够实现。 中国经济前一个时期的高增长已经在速度上创造了奇迹,接下来必须高度重视经济增长的公平与分享。 顺应这个需要,政府调控的目标应从效率增长转向公平型发展,通过营造机会公平、权利公平和规则公平的氛围,实现包容性增长目标。

第二,宏观调控必须实施创新驱动发展新战略,培育经济增长的内生动力。 中国经济过去三十多年的增长主要依靠发挥比较优势,充分运用人口红利、全球化红利,借助廉价的要素价格实现了廉价的工业化和快速城镇化发展，宏观调控的最大特点就是通过放权让利，调动各方面积极性，充分挖掘要素红利，实现经济低成本的快速扩张。 但是到了今天，随着资源和要素比较优势衰减，特别是劳动力、土地等要素成本急剧上升，经济增长的廉价时代即将告别，需要有新的增长方式和新的动力源泉。 换句话说，经济增长必须依靠全要素生产率(TFP)的提升和资源配置效率的改进，实现内生性增长。 因此，宏观调控接下来的重点应放在培育创新主体、营造创新环境、激化创新活力、培育增长的内生动力等方面，而非直接刺激或者干预经济增长本身。

(3) 走向供给管理和长期均衡增长的新理念

参考宏观经济形势和外部条件的变化，以及中国经济发展的新阶段、新问题和新要求，宏观调控不仅要方式创新，理念和思路也必须改变和调整。 中国未来的宏观调控必须走向供给管理和长期均衡增长的新理念。

我国的宏观调控基本上遵循的是凯恩斯主义的需求管理思路和范式。 凯恩斯主张通过短期的强刺激计划，应对有效需求不足和危机问题。 多次危机后，各国的短期刺激计划和需求管理政策证明了凯恩斯的这一主张是有效的。 人们一般倾向于认为凯恩斯主义需求管理方式具有典型的反危机式的逆向调节特点,并且具有明显的需求分析和短期分析特点。

但是,实现经济长期稳定和长期增长双重目标,是属于供给管理层面的问题,其不仅由经济长期增长的特性决定,而且也符合经济学和经济增长理论的分析逻辑。马克思在其经典政治经济学中分析资本主义经济运行时,分别从具有内在逻辑一致性的价值论、生产论出发,立足供给分析,建立了经典的劳动—资本关系分析框架;关注长期增长的现代经济学也是通过建立生产函数理论,围绕劳动—资本要素投入结构,形成著名的索罗斯旺"均衡增长理论"。透过增长理论的这一分析框架,可以清晰地看到,长期经济增长理论其实就是从供给出发,即关注供给层面的要素投入的数量、结构以及制度和体制的变化。

中国经济增长面临的、挑战,表现出来的其实是中国经济深层次供给结构、投入结构及其内在的制度、组织和体制性问题,具有长期性、复杂性和艰巨性的特点。如果仅仅从需求分析出发,立足于短期性分析和经济波动特点,显然不能十分有效地解释中国经济增长的问题。因此,中国经济的宏观调控必须走出一些解释的误区,回到增长理论与供给管理的解释轨道和范式上来,实现长期增长的稳定和均衡目标。

(4) 改革和完善新型宏观调控体系

中共十八届三中全会指出,科学的宏观调控,有效的政府治理，是发挥社会主义市场经济体制优势的内在要求；要发挥市场在资源配置中的决定性作用和更好发挥政府作用；加快政府职能转型，深化行政性审批制度改革，加快建设法治政府和服务型政府。这已为加快改革和创新宏观调控方式指明了方向，也为改善宏观调控的效能提出了新的要求。

面对我国经济下行压力，中央政府多次表态不会推出"强刺激政策"，并明确指出"我们不会为经济一时波动而采取短期的强刺激政策，而是更加注重中长期的健康发展，努力实现中国经济持续健康发展"。为此，必须正确处理好政府与市场的关系，跳出增长型宏观调控，围绕"结构调整，促进转型，深化改革"的调控重点，创新调控理念和思路，推动中国经济持续稳定增长，完善与"中国经济升级版"内在要求相一致的新型宏观调控体系。

第一，改革宏观调控导向，培养经济增长的内生性动力。宏观调控应培育公平竞争的市场环境，发挥市场主体在自主创新和发展转型中的主导作用和引领作用。

第二，创新宏观调控手段，以深化改革增强宏观调控的动力。坚持以全面深化改革完善宏观调控手段体系，提升宏观调控的水平和能力。

第三，创新宏观调控思路，推动需求管理转向供给管理。立足中国经济供给层面的要素投入数量、结构及其体制机制矛盾和困境，注重供给关系，推动技术创新和供给管理、产业结构升级和调整，提升整体供给管理的水平，实现"供给创造需求"的管理效应。

第四，创新宏观调控理念，推动短期增长目标管理转向长期发展管理。遵循经济的内在规律，处理好市场和政府的关系，坚持宏观调控中"市场的归市场，政府的归政府"的新思路，结合中国经济增长长期存在的问题和需求导向，弱化短期增长的总量平衡管理思路，强化长期增长的稳定和均衡管理思路，确保实现经济长期发展的目标。①

2　新常态下宏观调控要有新目标

(1) 传统宏观调控体系的目标及中国的实践

传统的宏观经济理论认为，宏观调控四大目标是物价稳定、经济增长、充分就业和国际收支平衡。西方发达国家在近百年来的政府干预市场经济实践活动中逐渐认识到，在让市场经济机制对微观经济活动加以自动调节的同时，政府不能放弃对市场经济宏观层面的调节和控制。我国在 1992 年正式选

---

① 权衡：《从"强刺激"到"深改革"：宏观调控模式亟待创新》，《文汇报》2014 年 5 月 13 日。

择市场经济体制之后，宏观调控成为我国社会主义市场经济体系和运行机制的重要组成部分。

其中，经济增长目标以实际 GDP 为代表性指标，代表产品产量与服务数量的增加；物价稳定目标以 CPI 为代表性指标，主要针对的是各种类型的通货膨胀；充分就业目标以失业率为代表性指标，代表排除摩擦性失业之后的结构性失业、需求不足失业、寻找失业；国际收支平衡目标以国际收支平衡表的会计账户为代表性指标，表示在特定的时间段内衡量一国对所有其他的交易支付。

以凯恩斯主义为代表的宏观经济主流理论构建了对这四大目标的基本理论解释，经济增长和充分就业两大目标在本质上是一致的，即经济保持快速增长有利于缓解就业压力。内部矛盾主要产生于物价稳定与经济增长之间，过高的经济增长通常会带来高通货膨胀率。经济增长目标在于平和经济周期波动，从而实现经济长期稳定的增长。稳定物价目标在于实现国民经济在低通货膨胀率水平下稳定高速增长。央行通常会设定一个通货膨胀目标值，在此通货膨胀值下达到既有利于经济增长又不会有通货膨胀压力的目的。

因此，三十多年来，我国宏观调控的主要目标可以归结为以下两点：第一，熨平经济周期波动，即降低实际产出与潜在产出之间的偏离程度；第二，将通货膨胀率稳定在目标范围之内，即缩小实际通货膨胀率与目标通货膨胀率两者之间的偏离程度。如果经济能够以较高速度平稳增长，同时又不引起通货膨胀压力，社会就业状况得到改善，就表明宏观调控的有效性越好；反之，经济在"短期内"大起大落，通货膨胀持续恶化，则表明宏观调控的有效性越差。

相对于西方国家的宏观调控以物价稳定作为核心目标，中国宏观调控目标更加宽泛，在关注物价稳定的同时，还将"稳增长"与"调结构"视为长期锚定的核心目标。一方面，由于中国的市场机制尚存在许多不完善之处，价格信号无法全面反映实际经济运行状况。1988年"物价闯关"失败后，商品价格在1992年才逐步实现市场化，而土地、资本及劳动力等要素价格的市场化改革至今尚未完成。另一方面，与西方国家接近或处于增长稳态不同，中国经济在改革开放以来面临着实现全面小康社会目标和迫切任务以及结构和制度的深刻转型。这使得宏观调控既要保证经济快速增长，也要实现结构内部的"有保有压、有扶有控"。"稳增长"与"调结构"的重要性不亚于"控通胀"。在四大核心目标的基础上，政府在特殊时期还可以根据经济形势的需要，灵活地扩充宏观调控目标。比如，进入21世纪以来淘汰落后产能与抑制房价过快上涨等均曾被列入宏观调控的目标之中。随着新常态下经济运行态势的不断复杂，宏观调控又针对性地加入"惠民生""抓改革""促和谐""防风险"等目标①。

(2) 新常态下我国宏观调控的新目标

近几年中国经济逐步进入新常态，正面临许多未曾经历的新变化。 短期内"三期叠加"给予经济运行巨大的下行压力；长期以来支撑经济增长的人口红利、改革红利、全球化红利以及工业化红利均在不同程度地消退。 但是，宏观调控体系却未相应地作出根本性调整，只是在保证政策连贯性与稳定性的基础上更加注重"微调预调"与"定向调控"。 由此，宏观调控在新常态下的调控效率出现了显著下降，经济的下滑势头难以如以往一样得到有效遏制。 2012 年以来中国经济的产出缺口一直处于 -1.8% 左右；GDP 平减指数也在持续下滑并已由正转负，在 2015 年步入 0.3% 至 -1.0% 的紧缩区间。 回顾历史，产出缺口与 GDP 平减指数同时为负的现象仅在 1998 年亚洲金融危机时期与 2008 年金融危机时期出现过，而本次却是在未有剧烈的外部冲击下发生的，足以凸显中国经济面临的严峻局面与宏观调控体系转型的必要性。

在 2015 年 3 月中央经济工作会议上，党中央牢牢把握发展大势，作出了中国经济发展进入新常态的战略判断。 习近平总书记系统论述了新常态的九个趋势性变化。 经济发展新

---

① 陈彦斌等：《经济新常态下宏观调控的问题与转型》，《中共中央党校学报》2016 年第 2 期。

常态关键在"新"，经济发展必须从传统路径转到新路径、从传统动力切换到新动力。经济新常态下，经济增长速度变化，由过去近两位数的高速增长转向中高速增长的"7时代"乃至"6时代"；经济增长动力变化，由要素驱动、投资驱动转向技术进步、劳动生产率提高的创新驱动；经济增长结构变化，由以工业为主的增长转向以服务业为主的增长；经济增长质量变化，从过去更加重视经济增长速度转向更加重视经济增长质量和效益。

新常态对宏观调控提出了新要求，宏观调控应当发挥引领新常态的重要作用。中共十八大报告中提出"健全现代市场体系，加强宏观调控目标和政策手段机制化建设"，十八届三中全会决定明确指出"健全以国家发展战略和规划为导向、以财政政策和货币政策为主要手段的宏观调控体系，推进宏观调控目标制定和政策手段运用机制化，加强财政政策、货币政策与产业、价格等政策手段协调配合，提高相机抉择水平，增强宏观调控前瞻性、针对性、协同性"。

因此，如何适应经济新常态要求，进一步加强和改善宏观调控，是我们面临的一项重大任务。适应和引领新常态，关键在传统宏观调控的目标的基础上，完善与扩充宏观调控目标体系，应该增加绿色增长、产业结构调整、促进创新、公平发展与全面深化改革五项新目标。

第一，促进创新驱动，培育增长新动能。 新常态下，我国经济发展迫切要求将发展动力从要素驱动切换到创新驱动上来。 政府应当大力促进科技成果转化为现实生产力，推动我国产业跃上全球竞争新的制高点，催生和壮大新兴业态，拓展新的市场需求，用无限的创意使有限的资源转变为更加丰富的创新成果。 以体制创新提高科技创新的效率，由市场决定创新资源配置。 继续加大财政支持力度，引导更多企业和社会资本增加研发投入，尤其要注重盘活存量，提高资金使用效率，把股权激励、科技成果处置权收益权改革等鼓励创新的政策和机制推广到更大范围，通过开放合作汇集更多创新资源、凝聚更多创造力量。

第二，调整产业结构，提高结构性效益。 目前国际经济和产业发展环境发生深刻变化，全球产业正处于新一轮的经济转型和结构调整之中。 宏观调控要重视以高新技术产业为驱动力，以现代服务业和现代制造业为发展的两个车轮，带动产业结构的整体升级，支持重点产业调整振兴和抑制部分行业产能过剩，充分激活创新发展的内生动力，加快推进产业结构调整和转型升级。

第三，实现绿色增长，提高可持续发展。 绿色发展是以环境保护与资源可持续利用为本质的经济发展模式。 在引导经济转型和绿色发展的过程中，除了以市场机制来推动企业淘汰落后产能外，政府更应该负起责任，包括制定规划、激励政策和处罚措施等，加强绿色发展的宏观调控和监管，维护市场秩序。这一目标体系在引导经济稳定增长的同时，着力转方式调结构，着力提高城乡居民人均收入增长率，着力绿色发展、循环发展、低碳发展。

第四，实现公平发展，确保社会稳定。实现公平发展，是推动经济稳定增长的基本保证之一。深化收入分配体制改革是实现公平发展的必然途径。党的十八届三中全会提出，逐步形成橄榄形分配格局，即低收入者和高收入者占少数、中等收入者占多数的分配结构。宏观调控需要在初次分配的基础上，加大再分配调节力度，加快健全以税收、社会保障、转移支付为主要手段的再分配调节机制，以增加低收入者收入、扩大中等收入者比重为重点，进一步优化收入分配格局。

第五，全面深化改革，挖掘制度红利。新一届党中央领导集体成立伊始就高举深化改革的大旗，通过释放改革红利来推动经济社会发展。政府必须以更大的政治勇气和智慧，不失时机深化重要领域改革，攻克体制机制上的顽瘴痼疾，突破利益固化的藩篱，进一步解放和发展社会生产力，进一步激发和凝聚社会创造力。为此，新型宏观调控体系也要注重引领全面深化改革，注重推动市场化改革导向和发展。

3 新常态下政府职能转变与宏观调控创新

(1) 新常态下政府职能亟待转变

党的十八届三中全会提出要发挥市场在资源配置中的决定性作用，指出新常态下政府履行职责的前提，有利于纠正改革开放以来渐进式改革中面临的政府与市场关系界限模糊，市场的主导权不清晰等问题，也为纠正政府职能的越位、缺位与错位提供了基本思路。长期以来，我国经济增长主要依赖于劳动力、土地等资源要素量大价廉的优势，通过大规模的资本投入取得高速发展。这种要素驱动、资本驱动的发展方式在短期内成效明显，但日益受到内部资源和外部市场的约束。经济建设型政府职能导向在带来基础设施建设加快的同时，也出现了行政主导的固定资产投资使用效率偏低，不能很好满足社会需求，地方政府债务压力加大等不可持续性问题。目前我国的科技创新水平依旧偏低，工业制造业处于产业链低端，很大程度与过去政府投资主导弱化企业创新紧迫感、低成本外向型出口战略路径依赖有一定关系。与此同时，长期以来高储蓄、高投资的经济增长特点是经济结构不合理的突出表现。

投资导向的增长方式带来了消费需求不旺，贫富差距拉大，三次产业结构不合理，国际收支结构不平衡等问题。新常态下，仍依赖过去外延式扩大再生产，加大投资以及过度重视工业固定资产投资等经济刺激手段对改善经济增长质量、规避潜在风险越来越不可行。

无论从经济发展的短期和长期看，实现我国经济向新常态转变的根本出路在于向改革要动力，建立有利于社会创新的动力机制，挖掘内需拉动经济增长的潜力，以科技创新提高全要素产出率，实现内生增长。必须激发市场活力，向创新要动力，关键要转换政府角色，加快行政审批制度改革，破除市场中存在的不合理垄断，通过产权制度改革，形成更多产权清晰、责任明确的市场主体，让各类市场主体在激烈的竞争中通过创新求生存。加快政府职能转变，避免政府对市场的直接干预，履行好市场监管者角色有利于市场主体降低交易成本，形成对创新的稳定收益预期，进而激发创新创业的激情，实现经济发展由要素驱动、资本驱动向创新驱动转变。同时，合理界定政府经济职能，切实履行好市场经济条件下提供公共产品、宏观调控、调节收入分配等职能。在改善供给方面，注重微观层面的商品与生产要素的价格改革，以及宏观层面财政税收、金融、国有资本等重点领域改革，以明晰的职责功能定位履行其促进经济增长的职能。政府存在的主要目标是改善和提升居民生活质量，以人为本的服务观念将促进政府改革不合理的收入分配制度，释放消费需求潜力，为经济发展提供持久的内生动力。

(2) 政府职能转变的成效与未来的思路

2013 年以来，中央政府以深化行政审批制度改革为突破口，着力推进简政放权、放管结合、优化服务，取得了明显成效。截至 2015 年 5 月底，国务院共取消或下放行政审批事项 537 个，投资核准事项中央层面减少 76%，境外投资项目核准除特殊情况外全部取消，全面清理国务院部门非行政许可审批事项，并不再保留这一审批类别[①]。总体看，政府职能转变主要围绕创新创业的体制机制瓶颈推进改革，符合新常态下激发市场活力和社会创造力的基本需求。但是，中央政府自上而下的简政放权等改革还没有完全落实到位，其中出现了值得重视的一些问题。

从各地的落实情况看，行政审批制度改革存在工作进度、深度不同，对审批要件的认定标准存在差异，地方之间保留的行政许可项目数量不同、名称不一、内容差异、上下难以对应等现象。不规范不统一的执行，在很大程度上影响统一市场的形成，其基本原因很可能在于各地与审批项目的

---

① 中共中央宣传部：《习近平总书记系列重要讲话读本》，学习出版社 2014 年版，第 39—40 页。

利益关系不同，对不同项目的关注度和重视度不一致，造成推进改革中的内在动力不一致。另一方面，政府职能转变的过程中行政主导性较强，社会参与不够。由于各地的市场成熟度不一致，社会参与政府职能转变的迫切性不一样。个人和企业诟病的证明"围城"、公章"旅行"、公文"长征"等现象，体现了转变过程中遵循部门、长官的意志，改革的精准性不够①。

其次，某些政府职能部门存在着某些"部门利益保护"风气，一些地方、部门以各种方式来规避相关制度措施，导致中央下放的行政审批制度事项的贯彻、实施不平衡，松严不一，出现人为影响改革措施现象，在很大程度上影响了政府行政审批制度改革的成效。另一方面从当前的中央与地方事权与财权关系看，财权与事权还存在不对称状态，具体表现在事责与财权的不匹配，中央政府履行职能有动力、缺乏压力，而地方政府履行职能有压力、缺乏动力。②从拥有的行政资源看，越到基层所具有的资源越缺乏，甚至出现简政放权中因能力不足难以承担上级下划的职能等现象。

针对以上出现的问题，深化政府职能转变的路径和突破口可以从以下几方面重点展开：

---

① 《习近平谈治国理政》，外文出版社 2014 年版，第 145—146 页。
② 习近平：《在会见第四届全国文明城市、文明村镇、文明单位和未成年人思想道德建设工作先进代表时的讲话》，《人民日报》2015 年 3 月 1 日。

一是引入法定清单制，明确政府与市场边界。 当前，引入法定清单制的核心在于明确政府在市场中的法定权限边界，遵循"风险导向"原则，注重预防系统性风险，以自身的经济职能弥补市场失灵。 权力清单的制定要杜绝部门将自身利益固化，清单内容不清晰，无法律依据，可操作性不强等问题。要发挥第三方专业人士、人大政协、司法机关和社会的监督作用，让权力清单真正体现规范政府部门职能权限的作用，形成有效的权力制衡链条。

二是发展政务大数据，促进管理信息共享。 解决当前政府部门间信息内容相互闭锁，互不联通的现象，关键在于破除部门利益，构建信息共享机制。 要积极推动"互联网＋"在市场服务中的运用，破除行政部门间存在的信息壁垒，形成投资者参与、社会监督、符合国际规则的信息公开制度，通过利用已有信息数据库有针对地分析市场行情，大力提升政府行政执法与服务的针对性，确保定向调控的精准性，切实提高政府履行职能的效率。

三是加快财税体制改革，推动政府职能有序转变。 确保简政放权落到实处，相应的财税体制改革作为配套需保障到位。 一方面要理顺中央与地方的事权与财权，建立地方稳定的财税来源，实现中央向地方的移权过程有序公平、严谨规范；另一方面，要特别关注省级以下政府的事权与财权，进一步深化省级以下分税制改革，形成配套的转移支付制度。①

专栏 12　里根与撒切尔如何实践"供给经济学"

供给侧改革的理论源自经济学界的供给学派。供给学派认为生产的增长决定于劳动力、资本等生产要素的供给和有效利用，市场会自动调节生产要素的利用，所以应当消除阻碍市场调节的因素。最典型的供给学派理论是萨伊定律，它认为供给会创造自己的需求，例如人们生产商品后会消费一部分，剩余的部分拿到市场上与他人进行交换，所以不会存在生产过剩。因此供给学派认为宏观调控政策的重点应该放在刺激生产上。

供给学派与凯恩斯主义相对立。在 20 世纪 30 年代之前，供给学派占据主流地位，各国的经济政策也更关注生产。但大萧条时期出现了产能过剩的局面，这是供给学派难以解释的，于是凯恩斯主义提出的经济有效需求不足、应该刺激总需求的观点开始盛行。到了 20 世纪七八十年代，美欧等经济出现高通胀、高失业的滞胀，与凯恩斯主义的观点相违背，供给学派又占据了主流。由于凯恩斯主义是见

---

① 习近平：《在会见第四届全国文明城市、文明村镇、文明单位和未成年人思想道德建设工作先进代表时的讲话》，《人民日报》2015 年 3 月 1 日。

效非常快的逆周期调节工具,滞胀过后,各国政府经受不住"诱惑",凯恩斯主义观点又开始大行其道。

从实践看,减税和减少政府对经济生产的干预是供给侧改革的典型做法。里根经济学(Reaganomics)和撒切尔主义(Thatcherism)是对供给学派观点的典型实践,它们的共同点是减税和减少政府对生产的干预,且前者注重减税,后者注重国企私有化。

根据 Laffer 曲线理论,税率不断提高时,经济活动会受到抑制,税收收入可能减少。同时,政府的过度干预会扭曲市场行为,降低经济效率,正如里根所说,很多情况下,"政府不能解决问题,因为政府本身就是问题"。所以减税和减少政府干预可以提高企业和个人的生产积极性,刺激经济增长。

美国经验和英国经验

美国经验:里根经济学。经济陷入滞胀,凯恩斯主义失效。20 世纪 70 年代,美国通胀率高达 13.5%、失业率达 7.2%,而经济增长率仅 -0.2%,深陷"滞胀"泥淖。同时美国经济也存在税率过高、限制进入、价格管制等诸多结构性问题。凯恩斯主义"神药"失效,复苏亟待新"药方"。减税刺激生产,里根经济学破局。1981 年里根就任美国总统后,开始奉行供给学派和货币主义的主张，提出"经济复兴计划"，主推减税，同时减少政府干预，缩减政府开支，紧缩货币供给。经济回归繁荣，大稳健时代来临。里根经济学大获成功，美国经济迎来大稳健时代，但也提高了美国的赤字率，增加了政府债务。但总体看，里根经济学为美国长期经济增长打下了坚实基础。

英国经验：撒切尔主义。滞胀叠加结构问题，经济陷入衰退。七八十年代的英国同样陷入了高通胀、低增长的"滞胀"泥淖，零售价格同比一度飙至25％，GDP增速出现负增长。同时英国也面临工会力量庞大、国企过多、政府干预过度等结构性问题。撒切尔强推改革，国企私有化增效。撒切尔1979年上任首相后，首先采纳了货币主义的观点，紧缩货币以控制通胀。同时采用供给学派的观点，加速推进国企私有化、减税、废除物价管制等改革措施，减少政府对经济的干预。经济经过改革，恶性通胀得到控制，英国经济触底反弹，各主要宏观经济指标波动率大幅减小。撒切尔的结构化改革被认为"挽救"了英国经济。

经验总结与借鉴

为了解决80年代的滞胀问题，里根经济学和撒切尔主义均采用货币主义观点紧缩货币，也采用了供给学派的结构性改革。里根经济学侧重减税,撒切尔主义更侧重国企私有化。尽管中国当前所处时期和面临的形势和当时有所不同,但英美经验仍然有值得借鉴之处。

突破凯恩斯主义稳增长,大刀阔斧地供给侧改革。无论是里根经济学,还是撒切尔主义,都是对凯恩斯主义的大胆突破。七八十年代的石油危机叠加英美内部的结构性问题,造成高通胀、高失业的局面,凯恩斯主义刺激总需求的思想变得束手无策。因为扩张型政策会加速通胀,紧缩货币又会推升失业,无论哪种措施都很难解决经济本身存在的结构性问题。所以供给学派的观点"粉墨登场"。

资料来源:华尔街见闻,http://wallstreetcn.com/node/226633,2015.11.26。

党的十一届三中全会以来，我们党把马克思主义政治经济学基本原理同改革开放新的实践结合起来，不断丰富和发展马克思主义政治经济学，形成了当代中国马克思主义政治经济学的许多重要理论成果，这些理论成果，是适应当代中国国情和时代特点的政治经济学，不仅有力指导了我国经济发展实践，而且开拓了马克思主义政治经济学新境界。

要坚持以人民为中心的发展思想，坚持把增进人民福祉、促进人的全面发展、朝着共同富裕方向稳步前进作为经济发展的出发点和落脚点。坚持新的发展理念，创新、协调、绿色、开放、共享的发展理念是对我们在推动经济发展中获得的感性认识的升华，是对我们推动经济发展实践的理论总结，要坚持用新的发展理念来引领和推动我国经济发展，不断破解经济发展难题，开创经济发展新局面。

——2013年3月1日，习近平在中央党校建校80周年庆祝大会暨2013年春季学期开学典礼发表重要讲话

第九部分
经济新常态与中国特色社会主义政治经济学的创新

■ 我国经济发展进入新常态,需要我们适应新常态,引领新常态,更需要坚持用中国特色社会主义政治经济学的重大原则指导中国经济在新常态下的发展问题,这些重大原则包括解放、发展社会生产力原则,共同富裕原则,发展社会主义市场经济原则,公有制为主体、多种所有制经济共同发展原则,社会主义分配原则等。

■ 对于许多正在进行市场化转型的国家而言,究竟如何更好地处理市场和政府的关系,从而如何转向一个好的市场经济而非坏的市场经济,仍然是一个令人十分困惑的理论和实践问题;特别是如何从理论上思考和解释中国政府提出的"市场决定资源配置的作用和更好地发挥政府的作用"? 同时,随着信息化、网络化和新技术革命的不断发展,全球产业开始大规模进行转型升级，传统制造业的商业模式发生改变，服务经济比例不断提升，各种大数据、云计算、互联网和平台经济模式层出不穷。在这样的背景下，如何构建一个更加有效的市场模式，确保一个好的市场经济，是一个十分重大的战略、理论问题。

■ 把市场经济一般规律与中国特色初级阶段的生产力发展规律有机结合起来，以充分体现社会主义市场经济不完全竞争性的特点和本质要求。在理论上，建立社会主义市场经济之所以强调其具有不完全竞争性的特点，根本目的就是为了建成一个有效的市场模式，即不完全竞争性市场经济下的有效市场模式，这样才能确保社会主义市场经济走向好的市场经济，而不是走向坏的市场经济。

■ 三十多年来改革开放的不断实践和创新，为不断丰富和发展当代中国马克思主义政治经济学提供了重要的动力和活力。马克思主义政治经济学不仅没有因为社会主义市场经济、非公有制经济发展、对外开放发展、参与全球化竞争等被削弱，甚至被推翻，反而随着改革开放和创新发展得到不断发展。无疑，不断发展的当代中国马克思主义政治经济学仍然是中国特色社会主义经济建设和现代化发展的重

要理论指导。中国全面深化改革和创新转型
发展将继续孕育未来中国马克思主义政治经
济学创新发展的巨大空间和潜力。

中国特色社会主义政治经济学是对中国特色社会主义经济
发展实践和经济发展道路的理论概括与总结，随着我国经济发
展阶段的变化，不断进行创新。 我国经济发展进入新常态，
需要我们适应新常态，引领新常态，更需要坚持用中国特色社
会主义政治经济学的重大原则指导中国经济在新常态下的发展
问题，这些重大原则包括解放、发展社会生产力原则，共同富
裕原则，发展社会主义市场经济原则，公有制为主体、多种所
有制经济共同发展原则，社会主义分配原则等。

1 国际金融危机、社会主义市场经济与
经济学范式思考

2013 年以来，受国际金融危机和欧洲主权债务危机的持
续影响，世界经济继续低迷，全球生产和贸易增长处于近年来
的低谷，直到目前复苏和增长仍然处于十分脆弱且不平衡、不
稳定的状态。 对此，我们有必要重新思考和判断国际金融危

机，特别是结合西方新自由主义分析国际金融危机发生的原因、实质和后果。这对于我们深入学习贯彻中共十八届三中全会精神，全面深化改革，进一步创新中国特色社会主义政治经济学具有重要的现实意义。

（1）国际金融危机重创全球经济发展

2008年8月，美国最大的住房贷款机构"两房"（其贷款额占美国住房贷款总额12万亿美元的44%）因亏损而市值下跌90%，以致同年9月7日被政府接管，标志着美国次贷危机的全面爆发。一时间，国际著名投资银行、金融机构不断出现倒闭，雷曼兄弟公司破产，美林、华盛顿互惠银行等金融机构被收购、重组，市值大跌，相关跨国公司如美国最大的保险公司美国国际集团（AIG）也被相关金融机构拖下水。

国际金融危机给全球经济带来的巨大冲击和严重影响令人不寒而栗：据亚洲开发银行估计，2008年全球金融资产损失约50万亿美元，大致相当于全球一年的经济产出；世界各国经济增长迅速下降，失业、萧条等犹如梦魇一般相继袭来。国际金融危机也使得新兴经济体遭受重创：2008年，巴西股市遭受巨大损失，巴西货币瑞亚尔贬值35%；南非的黄金和白金等贵金属出口受挫，食品和电力价格飞涨，引发严重的通货膨胀，失业率大幅攀升。

国际金融危机不断演化蔓延，还带来了欧洲国家一系列的债务危机：欧洲最大的经济体德国 2008 年第三季度陷入衰退；冰岛几乎陷入经济崩溃，面临破产，股市持续狂跌，中央银行倒闭，冰岛克朗兑美元贬值近 50%；希腊等国家濒临破产，甚至引发了欧元危机。国际金融危机给世界经济带来沉重打击，造成一系列严重后果。尽管欧美各国政府积极应对，但国际金融危机短期内不仅没有明显的缓解迹象，反而对经济社会产生更加深刻的影响：房地产价格进一步下降，实体经济增长放缓；中小企业发展陷入困境，失业进一步加剧；人们收入下降，分配差距进一步扩大；社会持续动荡，愤怒的民众走上街头。一时间，发达资本主义国家几乎都在"占领华尔街"的浪潮中反思国际金融危机及其实质。

(2) 新自由主义经济学是国际金融危机的根源

在国际金融危机何以发生的问题上，可谓众说纷纭、见仁见智。但从根本上说，西方新自由主义是国际金融危机发生和蔓延的思想根源。危机的实质是新自由主义本身的危机，危机的后果也从实践上宣告了新自由主义的破产。

国际金融危机的发生，从表面上看似乎是世界经济周期性发展的表现，是经济增长周期性波动的结果，即全球性产能过剩、世界经济增长的结构性失衡使然。其实，从深层次根源来看，危机的发生和持续发酵及其对全球经济的冲击，本质上是西方国家推行新自由主义的结果。西方新自由主义的核心思想是市场化、私有化和自由化。风靡一时的"华盛顿共识"就是以新自由主义学说为理论依据的，曾经被视为新兴经济体和转型国家解决发展问题的"良药"。这些"良药"既导致苏联和东欧国家转型中出现了"大休克"和"大阵痛"，又使许多发展中国家身陷中等收入陷阱，更是造成国际金融危机发生和蔓延的根本原因。

首先，国际金融危机与发达国家长期倡导的不加约束的金融自由化密切相关。金融自由化、失控的金融"创新"以及过度消费、过度投机，最终导致金融泡沫破裂和实体经济遭殃。正如美国共产党主席萨姆·韦伯所说：许多人觉察到了这次危机的直接原因，然而他们中的许多人并不知道金融自由化是把美国金融体系和经济带到万丈深渊边缘的深层原因。

其次，西方新自由主义者鼓吹私有化，认为私有化必然带来自由民主和经济效率。他们普遍认为："当集体化的范围扩大了之后，'经济'变得更糟而不是具有更高的'生产率'。"但是，私有化与市场化结合，必然导致"经济人"过度追求利益最大化，而不顾及他人利益，甚至出现损人利己的"不经济"现象。私有化不仅进一步加剧了收入分配差距扩大和两极化，而且导致生产和交易的盲目和无序竞争。

固然，经济全球化提高了全球资源配置效率，信息化加快了发展中国家现代化进程。 但是，私有化的利益最大化和收入分配严重失衡，发达国家的过度消费、过度负债，发展中国家的过度储蓄、过度投资，使得国际经济贸易平衡实际上是一种"恐怖平衡"。 因此，国际金融危机愈是蔓延，人们就愈是感受到金融衍生品创新背后的贪婪和无节制，感受到私人利益集团暗中操纵金融机构的肮脏和残忍，感受到经济私有化扩大两极分化的荒谬和伪善，感受到全球化扩散机制使得危机蔓延更快、破坏性更强的阴鸷和险恶，也就深切感受到，是全球产业分工和价值链分工造成了发展中国家与发达国家结构性的严重失衡和分配不公。

事实证明，西方新自由主义是根本行不通的。 要想化险为夷、转危为安，就必须与长期主导经济全球化的价值观体系，特别是西方新自由主义的私有化、市场化和自由化思潮划清界限。 没有思想体系上的重构、制度建设上的重建，就不能根除滋生危机的思想根源，也就不能真正避免周期性危机的发生。[1]

(3) 社会主义市场经济的理论创新与实践探索

邓小平指出，不坚持社会主义，不改革开放，只能是死路一条。 新自由主义的泛滥和国际金融危机的蔓延告诉我们，

---

[1] 权衡:《危机反思、道路自信与中国梦》,《人民日报》2014 年 1 月 14 日。

照搬别国的发展模式，搞新自由主义，也是死路一条。

社会主义市场经济是中国共产党的伟大创举。从社会主义经济到社会主义市场经济，是中国共产党对什么是社会主义经济，怎样建设社会主义经济的一次理论创新和实践探索。这种创新和探索，本身就是对社会主义发展理念的一次升华，是对社会主义建设规律的一次新认识。正如习近平总书记指出的，"提出建立社会主义市场经济体制的改革目标，是我们党在建设中国特色社会主义进程中的重大理论创新和实践创新，解决了世界上其他社会主义国家长期没有解决的一个重大问题"。社会主义市场经济，无疑是社会主义运动史和整个人类历史上的一次伟大创举，也是马克思主义在当代中国的伟大创新和发展，充分体现了中国共产党的治国理政的政治智慧和远见卓识。

社会主义市场经济是中国共产党对社会主义认识的理念升华和理论创新，更是马克思主义理论发展的一个伟大创举。理念和理论是实践和行动的指南。社会主义能否搞市场经济？这是一个世界性的理论难题和实践课题。中国共产党坚持马克思主义为指导，坚持实事求是，立足中国国情和发展阶段，创造性提出并发展社会主义市场经济理论，这是对社会主义的思想认识和理论创新上的一次伟大创举。

社会主义市场经济是对马克思经典社会主义理论和计划经

济理论的一个创新和发展。按照马克思恩格斯等对于社会主义生产、流通、分配和消费等理论的设想，建立在脱胎于资本主义生产关系基础上的社会主义，应当消除商品货币关系，实行计划经济和社会管理；特别是认为，资本主义一旦被消灭，生产资料一旦归全社会所有，商品货币关系就必然会消失，资本主义那种无政府管理的状态也就应当让位于有计划的社会管理，即实行计划经济。从人类社会发展规律和社会主义、共产主义发展趋势来说，马克思的这种预见无疑是一条颠覆不破的真理。

但是，我们知道，许多社会主义革命的成功是在没有经历资本主义阶段的条件下诞生的，许多社会主义建设事业也是在当时生产力水平非常低的阶段进行的。在这种情况下，如何认识社会主义，如何发展社会主义经济，如何发展和提高社会主义生产力就成为摆在马克思主义经典理论和现实社会发展阶段中的一个艰难选择，其中一个最大也是最为艰难的理论难题就是社会主义能否搞市场经济，公有制能否与市场机制结合。中国共产党面对这样的艰难选择和理论难题，十分清醒地认识到，许多社会主义建设，尤其是中国这样的社会主义是直接诞生于半殖民地、半封建社会，没有经历过发达资本主义发展阶段，最大的国情就是社会生产力十分落后。在经过长期思考和探索以后，中国共产党创造性地提出，中国已经是社会主义社会,但是仍然处在社会主义的初级阶段;既然是社会主义初级阶段,而且,面对如何发展和提高社会主义生产力这一根本性任务,社会主义必须而且应当搞市场经济。为此,习近平也强调指出,"我们就是要通过全面深化改革和创新发展,使中国特色社会主义在解放和发展生产力,解放和增强社会活力、促进人的全面发展上比资本主义制度更有效率,更能激发全体人民的积极性、主动性和创造性,更为全社会发展提供有利条件,更能在竞争中赢得比较优势,把中国特色社会主义制度优越性充分体现出来"。中国共产党正是坚持这样的创新发展和战略定力,从理论上提出了四点具有创造性的重大判断和创举:

一是围绕什么是社会主义,怎样搞社会主义,创造性提出社会主义初级阶段应当采用一切有利于解放和发展生产力水平的手段和方式。发展社会主义经济,应当看到商品经济、市场经济具有的资源配置效率高、竞争和激励机制强等优点和特点,按照有利于发展社会主义生产力、有利于增强社会主义国家综合国力,有利于提高人们生活水平来认识和判断社会主义发展问题。这样一个重大的原则是对社会主义认识的升华,无疑是一次思想方法的伟大创举。

二是围绕计划和市场的关系,创造性提出计划和市场不是区分社会主义和资本主义的标准,计划和市场都是配置资源的方式。中国共产党科学地指出,资本主义可以搞市场经济,社会主义也可以搞市场经济。 这个重大判断是中国共产党对"姓资"、"姓社"问题的一次新的认识和思想解放。 正是这个重大的理论创新和判断，解放了人们的思想，推动了人民群众的积极性和创造性，中国从此走向了社会主义市场经济之路。 从理论分析框架来说，社会主义制度下发展市场经济，既是对传统社会主义经济理论的重大创新，也是对传统苏联教科书的根本性的突破。

三是围绕基本经济制度与经济体制选择的关系，创造性地提出社会主义基本经济制度可以与市场经济体制相结合。 我们党首先从理论上把基本经济制度与经济体制作了科学区分，从资源配置方式和经济体制层面提出社会主义可以充分利用市场经济这种资源配置方式，这是对长期以来西方所谓的"公有制和市场经济不兼容"的命题的有力回应，也是对西方主流经济学价值和理论的重大突破，创造了一种符合中国社会主义初级阶段生产力发展规律和要求的社会主义市场经济体制和理论，无疑也是当代最精彩最具有吸引力的中国特色社会主义政治经济学。

四是围绕市场经济改革与社会主义制度的关系，创造性提出，市场化改革在本质上是对中国特色社会主义制度的完善和发展。 改革在本质上不是否定社会主义制度，发展市场经济，推进市场化改革也不是否定社会主义发展方向，这一点到了改革开放的今天,更加坚定和明确。习近平明确指出,"坚持全面深化改革,从根本上说就是完善和发展中国特色社会主义制度,推进国家治理体系和治理能力现代化"。这样的思考和设计很好地做到了市场经济改革与完善中国特色社会主义制度和国家治理能力现代化的有机统一。习近平还强调,"问题的实质是改什么、不改什么,有些不能改的,再过多长时间也是不改"。可见,中国共产党在市场化改革中始终保持政治定力,坚守政治原则和底线,确保不在根本性问题上出现颠覆性错误。

需要指出的是,作为一个伟大创举,中国共产党在对社会主义市场经济理论探索中,既不是简单复制国外市场社会主义的理念和理论,也不是照搬西方新自由主义"药方"和思维。客观来说,社会主义能否搞市场经济,西方理论界也做过很多探索、实验和假设:20 世纪二三十年代提出的计划模拟市场的"兰格模式";六七十年代南斯拉夫和匈牙利提出的"市场社会主义实验"假说,以及以批评社会主义经济体制弊端著称的捷克经济学家奥塔·锡克的所谓"第三条道路"模式;80 年代许多经济学家也提出社会主义经济应当坚持"市场主导"的市场社会主义理念,等等。20 世纪 90 年代开始,以主张"自由化、私有化、市场化和民主化"为基调,新自由主义经济学家为很多转型国家开出所谓的"华盛顿共识"的药方;但是,结果导致"苏东巨变"的历史灾难。事实证明,所有这些形形色色的市场社会主义要么是简单的"理论乌托邦"，要么也是所谓的"实验室假说"，最后基本上都以失败告终；而所谓的为转型国家开具的"华盛顿共识"药方，本质上也是新自由主义思潮，最终酿成了"苏东国家解体"乃至 2008 年的全球金融危机。 事实也证明，唯有中国共产党提出的社会主义市场经济理论，不仅生命力日益旺盛，而且从实践上被证明是社会主义发展史上的一次伟大的理论创新，无疑也是马克思主义一场伟大创举。

社会主义市场经济也是中国共产党对社会主义发展道路的实践探索和创新，更是社会主义运动史上的一个伟大创举。理论是灰色的，生命之树常青。 任何理论创新，最终都要为指导实践发展而服务，唯有如此，理论创新才真正具有价值。社会主义市场经济理论真正的价值和意义还体现在对社会主义发展道路的实践探索和指导上。

如何有效推动和实践社会主义市场经济理论，如何在实践中真正建立起社会主义市场经济体制和机制，是对中国共产党的真正考验。 面对建设社会主义市场经济这一前无古人的伟大实践和任务，我们党清晰地认识到，社会主义市场经济的改革具有复杂性、艰巨性和长期性，不能一蹴而就。 市场化改革探索了几十年，至今仍然在路上，改革进入深水区。 正如习近平总书记指出的那样，"中国改革经过三十多年，也进入深水区,可以说,容易的、皆大欢喜的改革已经完成了,好吃的肉都吃掉了,剩下的都是难啃的硬骨头"。因此,始终坚持市场化改革的目标,逐步克服对传统计划经济的"路径依赖",循序渐进,创造性地探索出了一条成功的社会主义市场经济发展道路和实践路径:

一是围绕社会主义市场经济体制与基本经济制度有机结合,通过有效探索公有制实现形式多样化,发展股份制经济、民营经济和个体私营经济,发展混合所有制经济,形成了以公有制为主体,多种所有制经济共同发展的所有制新格局。这种多元竞争和共同发展的经济格局,在实践中既能够很好地运用市场经济规律和资源配置方式,大大提高了经济发展的活力和效率,又能够很好地坚持社会主义基本经济制度,真正实现市场经济体制机制与社会主义基本经济制度有机结合,使得社会主义经济获得更多的发展优势和优越性。值得一提的是,在社会主义市场经济实践探索中,难度最大,最为复杂的问题就是如何认识并处理好公有制经济发展、国有企业与非公有制经济发展、民营企业的关系。在经历了长期的艰苦卓绝的探索以后,中国共产党创造性提出,公有制经济和非公有经济都是社会主义市场经济的重要组成部分,必须毫不动摇地巩固和发展公有制经济,必须毫不动摇地鼓励、支持、引导非公有制经济发展。围绕"两个毫不动摇",在实践中不断深化国资国企改革，全面探索混合所有制经济发展，积极建立现代企业制度，为社会主义市场经济奠定完善的微观基础。

二是围绕社会主义公平与效率的关系，通过深化收入分配制度改革，创造性地探索并形成了坚持以按劳分配为主，多种分配方式并存的分配制度。社会主义市场经济条件下，如何处理好公平与效率的关系，我们党进行了一系列富有成效的实践探索：从提出"打破平均主义大锅饭"，到"一部分人一部分地区先富起来，先富带动后富"，以及"效率优先，兼顾公平"，再到"改革收入分配制度，逐步缩小收入差距"，"全面建成小康社会，逐步实现共同富裕"等一系列极具探索和创新价值的收入分配政策和实践路径。这些政策和路径很好地体现了"按劳分配为主，多种分配方式并存"的中国特色收入分配制度的优越性和灵活性。这种分配制度较好地确保了在社会主义发展实践中，既能够有效地发展市场经济，又能够坚持共同富裕的社会主义本质和方向不会改变；既能够有效地调动社会各方面的创造性和积极性，又可以有效地防止传统市场经济两极化以及避免苏联、东欧国家转型过程中十分严重的贫富分化和社会不稳定等问题出现。

三是围绕社会主义市场经济和全球化的关系，通过积极融入全球化，实施对外开放发展战略，使得中国社会主义市场经济逐步融入经济全球化发展的大趋势。中国社会主义市场经济实践,从一开始就不是固步自封,搞自我封闭式发展;恰恰相反,中国遵循市场经济开放性发展的规律和要求,积极发展开放型经济,主动参与国际分工,在融入国际经济体系中发展自己,也为世界经济发展作出积极贡献;同时,中国还积极借助全球化体制机制,倒逼国内市场化改革,逐步形成与国际通行规则接轨的新开放发展方式。 值得一提的是,中国在对外开放的实践过程中,既能够很好地融入全球化和国际经济体系,又能够很好地坚持中国特色社会主义发展道路,真正处理好独立自主与对外开放的内在统一和有机结合。 社会主义市场经济的开放发展,既没有让中国走向邪路,也没有让中国走向老路,而是让中国正在走向全面小康社会和幸福美好的康庄大道。 这正是中国社会主义市场经济发展实践和发展道路的一大创举。

四是围绕如何处理好市场与政府的关系,在实践中逐渐提出"发挥市场在资源配置中起决定性作用和更好地发挥政府作用"的改革战略和路径。 通过积极探索政府职能转变和宏观调控体系建设、深化要素市场改革以及法律制度改革完善等一系列大胆改革和创新,先后通过"有计划的商品经济"和"社会主义市场经济"两个阶段的改革实践,先后两次创造性提出"让市场在资源配置中发挥基础性作用",以及后来再次创造性主张"发挥市场在资源配置中起决定性作用和更好地发挥政府作用"。 在这样的改革和实践发展的背后,体现的不仅仅是解放思想的创新精神，更是下决心调整深层次利益关系的决心和信心。 每一次伴随着市场和政府关系的探索和认识，带来的是政府自身的一场革命，即政府职能转变和宏观调控体系的改革。 显然，实践证明这样的探索是成功和有效的，因为这确保了在社会主义市场经济实践和发展中，既能够最大限度调动市场经济内在的激励和创新动力活力，又能够实现市场经济有序有效运行，同时又能够很好地发挥市场和政府"两只手"的积极作用和优势。 这无疑是市场经济发展历史上的一大创举①。

2　有效市场经济模式与中国特色
社会主义政治经济学

(1) 人类经济发展需要一个有效的市场经济

进入 21 世纪以来，伴随着全球化、市场化和信息化的深入，人类对市场经济这一自工业化发生以来被称为最有效的资源配置方式开始了新的思考。 为什么许多发达型经济体，被称为最有效的市场经济体，却多次产生了几乎席卷全球的金融危机、债务危机、经济危机和大萧条？ 为什么第二次世界大战

① 权衡：《社会主义市场经济是中国共产党的伟大创举》，《经济日报》2016 年 7 月 22 日。

以来那些被称为福利经济的欧美发达国家却出现了马克思多年前就预见的资本主义不平等和收入极化现象? 发展中国家和赶超型经济体,如何更好地利用市场机制更有效地配置资源,同时更好地避免市场经济在资本主义发达国家的诸多弊端和问题? 所有这些新的变化和趋势都促使人们重新思考市场经济未来发展的趋势是什么? 越来越多的人,从理论和实践,从国际和国别,从制度和技术等多个层面思考市场模式问题,进而回答如何构建一个有效的市场经济模式,一个好的市场经济。因为,从亚当·斯密以来,大多数经济学家都相信自由放任、纯粹市场化的机制是实现经济可持续增长的最好方法。"看不见的手"几乎成了绝大多数经济学人的"理想信念"。

但是,从 20 世纪 50 年代以来,有几件重大事件需要我们进行新的理论思考。 一是已如前所述,1997 年亚洲金融危机和 2007 年以来的全球经济危机,促使人们反思传统经济学过度强调市场化、私有化所带来的问题和困惑。 二是东亚经济的崛起和奇迹及其与产业政策。 东亚崛起发生于 20 世纪后半期,属于人类发展中为数不多的小部分发展中国家(地区)实现了长时期的赶超型高速增长。 二战后的日本崛起于 20 世纪五六十年代,取得了令世人瞩目的 9.6% 的长时期高速增长;后来的亚洲四小龙(即中国香港、韩国、新加坡和中国台湾)的经济,均在 20 世纪 60—90 年代取得了 7% 的持续高增长。 这些国家和地区在不太长的时间里先后赶上了发达经济体，实现了经济赶超的战略任务，表明落后经济体只要采用正确的"发展战略"特别是"适宜的产业政策"，是可以实现赶超目标的。三是中国奇迹和中国崛起与社会主义市场经济。从 20 世纪 80 年代开始，中国经济进入快速赶超的发展阶段，而且增长速度持续三十多年达到 9.6% 以上。中国经济崛起，为世界经济增长注入了新的活力。而且，在金砖国家近几十年的经济增长过程中，中国始终是高增长的领头羊。根据国际货币基金组织的统计，2013 年中国经济增长 7.7%，改革开放以来，年均增长 9% 以上，2013 年中国对全球经济增长的贡献将近 30%，2012 年则高达 60.9%。因此，中国经济的崛起过程，正演绎成一种新的"发展模式"，引发世界关注。

当然，也有两个相反的案例同样值得深思。一是前苏联、东欧国家，他们的人均收入水平和经济发展程度曾经都比中国等经济体高很多，后来根据"华盛顿共识"推进了大爆炸式的市场化、私有化和自由化改革，其结果都是经济大衰退，至今这些国家仍在承受着转型后的体制阵痛，其中的个别国家，甚至处在深重的地缘政治冲突中。二是多数发展中国家经济发展长期陷入"中等收入陷阱"。实际上，从 1960 年到 2009 年，仅仅只有约三分之一的低收入国家达到了中等收入及其以上的水平，但是这其中有近四分之三的国家长期滞留在中等收入水平甚至退回到低收入国家行列，至今仍面临如何成功跨越中等收入陷阱的问题。

　　既然市场机制可以"实现自动平衡"，为什么人类经济发展总会被危机打断？ 为什么强调发展战略导向和产业政策指引的东亚经济能够崛起？ 为什么实行社会主义市场经济的中国也能够首先赶超，并且能够创造长时期高增长的奇迹？ 这方面学界和理论已经有很多研究和结论，比较一致的看法中，有一个解释就是认为东亚奇迹、中国崛起均成功地发挥了政府对经济的干预和引导的作用。 作为市场经济的一种具体模式，东亚模式和中国模式与西方市场经济理念下主导的市场经济模式不一样。 西方市场经济模式尽管也强调（尤其是受二次世界大战以后凯恩斯主义经济学影响）政府干预，但是基本上属于二次调节，即先由市场机制进行一次调节，如果一次调节发生市场失灵，则由政府进行二次调节；但是东亚奇迹和中国经济崛起的背后，则是二元调节的市场经济模式，即同时发挥市场调节和政府调节的双重作用。 同时，从东亚奇迹到中国奇迹，在发展中都特别注意制度建设、体制转换以及结构性改革。 这些成功的经验和方法显然在新古典经济学甚至凯恩斯主义分析框架中是得不到重视的。 相反，至今仍然在中等收入陷阱里面挣扎的经济体，如拉美国家、南美以及南亚等国却并未像早期的东亚国家，或者中国经济发展那样，充分发挥政府的作用，而这通常被视为这些国家陷入中等收入陷阱的重要原因之一。

因此，东亚奇迹、中国奇迹和拉美现象、南亚现象恰好从正反两个方面推动我们思考和重建经济学理论体系，丰富和发展现有经济学分析框架。

长期以来，困扰中国经济改革发展的一个重大问题，就是如何正确处理政府与市场的关系。可以说，政府与市场的关系一直贯穿于改革开放三十多年的历史进程，直到中共十七届三中全会提出"使市场在资源配置中起决定性作用和更好发挥政府作用"，这个提法与以往的提法都不一样。中共十四大明确我国经济体制改革的目标是建立社会主义市场经济体制，提出要使市场在国家宏观调控下对资源配置起基础性作用。中共十八届三中全会则明确提出，我国经济体制改革的核心问题是处理好政府与市场的关系问题，并把市场在资源配置中的"基础性作用"修改为"决定性作用"，同时也更加强调要"更好发挥政府的作用"。显然，从改革的视角出发，这确实是一个具有创新的判断，但是从经济学上如何完整科学地解释"使市场在资源配置中起决定性作用和更好发挥政府作用"。至少这个判断需要回答如下几个问题：一是如何理解市场在资源配置中的决定作用？什么是决定性配置？哪些资源应当由市场来配置和决定？二是如何实现市场在资源配置中的决定作用？这一点与微观经济学的价格决定理论和均衡分析方法是否一致？三是如何理解更好地发挥政府作用？这个政府的作用究竟是在微观资源配置中还是限定为宏观经济运行调控和政府干预上？如果这样，这与凯恩斯主义宏观经济学是什么关系？四是如何处理好资源配置的决定作用与更好发挥政府作用的两个关系？市场决定资源配置的同时，市场失灵如何？发挥政府作用时政府失灵如何？传统的分析比较强调市场失灵与政府干预，但是问题的关键在于如何在市场失灵与政府失灵之间找到平衡点？等等，这些分析都需要对微观经济学和宏观经济学进行深入系统的理论分析，才能在实践中真正处理好政府与市场的关系。①

(2) 市场竞争的有效性与传统经济学分析缺陷

微观经济学从稀缺性资源如何得到有效配置这一经济学的基本目标出发，认为只有市场完全竞争才是有效的。由此分析引出了经典的马歇尔交叉法即均衡价格理论。均衡价格理论最初提出，市场只要完全自由竞争就可以使稀缺性的经济资源得到最佳配置。完全竞争，作为一种纯粹经济学理论分析假设，奠定了现代经济学尤其是微观经济学分析的理论基础，长期以来占据微观经济学的核心理论的地位。

---

① 权衡：《社会主义市场经济是中国共产党的伟大创举》，《经济日报》2016 年 7 月 22 日。

但是，问题和缺陷在于：

首先，该分析框架假定完全竞争可以实现资源的有效配置和最佳配置，从而解决"生产什么和生产多少、如何生产、为谁生产"等问题；但是没有回答"完全竞争"是否就一定是"有效竞争"，即什么是起好的作用的竞争？显然，今天我们观察到的大量的经济事实，发现完全竞争尽管可以使稀缺性资源得到最佳配置，提高资源配置的效率，但产生了不好的外部性问题，因此完全竞争不一定是好事。在一定意义上说，我们既要关注市场竞争与资源配置效率的关系，更要关心完全竞争与有效竞争的关系。其次，该分析框架很难判断实际的市场竞争情况。实际上只有从每个具体情况出发，依据该市场该行业的结构，以及其中每个企业的行为和成效来判断竞争的有效性。

众所周知，上述微观经济学的分析框架很快就被张伯伦和罗宾逊的不完全竞争理论分析框架所替代。不完全竞争理论认为，除了理论上的完全竞争市场结构假说以外，还可以把市场结构大致分为垄断竞争市场结构、完全垄断市场结构和寡头垄断市场结构。不完全竞争理论下的市场结构分析框架确实比完全竞争理论更加接近经济现实，因此也成为微观经济学分析厂商行为理论的核心内容。而且，相比较而言，垄断竞争市场结构更能解释大量的现实市场竞争格局，即由于大量市场竞争存在由差异性决定的垄断性,同时又由于存在替代性而产生竞争性,因此竞争垄断市场结构可能是比较有解释力的市场竞争分析模式。

需要指出的是,不管是完全竞争市场结构,还是不完全竞争市场结构,所有理论分析都要解答这样几个问题:一是回答稀缺性资源如何得到最有效配置?二是回答如何实现消费者效用最大化?厂商实现利润最大化?全社会实现福利最大化?显然这些问题从微观经济增长和效率来说,都很重要。但是,也许另一个问题更值得我们认真思考和回答,即充分竞争型的市场在实现稀缺资源得到最优配置的目标时,是否会同时也带来消费者效用最大化、厂商利润最大化以及全社会福利最大化的目标实现?更要思考当稀缺性资源完全按照市场竞争机制提高资源配置效率的同时,是否会避免导致其他方面的经济社会问题发生?市场竞争能否完全实现消费者、厂商(生产者)以及全社会都能"令人满意"的目标?也许不仅仅是数量最大化的目标方式,而是遵循"令人满意"的原则(Satisfying Criteria)。显然,我们看到的现实状况是,往往很难因此而使所有问题得到解决,所有目标同时得到实现。这里面,当我们考虑完全按照市场竞争原则提高资源配置效率的同时,更要关注稀缺性资源配置的行业结构差异、规模经济效益、社会福利函数,充分考虑资源配置与经济增长的效率以及发展意义(而非单纯的

经济增长)上的社会公平、正义等价值目标。 而这就是有效的
市场模式需要考虑的重大问题。

其次，发展中国家的发展困惑与发展经济学新古典主义
"市场—价格机制"分析的不足。

第二次世界大战以后，许多发展中国家谋求摆脱贫困、促
进经济发展和社会进步，发展经济学应运而生。 但是长时期
以来，在经济发展的几个基本思路中，尽管结构主义发展思路
源远流长，但是新古典经济学及其主张的"市场—价格机制"
即新古典主义发展思路却长期十分深刻地影响着发展中国家的
经济发展战略。 经济发展的新古典主义思路认为，经济发展
是以边际调节来实现的，均衡状态是稳定的，价格机制是一切
调节的原动力，从而也是发展中国家经济发展的重要机制。

显然，这种关于经济发展的思路认定经济增长必然遵循市
场竞争和价格机制，不受干涉的市场体系必将对经济发展作出
有益的自动调节。 因此，主张资本加速积累和资本深化，实
现自由贸易，且经济增长将产生"涓滴效应"，自动实现收入
分配平衡等；其背后的经济学思路仍然是"单一经济学"分析
思路，即适用于发达国家的经济学原理同样适用于发展中国家
的经济发展。 但事实上，新古典主义分析框架忽视了发展中
国家普遍存在的市场经济制度不完善、资本市场不完善、经济
发展比较优势与经济赶超任务、二元结构性矛盾等问题。 由

于这些问题的存在，单一市场经济制度一方面无法按照"市场—价格机制"进行自动调节，确保经济稳定增长，另一方面也因为结构性矛盾、制度供给不足等问题，亟待政府积极干预经济增长，遵循比较优势，制定发展战略，推动经济赶超。而这些恰恰是发展中国家经济发展的重要任务。而且，从许多发展中国家经济发展的事实来看，单一主张"市场—价格机制"的新古典主义经济发展分析框架确实无法指导它们走向经济起飞和成功赶超的道路，许多发展中国家至今仍然处在低收入水平或者中等收入陷阱阶段。而少数实现赶超的国家和经济持续高速增长的发展中国家，恰恰是在遵循市场机制的同时，积极发挥政府的作用，通过加快基础设施建设、协调交易成本、减少诸多外部性，提高了经济增长速度。2008年世界银行增长委员会通过分析二战以来持续高增长的十三个经济体的成功经验以后，非常明确地指出，现代经济增长的关键性特征和事实之一就是精明的政府遵循比较优势和资源禀赋条件，就可以充分运用市场机制和政府积极干预方式实现经济持续高速增长。事实也表明，这些国家收入会达到最大，经济增长的竞争力会得到提升。我们尽管无法从理论上非常清楚地知道，这些国家的政府在市场经济发展过程中究竟是如何发挥作用的，但是有一点可以相信，就是这些成功的持续高速增长的经济体，政府的确在市场经济发展中扮演了十分重要的积极作用。 而不是像曾经占据发展经济学主导地位的新古典主义经济学分析框架那样单一信奉"市场—价格机制"的调节作用。

第三,"政府失灵"的矛盾与凯恩斯主义宏观经济学"干预市场假说"的问题。 20 世纪 30 年代大危机的发生彻底颠覆了市场会自动均衡和出清的假说。 凯恩斯主义主张引入政府对宏观经济的积极干预,来弥补市场失灵。 凯恩斯宏观经济干预理论有一整套完整的理论体系,从"三大心理规律"出发提出了有效需求假说,分析投资乘数效应理论,提出了政府进行积极的逆向调节的干预学说。 应当说,凯恩斯主义的政府干预思想为现代宏观经济学提供了重要的理论基础。 但是有几点需要说明。 第一,就有效市场经济模式而言,自从凯恩斯主义经济学诞生以后,经济学实际上就已经不是传统概念里强调单一的市场自动均衡和自由竞争机制,凯恩斯革命的实质其实就是政府应当干预经济,弥补市场失灵。 尽管这个分析具有短期特点,但是至少在宏观经济学意义上已经非常关注政府的作用了。 第二,凯恩斯主义的政府干预理论主要是在宏观经济层面主张政府积极干预市场经济,但是这样的干预与微观经济市场和市场价格机制之间是什么关系? 政府是否应当干预微观要素市场? 这仍然是一个需要回答的重要问题。 在经济学发展过程中,凯恩斯主义经济学曾经因为缺乏微观基础而饱受批评和责难;后来的新古典主义宏观经济学即理性预期学派的诞生，被认为是为凯恩斯主义宏观经济学奠定了坚实的微观基础。 第三，凯恩斯主义经济学主张政府干预的重要依据就是市场失灵，但是政府干预本身是否会出现"失灵"？如果存在政府失灵，应当如何来避免呢？公共选择理论的分析表明，政府也具有"经济人"的特征，本质也存在"利己"的可能，因此必然会存在政府失灵的问题，政府失灵也可能造成更多的市场扭曲现象。 这显然对于政府如何更好地干预经济，确保有效的市场经济模式运行是一个新的挑战。 因此，一个亟待解决的问题是，如何在市场失灵与政府失灵之间找到一个合理的平衡点，这也许也是今天我们分析有效市场模式的出发点。[1]

(3) 中国市场经济发展经验及其理论创新和探索

毫无疑问，越来越多的经济学家已经从金融危机、东亚奇迹、中国奇迹以及拉美中等收入陷阱等诸多经验和事实出发，讨论如何审视主流经济学；如何改造传统经济学；也有的提出从中国经验出发构建中国经济学。 近年来，这方面比较有影响的学者和代表性观点大致有以下几类：

第一类是从国际金融危机出发反思、批评现代主流经济学。 例如，诺贝尔经济学奖获得者斯蒂格利茨在金融危机发

---

[1] 权衡等:《有效市场模式:一个新的分析框架》,《上海经济研究》2015 年第 3 期。

生以后的一次演讲中就批评了当前经济学研究的一些误区。
他指出,亚当·斯密非常严谨,已经意识到一个有效市场的运
行是有前提条件的。 一旦不考虑这些条件,那么这座建立在
"看不见的手"的基础之上的理论大厦就将倾覆;他还指出,
经济学家同意过去二十年的宏观经济学模型是错误的,它们将
全球经济金融带入了深渊,因此需要新的经济学思维。 国内
一些学者指出,国际金融危机折射出西方主流经济学的逻辑
困惑和现实悖论,危机使其核心理论观点广遭质疑和批评;
西方主流经济学的范式危机在于其致力于形式逻辑的日益精
致化,却无法满足于理论与经验事实的一致性检验,深层原
因在于其先天哲学基础导向的"现象经济学"倾向、单纬度
的科学实证主义标准以及数学演绎方法的形而上学;范式危
机预示着西方主流经济学进一步演化的转换方向,走出困境
的根本出路在于按照现实世界的本来面目来理解、分析和描
述世界。

　　第二类就是提出所谓的构建"中国经济学",这方面应当
说中国学界做了很多努力和工作。 有学者认为,21 世纪将会
是中国经济学家的世纪。 因为解释的现象越重要,理论的影
响也就越大。 随着我国经济总量在世界中所占地位的提升,
对中国经济的研究在世界经济学研究中的重要性将随之提高,
而当我国的经济总量成为世界最大时,世界经济学的研究中心

也很有可能转移到我国来。 也有学者指出，中国经济学有狭义和广义之分，狭义的中国经济学是指作为一门科学的中国经济学，即中国经济学科；广义的中国经济学则是中国的经济学研究，是中国经济学科、中国经济学人、中国经济学派、中国经济学工具与方法等范畴的有机统一和总称。 有的学者指出，很长一段时间以来，中国经济学没有真正成为一门科学（而只是政府政策的诠释），没有能够融入国际经济学界的主流（不能得到国外同行的认可），也没有能够恰当地解释和指导中国的发展与改革进程（理论脱离实际）。 最主要的原因是，没有充分利用国际经济学界长期形成的现代经济学规范，来研究中国经济发展与改革中的现实。 也有学者明确指出，我们不能低估所谓中国经验或"北京共识"对中国经济学革命的重大意义。 一些经济学家已经注意到，中国经济改革与发展的实践经验是对西方主流经济学的挑战，对这种经验的肯定现在已经发展成引人注目的"北京共识。""北京共识"的精髓是试验和创新，它说明了市场经济体制本身是多样性的，经济发展是一个包括落后国家在内的各国人民勇于创新的结果，发展中国家可以根据自己的实际走不同的发展道路，这不仅是对邓小平理论的肯定，也是对以"华盛顿共识"为代表的西方主流经济学机械和决定论思维方式的否定。 有学者从历史演变分析指出，从中国经济学自身来看，中国经济学发展经过 20 世纪

50 年代末到 80 年代马克思主义经济学传统阶段、80 年代中期到 90 年代初期引进西方经济学阶段、90 年代至今的多元化发展阶段,现在正处于研究范式转换的关键阶段。 旧的范式已经被打破,但新的范式还没有形成。 在此关键时期,通过实施国际化战略可以影响范式的转变,使新的范式既能够与世界接轨,又能够承担 21 世纪经济学中心的重任。 以经验研究为基础,从实践中提炼出具有一般性的经济学理论,修正、更新或者补充主流经济学理论,与国际上的经济学研究者对话。

第三类则是从发展经济学创新视角,结合中国经济奇迹、东亚奇迹等,指出传统经济学尤其是新古典主义经济学的缺陷和不足,认为传统的发展经济学基本上遵循"线性增长回归模型"发展思路,结果"存在一种风险,如今发展经济学的大部分研究,其领域过窄且普适性较差,对于减贫、促进结构变迁和持续增长益处甚微"(世界银行,2010),提出"新结构经济学"分析框架,该分析框架突破了新古典主义的分析框架,运用过去的经验和知识,反思经济学尤其是发展经济学进而提供新的分析思路。 强调要素禀赋、不同发展水平上产业结构差异,以及经济中的各种扭曲带来的影响,这些扭曲来源于政策制定者过去对经济干预的不当,这些政策制定者对旧结构经济学的信念,使他们高估了政府在矫正市场失灵方面的能力。

新结构经济学也指出了"华盛顿共识"所倡导的政策常常未考虑发达国家与发展中国家的结构性差异,忽略了发展中国家对各种扭曲继续努力改革时的次优性质。新结构经济学强调政府与市场在不同发展水平上的作用;在强调市场在资源配置中的核心作用的同时,政府应该解决外部性问题和协调问题,包括提高一切软硬等方面的基础设施,以降低交易成本,因势利导,帮助企业进行产业升级。

第四类则是从中国政府与经济奇迹的关系出发,试图从理论上总结中国政府主导型的经济增长模式与经济奇迹。研究比较集中的一个理论总结是认为中国的财政分权、地方竞争与经济增长之间有非常密切的关系,突出强调了中央政府和地方政府在推动经济增长方面的重要性以及所起作用的差别。尤其是地方政府围绕 GDP 开展的竞争是中国经济高速增长的重要动因。另一个有代表性的分析就是所谓的"三维市场经济",即认为中国之所以能够保持超常规增长的根本性原因在于中国特色社会主义市场经济体制,这个体制包含了"战略性中央政府、竞争性地方政府和竞争性企业系统的三维市场体制",是一种把三者合力有机结合的新兴经济制度。

上述这些分析的共同特点就是认为必须结合发达经济体的发展变化以及发展中国家经济发展的实践经验,重新审视、思考和创新主流经济学,推动和发展微观经济学和宏观经济学的创新与转型。 很多分析实际上已经或多或少指出了一个非常关键性的问题，就是如何重新思考和认识市场经济环境下政府与市场的关系问题。 我们认为，分析政府与市场的关系，不能把二者与市场经济模式独立开来，简单地放在经济学的哲学层面上讨论"市场主义"和"政府主义"谁优谁劣。 有效的市场经济模式，核心问题就是政府与市场在市场经济运行和发展中的角色、定位以及内在的关系，这个关系不能完全用新古典主义"价格—竞争机制"，也不能用当今发达国家所谓的"市场与政府二次调节"的分析框架来解释；特别是目前许多发展中经济体，既面临工业化、城市化和现代化的发展任务，又面临向市场经济转型的制度设计和体制创新的任务。 如何从市场经济有效运行，或者发展出一个有效的市场经济模式的角度重新认识和处理政府与市场的关系问题显得尤为重要和迫切。

但是，时至今日，对于许多正在进行市场化转型的国家而言，究竟如何更好地处理市场和政府的关系，从而如何转向一个好的市场经济而非坏的市场经济，仍然是一个令人十分困惑的理论和实践问题；特别是如何从理论上思考和解释中国政府提出的"市场决定资源配置的作用和更好地发挥政府的作用"？同时，随着信息化、网络化和新技术革命的不断发展，全球产业开始大规模进行转型升级，传统制造业的商业模式发生改变，服务经济比例不断提升，各种大数据、云计算、互联网和平台经济模式层出不穷。在这样的背景下，如何构建一个更加有效的市场模式，确保一个好的市场经济，是一个十分重大的战略、理论问题。[①]

(4) 社会主义市场经济不完全竞争假说与有效市场经济模式

社会主义市场经济体制是 1992 年中共十四大提出的关于我国经济体制改革的目标的设计。十四大报告是这样表述其具体内涵的："我们要建立的社会主义市场经济体制，就是要使市场在社会主义国家宏观调控下对资源配置起基础性作用，使经济活动遵循价值规律的要求，适应供求关系的变化；通过价格杠杆和竞争机制的功能，把资源配置到效益较好的环节中去，并给企业以压力和动力，实现优胜劣汰；运用市场对各种经济信号反应比较灵敏的优点，促进生产和需求的及时协调。同时也要看到市场有其自身的弱点和消极方面，必须加强和改善国家对经济的宏观调控。"

从以上表述可以看出，社会主义市场经济从一开始就具有不完全竞争性特点，具体表现为以下几方面：一是强调市场对资源配置起基础性作用；二是明确要建设的市场经济是有政府

---

① 权衡等：《有效市场模式：一个新的分析框架》，《上海经济研究》2015 年第 3 期。

宏观调控的市场经济，市场对资源配置起基础性作用是在政府宏观调控下进行的；三是强调这是经济体制改革的目标，本身就需要认识的不断深化和实践的发展，在这个过程中需要不断完善如下相互联系的若干环节：①进一步转换国有企业经营机制，建立现代企业制度，建设市场经济微观主体；②建立全国统一开放的市场体系，实现城乡市场、国内国际市场之间的衔接互通；③转变政府管理经济的职能，建立和完善宏观调控体系；④建立效率优先、兼顾公平的收入分配制度，形成有效激励机制；⑤建立多层次的社会保障制度等。四是强调市场在国家宏观调控下对资源配置起基础性作用的同时，必须坚持以公有制为主体，同时促进多种经济成分共同发展。五是社会主义市场体系应当是充分体现市场竞争、规模经济、垄断竞争等现代市场体系的特点和发展规律的。

可见，社会主义市场经济不完全竞争性的核心问题就是市场配置资源与政府宏观调控之间的关系问题，这个关系始终是社会主义市场经济的一根主线。换句话说，社会主义市场经济一开始并未设定自己是传统经济学分析框架下的完全竞争或者自由放任式的市场经济，而是把政府因素从一开始就考虑进来，并且结合中国发展的国情和经济实践，创造性地发展各种所有制经济，实现公平竞争和共同发展。这就是具有典型的中国特色市场经济下的混合经济发展的思想。

　　随着改革和发展的不断推进,中共十八届三中全会根据社会主义市场经济不完全竞争的特点,从全面深化改革的要求进一步系统提出社会主义市场经济的不完全竞争性和新内涵,指出经济体制改革是全面深化改革的重点,核心问题是处理好政府和市场的关系,使市场在资源配置中起决定性作用和更好发挥政府的作用。 市场决定资源配置是市场经济的一般规律,健全社会主义市场经济体制必须遵循这条规律,着力解决市场体系不完善、政府干预过多和监管不到位的问题。 同时要求,必须积极稳妥地从广度和深度上推进市场化改革,大幅度减少政府对资源的直接配置,推动资源配置依据市场规则、市场价格、市场竞争实现效益最大化和效率最优化。 政府的职责和作用主要是保持宏观经济稳定,加强和优化公共服务,保障公平竞争,加强市场监管,维护市场秩序,推动可持续发展,促进共同富裕,弥补市场失灵。

　　从市场在资源配置中"发挥基础性作用"到"起决定性作用",从强调政府宏观调控到突出更好地发挥政府的作用,进一步丰富了中国特色新型市场经济不完全竞争的丰富内涵和特点。"市场配置资源的决定性作用与更好地发挥政府作用"既不是自由放任式的市场经济旧信念,也不是违背市场经济规律,不顾市场机制在资源配置中的决定性作用,政府干预经济甚至直接干预微观市场。 而是把市场经济一般规律与中国特色初级阶段的生产力发展规律有机结合起来，以充分体现社会主义市场经济不完全竞争性的特点和本质要求。

我们认为，在理论上，建立社会主义市场经济之所以强调其具有不完全竞争性的特点，根本目的就是为了建成一个有效的市场模式，即不完全竞争性市场经济下的有效市场模式，这样才能确保社会主义市场经济走向好的市场经济，而不是走向坏的市场经济。 这里有效的市场模式应当包括如下几方面的理论内涵和特征：

一是强调"完善的市场体系、价格机制与市场配置资源有机统一，实现资源配置效率最优"。 这是有效市场模式的核心。 通过建立完善的现代市场体系，形成市场机制意义上的价格机制、供求机制、竞争机制、风险机制等，提高微观要素市场的资源配置效率，充分体现市场决定资源配置的核心作用。 因此有效市场模式充分体现了"市场体系的完善性、资源配置的效率性"的内涵。

二是强调"市场失灵与政府弥补以及市场竞争与政府失灵的有机统一，实现市场竞争与政府干预的最佳组合"。 这是建立有效市场模式的前提。 既要看到市场机制的缺陷和失灵，从而发挥政府弥补的作用；又要防止政府干预经济过程中的政府失灵，进而产生新的市场扭曲和政府扭曲。 因此有效市场模式应当充分体现"政府职能的有限性、政府干预的有效性"。

三是强调"有效市场与有为政府的有机结合,实现社会福利最优"。这是有效市场模式的目标。我们说有效市场模式,即强调市场机制的激励性,争取市场交易的正的外部性;又强调政府干预的协调性,通过因势利导,发挥比较优势,制定产业政策,发展基础设施,降低市场交易的负的外部性;通过发挥市场机制的决定作用和政府的更好作用,实现资源配置效率最优、消费者个人效用最大、企业利润最大、社会福利函数最大的总和目标。因此有效市场模式充分体现了"微观市场的经济效益、宏观经济的社会效益"。

四是强调"市场经济的'经济人'与道德伦理性的有机统一,发展有道德的市场经济"。这是有效市场模式的标准。既要承认市场经济下经济人和理性人的假说,这有助于最大限度激发经济增长的内在动力;也要遵循市场经济的道德伦理原则,防止经济人出现"损人利己"甚至损人不利己的负外部性问题。既要接受亚当·斯密的《国富论》,更要接受亚当·斯密的《道德情操论》。因此,有效的市场模式应当充分体现"市场经济的理性人、市场竞争的道德性"。

五是强调"微观竞争、活力与宏观平衡、稳定的有机统一,实现活而有序的市场经济"。这是有效市场模式的秩序。既要发挥市场竞争带来的微观活力与生机,保持微观市场主体自由竞争，公平发展；也要发挥政府的宏观调控作用，实现宏观经济结构平衡、总量平衡、就业增长以及经济稳定。因此，有效的市场模式应当充分体现"市场经济微观活而不乱，宏观稳而有序"。

六是强调"经济增长与收入分配的有机统一，发展公平正义的市场经济"。这是有效市场模式的境界。既要发挥市场经济提高经济增长的效率和速度，奠定收入分配的物质基础，又要防止纯粹市场竞争导致的收入分配两极化。因此，必须发挥政府在二次分配中的调节作用，在确保一次分配机会公平的同时，实现二次分配的公平正义。因此，有效的市场模式应当体现"市场经济增长的高效率，收入分配的公平正义"。[①]

3 中国发展经验是中国特色社会主义政治经济学的动力和潜力

习近平总书记深刻地指出，实践是理论的源泉，我国经济发展进程、成就举世瞩目，蕴藏着理论创造的巨大动力、活力、潜力，要深入研究世界经济和我国经济面临的新情况新问

[①] 权衡等：《有效市场模式：一个新的分析框架》，《上海经济研究》2015 年第 3 期。

题,为马克思主义政治经济学创新发展贡献中国智慧。 如何从实际出发,坚持实事求是,不断推动马克思主义政治经济学创新发展,一直以来是一个十分重大的理论和现实问题。

(1) 中国发展经验是创新的内在动力

中国的发展经验和实践探索表明,改革开放的伟大实践和中国特色社会主义经济发展经验是马克思主义政治经济学不断创新发展的巨大动力。 这方面的例子不胜枚举。 改革开放初期,围绕计划经济与市场调节的关系问题,中国立足国情和发展阶段,提出了一系列重要的政治经济学理论观点和重大判断,如社会主义初级阶段与有计划的商品经济理论。 社会主义初级阶段理论是马克思主义政治经济学的重大理论创新,正是在这个重大理论创新的基础上,人们提出了社会主义可以发展商品经济和市场经济,进而提出了多种所有制经济共同发展、多种收入分配制度方式并存等诸多重大的判断和实践创新。 由此,社会主义生产力得到更大解放和发展,经济社会发展获得了前所未有的活力和动力,造就了中国长达三十多年的持续高增长的经济奇迹。 也正因为如此,邓小平说过,社会主义初级阶段一百年不变。

尤为重要的是,20 世纪 80 年代围绕这些重大理论和实践创新,中国经济学界一直在推动中国特色社会主义政治经济学的体系和理论创新，提出了诸如转轨经济学理论、过渡经济学理论等，这些基于实践发展进而推动政治经济学的理论创新，正是马克思主义政治经济学的生命力所在。到了90 年代，人们又围绕市场经济体制改革目标这个重大判断，创造性地提出了社会主义与市场经济有机结合的问题，形成了社会主义市场经济这一重大理论创新，这也为进一步推动中国市场经济改革和发展提供了坚实的理论指导和基础；在此基础上，又先后提出了培育市场体系和市场机制理论、宏观调控理论、现代企业制度理论等，这些重大的理论创新和实践发展，有力地推动了当代中国马克思主义政治经济学的理论创新和发展。

全面深化改革再次把如何处理好政府与市场的关系这个重大的实践和理论问题提了出来，并明确指出这是深化经济体制改革的核心问题。围绕这个重大问题，十八届三中全会明确提出，发挥市场在资源配置中的决定作用，更好地发挥政府作用，这个新的认识和判断，既是中国改革开放三十多年来实践探索的结果，更是对当代中国马克思主义政治经济学的又一次创新和发展。围绕全面深化改革的目标和任务，又提出了混合所有制经济、创新驱动发展等一系列重大理论和实践判断。

三十多年来改革开放的不断实践和创新，为不断丰富和发展当代中国马克思主义政治经济学提供了重要的动力和活力。马克思主义政治经济学不仅没有因为社会主义市场经济、非公有制经济发展、对外开放发展、参与全球化竞争等被削弱，甚至被推翻，反而随着改革开放和创新发展得到不断发展。无疑，不断发展的当代中国马克思主义政治经济学仍然是中国特色社会主义经济建设和现代化发展的重要理论指导。①

(2) 全面深化改革孕育创新的巨大潜力

中国全面深化改革和创新转型发展将继续孕育未来中国马克思主义政治经济学创新发展的巨大空间和潜力。目前，中国改革开放和现代化发展正处在一个崭新的历史阶段。全面深化改革和创新发展的重大战略任务和创新发展新实践，将继续推动中国马克思主义政治经济学的创新发展。具体来说：一是围绕中国特色社会主义基本经济制度与市场机制有机结合问题，通过进一步探索，发挥好基本经济制度与市场经济的双重优势，形成中国特色社会主义市场经济基本制度。二是围绕中国特色社会主义收入分配的公平与效率有机统一问题，探索通过收入分配制度改革，缓解收入分配不公和差距，逐步形成合理有序的收入分配新格局和体现中国特色社会主义公平正

---

① 权衡:《马克思主义政治经济学　创新发展的动力和潜力》,《文汇报》2016 年 3 月 11 日。

义的收入分配制度和体制。　三是围绕培育社会主义市场经济主体问题，探索如何实现国有企业与市场机制有机结合，既确保国有资本的保值增值，又能实现国有资本按照市场化原则实现资源配置最优化；尤其重要的是，探索如何通过混合所有制经济发展实现国有企业按照市场化规律运行，又能够实现国家战略和发展目标等，形成中国特色社会主义国有经济发展和国有资本运营管理体制。　四是围绕经济发展新常态的经济学含义，探索中国这样的大国实现赶超型经济增长的特殊规律和经验、理论，形成中国特色社会主义市场经济条件下的经济增长模式。　五是围绕经济大国与结构调整的实践与理论问题，探索大国发展中的产业升级和制造业转型道路，提升中国在全球价值链中的地位，形成中国特色社会主义工业化道路。　六是围绕发挥政府宏观调控作用与保持微观市场活力的实践和理论问题，探索"有效市场＋有为政府"的市场经济新模式，提高市场竞争的有效性和有序性，形成完善有效的社会主义市场经济新体制。　七是围绕供给侧结构性改革问题与提升全要素生产率的实践和理论问题，探索中国特色的"供给侧管理＋结构性调整＋体制机制改革"的最佳组合模式及其内在相互关系，形成中国特色的结构性宏观调控政策和产业发展思路。　八是围绕大国城市化升级的实践和理论问题，探索中国大国城市化进程中的人口流动规律、城乡一体化以及公共服务均等化和城市化空间结构体系等发展趋势和规律，形成具有中国特色社会主义新型城镇化模式。 九是围绕大国发展崛起与参与全球化的实践和理论问题，探索在经济全球化背景和要素流动的新形势下，发展中大国积极对外开放、参与全球化、分享全球化红利、推动企业走出去战略、积极参与全球经济治理等新经验和新问题，形成中国特色社会主义双向开放和构建开放型经济新体系。 十是围绕大国发展中的科技革命与创新驱动发展的实践与理论问题，探索在新一轮科技革命背景下发展中国家迎接信息技术、实现科技革命的战略、方式和手段，形成中国特色的创新型经济发展新模式和技术赶超新道路。

以上十大战略和实践问题，事关未来中国长远稳定发展，是中国特色社会主义政治经济学的重大原则问题和理论问题，都需要紧密结合中国发展实践经验，借鉴国内外成功做法，从经验和理论上加以提炼，进而推动当代中国马克思主义政治经济学进一步得到创新和发展。①

(3) 必须坚持正确的思想方法和原则

创新和发展中国特色社会主义政治经济学，必须坚持正确的思想方法。 如下几点至关重要：

一是坚持实事求是的方法论原则，推动马克思主义政治经

---

① 权衡：《马克思主义政治经济学　创新发展的动力和潜力》，《文汇报》2016 年 3 月 11 日。

济学持续发展。 坚持把马克思主义政治经济学与中国国情、发展阶段与实践规律紧密结合，坚持发展导向、问题导向，处理好马克思主义政治经济学的经典原理与中国发展因素、中国发展实际紧密结合。 中国现代化建设、改革开放和创新发展的实践沃土中吸取经验和教训，推动中国特色社会主义政治经济学创新发展。

二是坚持开放原则和全球化视野，在全球化开放发展中推动马克思主义政治经济学创新发展。 中国发展的最大经验之一就是开放，其最大的意义在于中国善于向一切人类文明学习和借鉴，注重吸收世界各国发展的成功经验，并加以及时吸收和运用，在全球化和本土化融合发展中创新马克思主义政治经济学。 未来，也必将继续坚持开放的思维方式和全球化视野，统筹国内外两个发展大局，不断加快和丰富中国特色社会主义发展道路和发展经验。

三是正确处理好与西方经济学的关系，在学习借鉴中推动马克思主义政治经济学的创新发展。 今天，我们提出发展马克思主义政治经济学，强调坚持中国特色社会主义政治经济学重大原则，就是提醒我们中国的经济建设和发展不可能完全按照西方经济学的理论和方法，但也并非主张回到过去简单"批判西方经济学"的旧思维和旧方法上去。 因此，要避免简单地把政治经济学与西方经济学进行比较，简单进行谁对谁错的无谓争论，而是要坚持解放思想，实事求是，坚持马克思主义政治经济学基本理论，立足中国改革开放的伟大实践，借鉴西方经济学的研究方法和合理内容，使得中国特色社会主义政治经济学既有扎实的经济学理论基础，又有坚实的现实基础，创新理论，关照现实，这正是中国特色社会主义政治经济学的活力和生命力所在。

第四，坚持理论创新和实践应用有机结合，坚持学科体系发展与实践创新发展有机结合。马克思主义政治经济学说到底是服务实践，今天我们提出发展马克思主义政治经济学，推动中国特色社会主义政治经济学创新，一方面我们确实面临中国经济学的理论建构问题，须结合中国改革开放发展的伟大实践，丰富、完善和创新马克思主义政治经济学理论体系，形成真正具有中国特色社会主义政治经济学；另一方面，我们也需要运用中国特色社会主义政治经济学重大理论、重大原则指导中国特色社会主义发展实践，坚持以人民为中心的发展原则，以"五大发展理念"为引领，坚持理论指导实践，坚持以学科建设引领实践发展，以实践创新推动学科建设，不断创新发展中国特色社会主义政治经济学，丰富马克思主义政治经济学，并始终坚持以中国特色社会主义政治经济学的重大原则指导中国特色社会主义发展道路。[①]

---

① 权衡:《马克思主义政治经济学　创新发展的动力和潜力》,《文汇报》2016 年 3 月 11 日。

专栏 13　习近平总书记关于中国特色社会主义政治经济学讲话精神摘要

2015 年 12 月结束的中央经济工作会议提出："要坚持中国特色社会主义政治经济学的重大原则"。这是"中国特色社会主义政治经济学"首次出现在中央层面的会议上，它的提出，具有鲜明的时代意义和深远的理论意义。党的十八大以来，习近平总书记把马克思主义政治经济学的基本原理同中国特色社会主义的实践相结合，发展了马克思主义政治经济学，提出一系列新思想新论断，创新并丰富了中国特色社会主义政治经济学理论，为中国和世界带来了新的经济发展理念和理论。

一、经济新常态的理论

2014 年 5 月 10 日，习近平同志在河南考察时首次明确提出新常态，丰富了中国特色社会主义政治经济学。他指出："我国发展仍处于重要战略机遇期，我们要增强信心，从当前我国经济发展的阶段性特征出发，适应新常态，保持战略上的平常心态。"此后，习近平多次强调，要认识新常态，适应新常态，引领新常态。习近平明确阐述了新常态的三个特点：一是从高速增长转为中高速增长；二是经济结构不断优化升级，第三产业消费需求逐步成为新的经济主体；三是从要素驱动、投资驱动转向创新驱动。我国经济发展进入新常态，是党的十八大以来以习近平同志为核心的党中央在科学分析国内外经济发展形势、准确把握我国基本国情的基础上，针对我国经济发展的阶段性特征所作出的重大战略判断，是对我国迈向更高级发展阶段的理论指南。

二、关于发展理念的新论断

"十三五"规划建议指出："实现'十三五'时期发展目标，破解发展难题，厚植发展优势，必须牢固树立创新、协调、绿色、开放、共享的发展理念。"党的十八届五中全会提出的创新、协调、绿色、开放、共享五大发展新理念，是以习近平同志为核心的党中央在总结我国三十多年改革发展经验、科学分析国内国外经济社会发展规律基础上提出的面向未来的发展理念，是对中国及世界发展规律的新认识。

三、关于市场与政府关系的新论断

习近平指出："在市场作用和政府作用的问题上，要讲辩证法、两点论……使市场在资源配置中起决定性作用和更好发挥政府作用，二者是有机统一的，不是相互否定的，不能把二者割裂开来、对立起来，既不能用市场在资源配置中的决定性作用取代甚至否定政府作用，也不能用更好发挥政府作用取代甚至否定市场在资源配置中起决定性作用。"要正确认识市场和政府在资源配置中的不同作用,将市场决定性作用和更好发挥政府作用看作一个有机的整体,善于用市场调节的优良功能抑制"政府调节失灵",善于用政府调节的优良功能纠正"市场调节失灵",下放导致官僚主义和无效率的"越位"权力,加强事先、事中和事后的全过程监管。

四、关于基本经济制度的新论断

党的十八届三中通过的《决定》规定:"公有制为主体、多种所有制经济共同发展的基本经济制度,是中国特色社会主义制度的重要支柱,也是社会主义市场经济体制的根基。"习近平指出:"要坚持和完善社会主义基本经济制度,毫不动摇巩固和发展公有制经济,毫不动摇鼓励、支持、引导非公有制经济发展,推动各种所有制取长补短、相互促进、共同发展,同时公有制主体地位不能动摇,国有经济主导作用不能动摇。"当前必须真正理解和积极落实党中央关于推进国有企业改革的"三个有利于",即"有利于国有资本保值增值,有利于提高国有经济竞争力,有利于放大国有资本功能",坚持社会主义初级阶段基本经济制度,做强、做优、做大国有经济。

五、关于经济体制改革的新论断

习近平指出:"当前,制约科学发展的体制机制障碍不少集中在经济领域，经济体制改革任务远远没有完成，经济体制改革的潜力还没有充分释放出来。坚持以经济建设为中心不动摇，就必须坚持以经济体制改革为重点不动摇。"经济体制改革是全面深化改革的重点，对其他领域改革具有牵引作用，抓住经济体制改革这个"牛鼻子"，就会带来全面深化改革的新突破。2013年11月，习近平在十八届三中全会上指出："在全面深化改革中，我们要坚持以经济体制改革为主轴，努力在重要领域和关键环节改革上取得新突破，以此牵引和带动其他领域改革、使各方面改革协同推进、形成合力，而不是各自为政、分散用力。"

六、关于开放发展的新论断

面对国内国外两个大局的新变化、新特点、新趋势，习近平及时提出开放发展新理念，丰富开放发展新理论。2012年12月，习近平同志在中央经济工作会议上强调："必须实施更加积极主动的开放战略，创建新的竞争优势，全面提升开放型经济水平。"要在坚持对外开放基本国策，善于统筹国内国际两个大局，利用好国际国内两个市场、两种资源基础上，发展更高层次的开放型经济，积极参与全球经济治理，维护我国发展利益，积极防范各种风险，确保国家经济安全。

（资料来源：《习近平与中国特色社会主义政治经济学》，中新网，http://www.chinanews.com/ll/2015/12-23/7684987.shtml）

附录：
上海经济转型主动引领经济新常态

　　在中国经济进入"新常态"的背景下，上海 GDP 增长速度从 2014 年的 8% 下降到 2015 年的 6.9%，2016 年上半年为 6.7%。 2016 年上海经济增长重新回到引领全国经济的轨道上来，而且体现了质量好、效益高的转型发展新特点。 上海经济转型升级进一步凸显率先进入新常态。 上海经济需要新的增长动力，需要大力实施供给侧结构性改革，需要进行产业的转型升级，包括充分发挥自贸试验区示范引领作用和全面推进科技创新中心建设，加快建设"四个中心"。 上海经济将主动适应中国经济新常态，率先引领并促使中国经济更好地融入全球化。

1　上海经济率先转型引领中国经济新常态

上海经济发展需要新目标、新任务、新挑战和新动力，通过上海经济率先转型升级，主动引领中国经济新常态。

当前，中国已经进入经济发展新常态。经济增长速度正从高速转向中高速，发展方式正从规模速度型粗放增长转向质量效率型集约增长，结构调整正从以增量扩能为主转向存量与增量并存的深度调整，发展动力正从传统增长点转向新增长点。上海经济与全国相比，既有共性又有特殊性。

一是从表现形式看，上海经济已经处于下行通道，而且不能排除经济进一步下滑的可能性，就新常态下的上海经济增速而言，大致是在 5.5%—7.5% 的区间范围内。2008 年国际金融危机之后，上海社会经济发展的国内外环境条件都发生了重大变化，在全国范围内率先出现经济增长乏力、工业投资增长停滞甚至是负增长、商品和服务出口受阻、商务成本不断攀升、高层次人才匮乏等增速放缓现象，2010 年以后季度经济增速进一步下降，2015 年第一季度为 6.6%，跌破 7%，列全国各省市增速排名倒数第三位。

二是从发展阶段看，上海经济已经进入后工业化时代，人均 GDP 超过 1.5 万美元，经济结构尤其是需求结构(包括产业结构和消费结构)趋向服务化、信息化、个性化与多元化。 2014年上海实现国民生产总值(GDP)2.356万亿元，按常住人口计算的人均国民生产总值达到9.73万元，约合1.57万美元(以1∶6.2计算)，达到并超过了高收入国家或地区人均国民收入水平(1.111 6万美元以上)，服务业占比超过60%。 人民生活水平和生存质量在全国处于领先地位，城乡恩格尔系数分别下降到0.35和0.40以下，需求结构从温饱型向发展型升级。 金融业、信息技术、智能制造、健康医疗等产业发展迅速，市场前景广阔。

三是从发展动力看，上海正处于从要素驱动、投资驱动向效率驱动、创新驱动转型的重要节点，传统意义上廉价的劳动力成本优势、土地成本优势、东部区位优势等快速削弱，新的科技优势、信息化优势、金融优势和市场规模优势等正在培育之中。 同全国经济新常态略有不同的是，上海经济发展更多地指向增长动力切换和发展模式转换。 2008年全球金融危机以来，上海传统的增长动力近乎消失，而新的增长动力尚不明确，这一点对于上海而言，所要解决的问题或许比全国更为紧迫。 而且随着产业梯度转移、商业模式复制、大规模招商引资等方式在中西部地区的边际产出更高，上海在产业转型过程中面临投资边际产出下降和服务业"鲍莫尔病"的双重效率损失。 为此，只有通过创新驱动，上海才能实现转型升级。

四是从发展潜力看，上海正处于从政策刺激向深化改革过渡的重要时期，新常态下的经济发展潜力将更多地来自深化改革，以缓解资源错配现象。应当看到，同以往向中央要政策不同，无论是中国（上海）自贸试验区的设立，还是推进具有全球影响力的科技创新中心，上海都力图通过深化改革尤其是体制机制的改革，推进简政放权、激发市场活力。这意味着，体制机制改革将成为新常态下上海经济增长新动力的重要来源。然而，一旦增长颓势出现"断崖式"下滑时，一定范围内的政策干预仍然是必要的。

简而言之，上海作为中国改革开放"排头兵"和创新发展"先行者"，正处在创新驱动发展、经济转型升级的关键时期。在"十三五"期末，基本建成国际经济、金融、贸易、航运"四个中心"和现代化国际大都市目标，并为创建具有全球影响力的科技创新中心奠定基础。面对经济运行中传统增长动力不足，上海如果继续沿着投资驱动的增长路径走下去，或是一味依靠强大的产业与投资政策，以数量化指标强推增长理念，不仅难以为发展动力乏力解困，也无助于发展方式转型，反而会带来经济滞涨与衰退的风险，甚至偏离既定城市发展战略目标。为此，上海正处于发展动力切换的转折点，亟待确立新的发展模式和发展路径①。

① 权衡：《新常态与上海经济增长潜力研究》，《科学发展》2016年第3期。

2 新常态下上海经济：新目标、新任务和新动力

面对世界经济新常态和中国经济新常态相互交织和相互影响，当下以及未来时期上海经济发展面临的新环境、新背景、新趋势和新要求，均已经与以往有很大不同。上海未来经济发展应包含几方面内容：

一是"新目标"。从世界经济新常态来说，上海经济必须率先适应全球投资贸易规则新变化，力争成为国内最公开最透明和最符合国际营商环境和标准的全球城市，积极发挥上海在适应国际经济新规则方面对国内改革发展的示范作用和开放创新的引领作用；上海经济要在新一轮全球产业链和价值链重构中谋划自身的发展定位，力争成为全球经济高端产业链、高端价值链的重要组成部分和创新源泉之一，进而成为具有全球影响力和竞争力的国际经济中心城市。从中国经济新常态来说，上海当下必须加快全面建成"四个中心"和迈向具有全球影响力的科技创新中心，必须加快产业转型升级，促进城乡一体化发展，以此率先适应和引领中国经济新常态，率先更好地服务于中国经济新常态下一系列重大的改革、创新和发展战略，率先为全国改革开放和发展提供可复制可推广的新经验和新模式。

二是"新任务"。 与全国经济发展总体处在中等收入阶段相比较，2014 年上海人均 GDP 已经突破 1.4 万美元，按照世界银行标准，已进入高收入经济体行列。 从引领中国经济新常态下的中高速赶超型增长的要求来看，上海经济增长尽管不需要单纯的数量型 GDP 增长，但必须保持一个具有高质量、高效益、可持续增长的 GDP 水平，这既符合一般高收入水平经济体的发展规律，也符合上海继续引领中国经济新常态下中高速赶超型增长的任务和要求。 这不同于以往的 GDP 增长要求，而是一种新增长和高标准的新任务和新要求，无疑是一场前所未有的艰巨任务。

三是"新挑战"。 第一个新风险，就是目前各类要素成本、商务成本持续上升，削减原有的比较优势和竞争优势。这样的风险对上海传统产业发展带来挑战，而且，由于成本高企也不利于科技创新模式的产业化与市场化。 上海具有较为丰富的科技资源优势，也并不缺乏创新技术和思想源泉，但是转型过程中生产成本和商务成本不断上升，一定程度上造成了科技创新缺乏比较优势和竞争优势。 第二个新风险，是上海发展服务经济和建设全球城市过程中，可能产生巨大的收入分配极化效应和收入差距扩大问题，这是因为服务经济自身的高、中、低端结构性特点，本身就会内生出更多的收入分配差距问题。 这不利于实现包容性增长的新任务和新要求。 第三个新风险，是大量存在的较大规模的中低端劳动力市场二元结构与产业升级转型之间的不匹配，对产业发展和转型升级带来新瓶颈和制约。

四是"新动力"。面对上海经济的"新新常态"及其内在的新目标、新任务和新挑战，上海经济发展亟待增长动力转换。从上海面临的"两个新常态"，以及上海推动四个中心建设，迈向科技创新中心等任务和要求出发，上海未来增长动力不是单一选项，像波特理论提出的那样，即依次通过"投资驱动—效率驱动—创新驱动—财富驱动"的线性选择顺序，而应当：充分考虑到应对要素成本上升与目前大量中低端劳动力市场结构的现实状况，既要积极加快发展现代服务业，以应对要素成本上升，又要大力发展先进制造业，防止过早出现"去制造业化"，以应对中低端劳动力就业需求；实施"创新驱动与财富驱动双融合战略"，即通过对先进制造业的创新发展和升级转型，推动实体经济健康发展的同时，充分考虑上海进入高收入经济体以及建设国际金融中心等现实要求，发挥财富驱动的效应，加快金融、贸易等高端服务业发展。从这个意义上说，未来上海发展应当是科技创新驱动金融创新驱动的融合发展，发挥科技和金融两个轮子对上海经济增长的双融合驱动，这样才能顺利完成上海经济发展的新目标和新任务。①

---

① 权衡：《新常态与上海经济增长潜力研究》，《科学发展》2016年第3期。

3 上海经济转型升级主动引领经济新常态

受世界经济缓慢复苏等外部周期性以及国内结构调整加快等因素影响，中国经济增长下行压力增大，局部地区经济增长出现明显下滑。 但在宏观货币政策和财政政策相互配合之下，决策层出台一系列组合拳，消除新常态下经济增长下滑的非常态因素和干扰，基本确保了宏观经济趋缓和稳定，创新驱动发展和经济转型升级也取得了明显效果。

然而，就是在全国经济的下行压力之下，上海经济增长却更加注重加快结构调整、实现创新驱动和转型升级的长期增长动力的培育，为引领中国经济新常态作出了积极贡献。 上海经济平稳增长为新常态下中国经济健康运行作出了积极贡献，反映上海经济新常态下的新特征。

对于上海来说，经济增长是在进一步推动自贸区建设、加快四个中心建设以及全球有影响力的科创中心建设等国家战略先行先试，改革开放不断推进过程中取得的稳定增长态势。经济平稳增长是伴随着一系列重大改革、开放和转型升级出现的，与全国其他地方在保增长、稳增长的措施下得来经济增长特点有所不同。 因此这样的经济格局来之不易，更加体现了改革开放的有序推进和重大突破。

仅 2015 年上半年，上海经济结构性改革和转型出现一系列积极变化：一是第三产业和服务经济发展对总体经济的引领和支撑作用日益明显，第三产业占比达到 67%；对全市经济增长的贡献达到 90% 以上；二是外资引进中 90% 以上进入第三产业和服务经济部门；三是税收增长达到 23%，明显高于全国税收增长水平；四是制造业等生产增幅下降，同时企业利润保持稳定增长；五是节能减排、环境效益等有积极进展。

这些积极变化说明上海经济增长质量、效益不断提升，年初提出的在高质量、高效益基础上的稳定的 GDP 增长目标，是完全能够实现的。经济平稳运行充分体现了上海创新驱动发展的经济新动力已经显现。经济新常态的本质在于转换经济增长的动力，即，从要素驱动增长转向创新驱动新增长。

"创新驱动发展"已经成为上海的新共识，尤其是上海正式公布了《关于加快建设具有全球影响力的科技创新中心的意见》之后，科技创新已经蔚然成风——创新驱动发展正在成为未来经济增长的新动力；一批新技术、新产业、新业态、新模式等"四新"经济蓬勃发展；大众创业、万众创新的社会氛围已经形成；未来经济增长将会更加在创新驱动新增长中展现出新的发展动力。

这就是新常态下中国经济实现创新驱动发展的新动力和新

态势。 当前，上海除了应当继续保持稳定增长、加快改革开放以及科技创新中心建设等战略以外，更要注意防范局部的风险导致区域性系统性风险，注意防止资本市场波动、虚拟经济偏离实体经济、地方政府债务风险以及"影子银行"等诸多潜在风险发生，引发系统性经济风险。 应当关注主要国内外金融市场稳定、资本流动动向，防止对上海经济平稳运行带来新的冲击。[①]

4 上海经济创新转型与增长新动力

从引领中国经济新常态下的中高速赶超型增长的要求来看，上海经济增长尽管不需要单纯的数量型 GDP 增长，但必须保持一个具有高质量、高效益、可持续增长的 GDP 水平，这既符合一般高收入水平经济体的发展规律，也符合上海继续引领中国经济新常态下中高速赶超型增长的任务和要求。 这不同于以往的 GDP 增长要求，而是一种新增长和高标准的新任务和新要求，无疑是一场前所未有的艰巨任务。

在新常态下，上海较全国率先进入经济增长的下行通道，特别是近来资本市场出现剧烈波动，更增加了人们对经济下探的担忧。 围绕到 2020 年基本建成国际经济、金融、贸易、航

① 权衡:《上海经济增长主动引领中国经济新常态》,《东方早报》2015 年 7 月 14 日。

运"四个中心"和现代化国际大都市，迈向具有全球影响力的科技创新中心，以及融入"一带一路"战略，上海既要坚持实施创新驱动发展战略，不断提高经济发展的质量和效益，同时又要树立经济增长的"底线思维"，保持经济运行在合理区间，保障上海推改革、促创新、惠民生。因此，探索新常态下上海经济增长的潜力及动力机制，对于推进上海经济从要素驱动向创新驱动的模式转换，实现城市发展战略与目标定位，具有重要的现实价值与理论意义。

关于经济减速，理论上有四种解释。一是新古典增长理论和稳态收敛假说，认为随着收入水平的上升，经济增长逐渐趋近于稳态，增速趋缓是一个自然过程。二是产业结构转型理论与结构性减速假说，认为随着经济的持续增长，产业结构将从以制造业为主向以服务业为主转型，但由于鲍默尔（Baumol）"成本病"的存在，导致服务业的技术进步速度远低于制造业，由此降低技术进步和经济增长速度，从而进入"结构性减速"通道。三是外部需求冲击和周期性减速假说，对外向型经济而言，经济增速放缓的另一重要原因就是外部市场的收缩，使得出口受阻、经济下滑。外部需求冲击又有暂时性冲击和持久性冲击之分，后者的影响更为深远。四是地区平缓发展与政策性减速假说，主要是指为了促进地区均衡发展、缩小地区差距，中央政府实行了一系列鼓励欠发达地区的经济优先发展政策，地区政策的差异性或将造成发达地区经济增速相对放缓。

在以上四种有关经济增速放缓的解释中，有两种解释比较符合上海的实际情况。 一是产业结构转型与结构性减速假说。上海经济的结构性调整早于全国，经济结构转型已经发生，服务业占比于 2012 年首次超过 60%， 2014 年达到 63% 左右。 经济学一般原理表明，在后工业化时期，经济增速往往低于工业化时期，主要原因在于，服务业发展存在"鲍莫尔成本病"，导致服务业技术进步的上升空间显著低于工业。 就工业而言，其一，国外有现成的标准化技术可供参考和学习；其二，生产技术标准化程度较高，易于学习、模仿和推广；其三，可借助国外直接投资或者技术引进，快速弥补生产和经营过程中的关键缺陷；其四，规模经济优势明显；其五，更容易获得融资支持（这一方面是因为工业部门扩张往往是复制已有的较为标准化的生产模式，投资失败率较低；另一方面是因为工业企业的厂房、机器设备、原材料、出口订单等都能给银行做抵押品）。 因此，经济结构调整是上海经济增速放缓最主要的原因，上海应主动适应服务经济的到来，遵从服务经济发展的内在规律。

二是外部冲击与周期性减速假说。 2008 年全球金融危机后，随着美国经济走弱以及欧洲陷入债务危机困境，全球经济进入周期性减速，以欧美为主要出口市场的中国对外贸易深受冲击，而对外贸有较强依赖度的上海和长三角地区更是首当其冲。 此轮上海经济增速下降的起点，与 2008 年金融危机爆发的起点契合。 2000—2007 年和 2007—2013 年，上海 GDP 年均增速从 14.1% 下降到 7.37%，前后 7 年下降了约 7 个百分点；贸易依存度在以 2007 年为界的前后 5 年内，下降了近 20 个百分点，从 160% 左右下降到 140% 左右，是"三驾马车"中变化幅度最显著的变量。 由此可见，外部冲击和周期性因素的影响，是造成上海经济减速的重要原因。

为此，在结构转型和外部冲击的双重作用下，上海的全要素生产率呈现较大幅度的下降和波动。 一方面，服务业的"鲍莫尔成本病"现象使得服务业的技术进步慢于工业，因此在产业结构转型过程中，随着服务业占比的不断上升，整体的技术进步水平即全要素生产率趋于下降；另一方面，根据"出口—生产率"假说，一般而言，由于出口企业的业务开展需要符合国际标准，因此从事出口的企业往往具有较高的全要素生产率，但在金融危机冲击下，外部市场需求收缩，特别是对工业品的需求减少较快，大量出口企业退出国际市场，导致全要素生产率下降较快。 若以 2007 年为界，2007 年前后 6 年上海的全要素生产率(索罗残差法)从 2.54% 下降到只有 0.7%，年均降幅接近 20%。 为了应对经济下行压力，上海未来经济增长提升的内在动力应致力于全要素生产率的提升。①

---

① 权衡等：《新常态与上海经济增长潜力研究》，《科学发展》2016 年第 3 期。该文是由本人主持的上海市人民政府发展研究中心决策咨询重点课题《经济新常态与上海经济增长动力和潜力研究》核心成果转化而来。课题组成员有李凌、周琢、刘芳等。

5 上海全要素生产率发展趋势及其未来增长潜力

全要素生产率是指由于技术进步和配置改善等导致的产出增加，也就是扣除了要素投入（如资本和劳动）之外的经济增长部分。 分别运用索罗残差法（SR）和隐性变量法（LV）计算上海改革开放以来三十多年全要素生产率（TFP）的增长情况，结果表明，上海全要素生产率在 20 世纪八九十年代波动剧烈，而进入 21 世纪之后较为平缓。 2000—2007 年呈现上升趋势，2007 年达到 4% 左右，2007 年之后出现波动和下降趋势，2009 年出现全要素生产率的负增长，目前基本维持在 0—1% 之间。

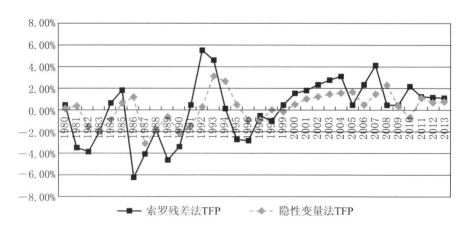

图 9-1　1978—2013 年上海全要素生产率的增长率(%)

根据上海地区 GDP 发展与各要素投入水平，分别计算资本、劳动、全要素生产率对于 GDP 增长的贡献幅度。可以看到，在上海过去三十多年的发展过程中，一直以来资本增长对于 GDP 的贡献率最大，但最近这一比重开始逐渐下降，在过去十年中资本贡献率一般在 70%—90% 之间；劳动增长率贡献一般都比较小，除了 2004 和 2005 年外，大多在 2%—5% 左右，部分年份还呈现负值；由于索罗法中全要素生产率是残差，包含了技术进步、效率改善和外生冲击等众多，贡献率波动比较大，但是总体来看，全要素生产率贡献份额呈现逐渐扩大的趋势，在 20 世纪八九十年代，全要素生产率贡献大多是负数，而进入 21 世纪以来，除 2009 年之外都为正贡献，而且贡献率基本稳定在 15%—25% 左右。预示着上海经济增长动力由"资本驱动"向"创新驱动"转换的趋势性，以及经济发展模式转变的内在规律性。

6　供给侧结构性改革与上海新实践和新经验

习近平总书记在主持中央财经领导小组第十二次会议时指出，要把思想认识统一到党中央关于供给侧结构性改革的决策部署上来，去产能，去库存、去杠杆、降成本、补短板是工作重点，关系到供给侧结构性改革的开局，关系到"十三五"的开局。 上海正在加快落实中央关于供给侧结构性改革精神。如何正确认识供给侧结构性改革的理论定位，加快推动上海供给侧结构性改革的先行先试，把握未来上海推进的重点领域和方向等，值得予以关注。

一是上海推进供给侧结构性改革坚持先行先试。

上海作为全国改革开放排头兵和创新发展先行者，始终围绕国家发展战略和工作大局，积极推进供给侧结构性改革，率先坚持先行先试，继续为全国推进供给侧结构性改革和全方位开放发展提供可复制可推广的经验。

围绕供给侧结构性改革的内涵和要求，上海已经在这方面作了一些初步探索。 例如，根据中央统一部署，上海率先建设自贸试验区，利用开放倒逼改革的机制，加快转变政府职能，营造国际化、法制化的营商环境。 自贸试验区建设本质上就是制度创新，就是为新一轮改革开放提供有效的制度供给，是全面深化改革、解放和发展生产力的重要组成部分；上海率先建设有全球影响力的科技创新中心，提升全球科技资源的集聚和辐射功能，就是落实国家创新驱动发展战略，率先推动经济增长从要素驱动向效率驱动转型，实践创新驱动发展战略，探索中国特色的自主创新和科技进步的道路和模式，为重塑中国未来新一轮经济增长的内在动力先行先试。 再比如，上海率先加快产业结构调整和升级转型，大力发展先进制造业和现代服务业，实现"集约化、高端化、服务化"产业发展方向；上海围绕落后产能和节能减排，"坚决压、勇敢减"，仅2007年至2013年总共调整5 400多项，节约标煤780万吨，分流40多万职工，腾出土地将近10万亩，减少二氧化硫排放1.4万吨；在调整和淘汰落后产业体系的同时，上海大力发展"四新经济"和高质量的总部经济以及全球跨国公司总部经济，较好地提升了经济发展的质量和效益。上海要在供给侧结构性改革中坚持先行先试，继续做好排头兵和先行者，实践"五大发展"理念，进一步做好供给侧改革方案的"五个搞清楚"，更好地为全国供给侧结构性改革提高先行先试和可复制可推广的经验。这既是上海自身发展转型的现实需要，更是经济发展新常态下的国家战略和使命。

二是"补齐各种短板"是上海供给侧结构性改革的重点。

对于上海经济发展而言，核心的问题是要推动经济长期增长建立在依靠全要素生产率提升的基础上，而不是依赖要素数量的投入上，真正形成效率驱动和创新驱动的内生性增长动力。从目前上海发展实践来看，一个十分突出的问题是长期发展中积累起来的许多"短板"，严重抑制了全要素生产率提升和经济长期可持续增长。上海未来加快供给侧结构性改革的重点和方向，就是要搞清楚各类短板情况，加快"补齐各种短板"，为提升全要素生产率奠定良好的动力机制、制度基础和环境条件。

要补齐创新发展的短板。说到底，科技进步和创新发展是培育供给侧的内在动力和关键。上海创新发展方面的短板问题主要是多元化的创新主体及其内在动力不足。突出表现在两个方面，一方面是创新的主体地位没有完全建立，特别是国资国企改革还不到位，民营企业创新发展不足，缺乏真正具有创新精神、冒险意识的企业家阶层和队伍。另一方面是公平竞争的创新发展环境还不够健全，一些行业垄断因素、知识产权保护等问题依旧影响着公平竞争和创新发展。因此，当下需要按照中央提出的"创新发展"新理念，加快技术创新、产品创新、管理创新，以有效供给引领新消费；加快推进国资国企改革，大力发展众创企业，加快企业家精神和创新者阶层的培育，形成国资、民资和外资公平竞争、公平创新发展的外部环境；通过借力科创中心建设，让创新者真正按照"成本—收益"原则，在公平竞争中形成产学研一体化内生性创新和发展动力。

要补齐要素市场的短板。完善统一和竞争有序的要素市场体系是发挥市场在资源配置中起决定性作用的关键。上海要素市场的短板问题主要是生产要素市场化机制不健全，突出表现在两个方面：一方面是关键的生产要素市场化程度不够高，尤其是还没有形成城乡统一的劳动力要素市场和土地要素市场，要素市场价格扭曲现象仍然存在。 另一方面是部分行业发展中仍然存在资源错配问题，从而出现结构性的矛盾和问题。 当下，要按照中央提出的"开放发展"的新理念，加快建设城乡统一的要素市场，提高劳动、土地等要素市场化程度，消除要素市场价格机制扭曲导致资源错配问题，真正让市场在资源配置中发挥决定性作用，积极改善资源配置效率，从而实现潜在 GDP 最大化。 同时，要通过产业政策引导，加快清理僵尸企业的同时，加快产业结构升级转型，通过推动生产要素自由流动，实现产业结构转换和经济增长的提质增效。上海特别要借助自贸试验区建设，加快包括金融在内的服务业开放和发展，在开放中提升竞争力，提高在全球化过程中的资源配置的效率和能力。

要补齐公共服务的短板。 按照建设高水平的全面小康社会和社会主义国际化大都市目标来看，上海的公共服务的短板问题仍然比较突出。 一是提供高质量的就业保障体系、教育质量、医疗卫生、养老保障、城乡一体化发展、外来流动人口服务、城乡困难家庭扶助等方面距离共享发展的理念仍然存在一定的距离；二是特大型城市建设、城市管理、城市安全、城市生态与资源可持续发展等等方面还有很大的发展和提升空间。 因此，"十三五"时期开局之年，上海供给侧结构性改革的重中之重就是要根据"共享发展"、"协调发展"、"绿色发展"新理念，加快弥补政府在公共服务和城市生态环境管理方面的系列短板问题，加快提升公共服务水平和增加政府有效供给，扶持绿色健康产业供给，为城市居民提供更加优质和高效的绿色供给和公共服务，营造高水平的权利公平、机会公平和规则公平的发展环境。

要补齐政府监管的短板。目前，政府监管方面的主要短板就是政府职能转换仍旧滞后，政府监管理念和手段还无法适应全球化、市场化和信息化突飞猛进的时代要求。突出表现为政府审批环节依然繁多，政府效能有待提高，执法监督存在漏洞等。"十三五"开局之年，上海加快供给侧结构性改革，一个十分重要的任务就是要按照"创新发展"的新理念，加快转变政府职能，深化监管体系改革，继续简政放权，帮助企业减负，降低生产经营成本；要加大依法监管力度，规范市场秩序，打击各种不规范市场行为，降低市场交易成本，提高市场交易透明度；尤其是要加强对互联网等新兴领域的规制建设，确保各类创客和创新行为健康持续发展。[①]

7 以开放发展引领上海深度融入经济全球化

开放是国家繁荣发展的必由之路。党的十八届五中全会

---

① 权衡：《供给侧改革与上海的实践方向》，《解放日报》2016 年 2 月 4 日。

提出"开放发展"的理念，着力实现合作共赢，注重的是解决发展内外联动的问题，必将丰富对外开放内涵、提升对外开放水平，为发展注入新动力、增添新活力、拓展新空间。上海"十三五"规划突出以开放促改革，促发展，重点强调用好用足扩大开放的优势和潜能，深度融入经济全球化，整体提升配置全球市场资源和要素的能力。

开放是上海发展最大的优势和资源。上海过去三十多年来发展的经验证明，实施对外开放，发展开放型经济是上海经济社会发展取得重大成功的重要经验之一，也是上海获得全球市场、全球资源、全球技术，并紧跟经济全球化发展脉搏的最大优势。早在20世纪90年代，浦东开发开放作为对外开放的国家战略，从一开始就积极瞄准全球市场资源，主动对标国际化大都市发展，确立了国际化、全球化、法制化的发展思路和定位，引进了一大批海内外知名的跨国公司和全球500强大企业，吸引了一大批全球顶尖人才和要素，同时也成为中国在整个90年代对外开放和发展的最重要的窗口。而2001年中国加入世贸组织之后，开放更加注重通过体制机制改革和创新。按照世贸组织规则，上海实施全方位的商品市场、要素市场及其相关体制机制的开放。这种开放的实质和最大经验就是通过与国际规则和国际惯例对接，倒逼上海自身的体制机制改革，以更加国际化的视野和全球化战略，推动上海和全国统一市场体系建设和市场经济的健康发展。也是在这样的大开放、大开发、大发展的战略引领下，上海积极响应中央号召，提出了建设国际金融中心、国际航运中心、国际贸易中心和国际经济中心的战略定位，并明确指出"四个中心"建设的目标在于培育上海在全球市场的资源配置能力，在于提升城市国际竞争力和影响力。这些重大的开放战略和发展经验为"十三五"期末也就是到2020年，上海全面建成"四个中心"和现代化国际大都市奠定了坚实的物质基础。三十多年尤其是近二十多年的发展经验多次表明，对外开放，发展开放型经济是上海最大的优势，最大的基础，最大的潜力和最大的竞争力。

以双向开放引领上海融入经济全球化。2008年世界经济危机发生以来，经济全球化与区域一体化发展的内涵和条件正在发生深刻变化，上海外向型经济发展遭遇了巨大的挑战和机遇。上海提出了自贸试验区建设的新开放战略，通过建立开放度最高的自贸试验区及其一系列先行先试战略，积极探索政府职能转型、服务业开放、金融体制机制创新等，营造国际化、法制化的营商环境，通过更加开放的制度创新主动对接后危机时期全球经贸规则的发展方向，同时对内也是率先探索可复制可借鉴的制度创新经验，积极履行改革开放排头兵的国家战略和使命；上海紧紧跟踪全球科技创新的新趋势和全球经济增长新动力的转换，率先建设全球有影响力的科技创新中心，从而积极履行创新发展先行者的国家战略和使命。

"十三五"时期，上海应当继续坚持开放促改革，开放促发展，一是以具有全球影响力的科创中心建设为抓手，推动"四个中心"的核心功能的创新和完善。二是进一步推动自贸区先行先试的制度创新，积极探索金融、商贸等服务业的国际化发展和开放，为全国服务业开放发展进一步提供更多更好的可复制可推广的经验。三是进一步推动更多国内资本、技术、产业以及更多的本土企业和公司积极走出去，在引进来的同时，积极推动国内资本等更多要素和企业走出国门，实施对外投资战略，在加快双向流动和开放中培育中国的本土跨国公司崛起。四是进一步推动上海发展融入长三角和长江经济带建设，积极参与"一带一路"建设，加快引领国内区域经济一体化发展以及国际产能合作、国际区域经济发展，通过内外开放和双向开放引领上海经济深度融入经济全球化的潮流中去。①

以规则和体制开放培育全球资源配置能力。"十三五"时期是上海构建开放型体制的关键时期。按照中央《关于构建开放型经济新体制的若干意见》的目标要求，上海未来五年开放发展的关键应当是通过开放倒逼并推动体制机制创新，率先

---

① 权衡：《以开放引领上海深度融入经济全球化》，《文汇报》2016年2月5日。

在上海构建国际化、法制化的营商环境，率先构建互利共赢、多元平衡、安全高效的开放型经济新体制，为我国形成全方位开放新格局和实现开放型经济治理体系和治理能力现代化作出应有的贡献。为此，未来五年，上海要围绕率先开放和开放引领改革的任务，重点做到以下几方面：一是加快行政审批制度改革和政府职能转变，构建适应全方位开放新格局的监管体制和机制；二是加快排除阻碍服务业开放发展的体制机制障碍，构建和完善适应服务业对外开放的监管、法律、税收和征信体系；三是加快自贸试验区改革创新力度，尽快率先建立符合全球经贸规则发展新方向和新趋势的投资贸易自由化、便利化体制机制；四是率先引领并建立国际国内统一开放竞争有序的现代市场体系，提高统一完善的市场体系和市场机制对全球资源和要素的配置能力。上海要坚持以规则开放、体制开放引领上海开放型经济发展，努力实现上海作为国际化大都市所必须具备的全球资源及要素的配置中心功能和能力。上海自贸区建设已经进入"3.0"时代。通过对照国际最高标准、最好水平的自由贸易区，全面深化自贸试验区改革开放，更加突出开放创新联动发展的新优势，继续适应并主动引领我国经济更好更快地走向新常态。

参考文献

《习近平谈治国理政》，外文出版社 2014 年版，第 145—146 页。

习近平：《在会见第四届全国文明城市、文明村镇、文明单位和未成年人思想道德建设工作先进代表时的讲话》，《人民日报》2015 年 3 月 1 日。

中共中央宣传部：《习近平总书记系列重要讲话读本》，学习出版社 2014 年版，第 39—40 页。

陈彦斌等：《经济新常态下宏观调控的问题与转型》，《中共中央党校学报》2016 年第 2 期。

权衡：《从"两个新常态"看上海经济再定位》，《解放日报》2015 年 3 月 19 日。

权衡：《TPP：中国的新挑战与新机遇》，《文汇报》2015 年 10 月 8 日。

权衡：《全球化经济发展的新阶段：迈向亚洲世纪——评〈亚洲变革的全球影响：经济发展和未来趋势〉》，《新金融》2015 年 8 月 15 日。

权衡等：《金砖国家经济增长模式转型与全球经济治理新角色》，《国际展望》2013 年第 5 期。

权衡：《开放的中国与世界经济——迈向一体化互动发展》，《国际展望》2014 年第 5 期。

徐琤、权衡：《经济新常态：大国经济赶超型增长的新经验与新理论》，《学术月刊》2015 年 9 月 20 日。

权衡：《引领中高速度的赶超型增长》，《光明日报》2015 年 5 月 27 日。

权衡：《7％增长目标：更丰富的发展内涵》，《文汇报》2015 年 3 月 17 日。

权衡、罗海荣：《"中等收入陷阱"命题与争论：一个文献研究的视角》，《学术月刊》2013 年第 11 期。

权衡：《向市场要创新资源创新活力和动力》，《文汇报》2015 年 5 月 27 日。

权衡：《供给侧结构性改革：新常态下的新动力》，《文汇报》2015 年 12 月 23 日。

权衡：《超越"供给经济学"的中国实践与理论创新》，《文汇报》2016 年 4 月 29 日。

权衡：《以要素市场化改革推进新型城镇化建设》，《国家行政学院学报》2014 年第 3 期。

权衡：《如何缓解城乡收入差距?》，《东方早报》2013 年 8

月 13 日。

权衡：《包容性城镇化是城乡协调发展的实践形式》，《文汇报》2016 年 6 月 10 日。

权衡：《城市包容性发展与长三角率先建设包容性城市群研究》，《苏州大学学报》2013 年第 3 期。

权衡：《开放发展理念顺应趋势》，《文汇报》2015 年 11 月 6 日。

王琳：《全球自贸区发展新态势下中国自贸区的推进战略》，《经济学研究》2015 年第 1 期。

权衡：《"一带一路"战略构想：意义与路径》，《联合时报》2015 年 10 月 20 日。

权衡：《G20 峰会召开在即，"中国方案"为何受关注》，《解放日报》2016 年 8 月 16 日。

权衡：《深化收入分配制度改革实现社会公平正义》，《文汇报》2013 年 2 月 18 日。

权衡：《从十八届三中全会看收入分配制度改革》，《文汇报》2014 年 1 月 6 日。

权衡：《收入分配与收入流动》，格致出版社 2012 年版，第 243—247 页。

权衡等：《中国宏观经济形势分析与预测年度报告》，2014 年 3 月 13 日。

常亚青、李凌、权衡:《公务员收入与福利首先要平衡起来》,《东方早报》2014 年 3 月 11 日。

李凌、权衡:《国企高管奇高收入怎能是"长期饭票"》,《解放日报》2014 年 8 月 25 日。

权衡:《中国特色劳动关系的新内涵和新趋势》,《探索与争鸣》2015 年第 8 期。

权衡:《从"强刺激"到"深改革":宏观调控模式亟待创新》,《文汇报》2014 年 5 月 13 日。

权衡:《危机反思、道路自信与中国梦》,《人民日报》2014 年 1 月 14 日。

权衡:《社会主义市场经济是中国共产党的伟大创举》,《经济日报》2016 年 7 月 22 日。

权衡等:《有效市场模式:一个新的分析框架》,《上海经济研究》2015 年第 3 期。

后记

本书最初的写作应当感谢上海人民出版社社长、总编辑王为松的提议。2016 年的 5 月，王总和他的两个同事一起找到我，手里拿着我在相关杂志和报纸上公开发表的一些论文和文章，建议我从某个专题入手，对这些成果做些梳理，把平时形成的碎片化的思想形成一个系统的体系，以飨读者。

在接到这个任务以后，笔者开始把这些年来先后在《人民日报》《光明日报》《解放日报》《文汇报》等报纸和杂志上发表的文章做了一些梳理和总结，发现大部分都是围绕"中国经济新常态"这个主题展开的。在经过认真思考和系统梳理以后，形成了一个 20 万字左右的成果初稿。在重新完善和修改稿件过程中，市委宣传部理论处又建议把这本书纳入"上海报告"系列。笔者再次根据"上海报告"的撰写定位和要求，重新对原来的初稿进行了系统化的深入修改和完善，对于其中的有关章节作了较大的删减，并增加了有关经济新常态的最新思考，最终形成这本书。

笔者深知，"中国经济新常态"是一个十分重大的理论和实践问题，需要学界和理论界进行认真和深入的研究和探讨。

本拙作仅仅是我本人近三年来对经济新常态这个重大判断的学习、思考和研究的一些初步观点,希望对这个问题的深化研究和实践发展起到抛砖引玉的作用。

由于此书被纳入"上海报告"系列,笔者无疑是欠了王总一个"系统化之作"的"心账",定将在时间充裕的时候予以"弥补"。 同时,笔者也非常感谢有关报纸杂志的主编和编辑,特别要感谢季桂保、范兵、杨逸淇、王珍、王多等诸多媒体和刊物的老友,正是他们对选题的敏锐且诚心的约稿,以及不厌其烦的催稿,才使"忙碌"的我,甚至有些"慵懒"的我,不敢懈怠,不言放弃,主动思考,积极写作,形成了一些观点和文章,这显然是这本书最重要的积累和来源。 笔者感谢他们对我的支持和信任!

笔者也感谢中共上海市委宣传部以及上海人民出版社的支持,他们在本书初稿写作和修改以及编辑出版过程中给予了很多帮助。 我的两个博士研究生张鹏飞、周佳雯为寻找和整理我发表的相关文章也付出了很多努力,在此也表示致谢。

由于时间短促,尽管几易其稿,但书中难免有许多不足,敬请同行批评和指正。

权 衡

2017 年 4 月于上海

图书在版编目(CIP)数据

经济新常态:转型发展的大逻辑/权衡著.—上海:上海人民出版社,2017
(上海报告)
ISBN 978-7-208-14647-1

Ⅰ.①经…　Ⅱ.①权…　Ⅲ.①中国经济-转型经济-研究　Ⅳ.①F123.9

中国版本图书馆 CIP 数据核字(2017)第 173030 号

责任编辑　罗　俊
封面设计　一步设计

·上海报告·
经济新常态:转型发展的大逻辑
权　衡　著
世 纪 出 版 集 团
上海人民出版社出版
(200001　上海福建中路 193 号　www.ewen.co)
世纪出版集团发行中心发行　常熟市新骅印刷有限公司印刷
开本 720×1000　1/16　印张 23.25　插页 2　字数 204,000
2017 年 9 月第 1 版　2017 年 9 月第 1 次印刷
ISBN 978-7-208-14647-1/F·2466
定价 68.00 元